空悲切

张锐强 著

湖南人民出版社

图书在版编目（CIP）数据

空悲切 / 张锐强著. --长沙：湖南人民出版社，2025.1

ISBN 978-7-5561-3306-2

Ⅰ. ①空… Ⅱ. ①张… Ⅲ. ①将军—列传—中国 Ⅳ. ①K825.2

中国国家版本馆CIP数据核字（2023）第160805号

空悲切
KONGBEIQIE

著　　者：张锐强
出版统筹：陈　实
监　　制：傅钦伟
选题策划：长沙经笥文化
责任编辑：张玉洁
产品经理：杨诗文
责任校对：夏丽芬
特邀编辑：章　程　吴　静　杨诗瑶
封面设计：东合社—安　宁

出版发行：湖南人民出版社 ［ http://www.hnppp.com ］
地　　址：长沙市营盘东路3号　　邮　编：410005　　电　话：0731-82683357

印　　刷：长沙鸿发印务实业有限公司
版　　次：2025年1月第1版　　　　　　印　次：2025年1月第1次印刷
开　　本：880 mm×1230 mm　1/32　　印　张：12.5
字　　数：235千字
书　　号：ISBN 978-7-5561-3306-2
定　　价：58.00元

营销电话：0731-82221529（如发现印装质量问题请与出版社调换）

目录

代序

文化与武化

从童年时听评书《杨家将》《岳飞传》和《隋唐演义》算起，我对军事历史的兴趣和研究已经持续四十多年，动笔书写也超过二十年。现在想想，青春期之所以不曾追星、不曾迷恋火热无比的武侠，根由即在于此。我内心已经没有崇拜明星、侠士的空间，只有对军事和战将不算狂热但长久不衰的兴趣。时至今日，虽已白发，还会不远万里踏勘古战场。我得承认我有英雄情结。一个民族，如果没有自己的英雄，或者有英雄而不尊崇不研究，恐怕很难谈得上有希望。当然，这个英雄是广义的概念，其中应当包括伟大的科学家、思想家和艺术家。即便普通人，只要他们在各自不同的位置做出各自不同的贡献，便是英雄。

今天人人都习惯于谈论文化，越没文化的往往调门越高。但他们完全没有意识到，今天最缺的可能不是文化，而是武化。武化的内涵并非好勇斗狠、打打杀杀，而是内在的责任与外在的担当，是对箭在弦上引而不发的火候的巧妙拿捏。你可以面色如常，但胸中得怀有利器。当男人尽皆懦弱胆怯，手无缚鸡之力，这样的文化恐怕难说正常。当然，这是秦汉刑徒从军、宋明右文抑武的漫长后遗症。而本来我们是文武不分职的，起初作战甚至是贵族的特权，平民不得染指。

　　即便如此，我们对名将的贡献依然可能存在认知误区。

　　生物、学说、文化、民族、国家都是在交流中发展的。如果没有交流、碰撞、扬弃与吸收，它们便只能在同质化中慢慢衰落。曲线可能平滑，但趋势却很坚定。碰撞、扬弃与吸收都是交流的一种。名将与军事家对民族国家的贡献，并非仅限于征战杀伐、开疆拓土，还包括交流。如果不信，你看看蒙古西征期间东西方不动声色地实现了多少技术与物质的交换。战场上的交流是最剧烈的交流，可能也是效率最高的交流——因为成本足够高昂，双方都不得不高度重视。

　　有鉴于此，我写了关于古代名将的四本书，由湖南人民出版社出版。《莫须有》《空悲切》算是开路先锋。

　　名将喋血疆场，可谓死得其所，正是求仁得仁之意。

像常人般死在床上，反倒被视为耻辱。就像陆游的诗句："白首不侯非所恨，咿嘤床箦死堪羞。"可如果他们没有战死疆场，也没有死在床上，而是死于背后或明或暗的一刀，就难免令人扼腕叹息。伍子胥、吴起、白起、李牧、蒙恬、李广、魏延、檀道济、岳飞、袁崇焕……这个名单未免太长。

从某种意义而言，他们的死亡也是我们成长的代价。就像在前面探雷的勇士。如果不把他们的经验教训展示出来，以告来者，那么他们等于屈死了两回。不是吗？

《明史·奸臣传》列出六大奸臣——胡惟庸、陈瑛、严嵩、周延儒、温体仁和马士英，其中周延儒、温体仁和马士英跟袁崇焕一样，都曾是崇祯的朝臣。而在文学家张岱的《夜航船》中，崇祯朝奸臣有四：周延儒、袁崇焕、杜勋和马士英。他居然用袁崇焕代替温体仁，而且还认为袁崇焕连秦桧都不如。

提到魏延，总是避不开诸葛亮。诸葛亮的遗嘱将魏延推上了绝路。因为《三国演义》的影响，人们对诸葛亮普遍持有正面看法，正好遮蔽了他六出祁山的巨大代价。自从追随刘备，诸葛亮就开始"吃大户"。明代何宇度《益部谈资》记载：刘备"从南阳大姓晁氏贷钱千万，以为军需。诸葛孔明作保，券至宋犹存"。可以肯定，当时诸葛亮归附刘备还不久，他们还屈身新野小城。局面实在窘迫，两人便从姓晁的南阳大户手中借钱千万。这家人也有意思，将债券一直保存到宋朝。占领荆州后，两人又多次向大户发债。这些债券保存时间更长，明末张献忠破荆州时，发现刘备"借富民金充军饷券"，债券上有"武侯押字，纸墨如新"字样。等到蜀汉政权建立，掌握了发钞的权力，干脆变本加厉，直接发行直百钱、直百五铢钱，面值以一当百，不动声色地吸血。而根据蜀吴灭亡时的数据，蜀国九十四万人纳税养十万两千兵，比例比吴国略高两三成，但吴国二百三十万人纳税养三万两千官员，蜀国居然要养四万，比例几乎是吴国的三倍。

政治是否人道，数据不会骗人。读书读到这里，我不相信你没有被那些发黄的纸页触动。当然，本文并没有简单地翻案，故作惊人之语。我所做的只是有一分史料说一分话，力图还原历史细节。"嘤其鸣矣，求其友声。"我相信会有很多同好应和。

余不多言。谢谢湖南人民出版社，以及当初刊发这些文章的《当代》《四川文学》《山东文学》《绿洲》等杂志。

是为序。

伍子胥：端午节的另一个悲剧

导读：伍子胥和伯嚭都是逃亡到吴国的楚国贵族，算是老乡，后者为何要对前者"老乡见老乡，背后来一枪"？要离刺杀庆忌被后世广为传颂，目为英雄事迹，可这事真的靠谱吗？能算作义举吗？伍子胥对楚平王掘墓鞭尸，究竟是侮辱尸体的不道，还是为父兄报仇的壮举？

湖北某县是政府垄断经营食盐的历史标签。三国时期东吴设置监利县，就是为了"监收鱼盐之利"。不过，我们讲的是军事而非经济，所以垄断经营的暴利问题只能暂且放下。你可以前往这里的长途汽车站，去看一座塑像。谁的塑像呢？本文的主人公——名将伍子胥。

　　伍子胥名叫伍员，子胥是他的字。这里的"员"，读音跟"云"相同。最早注意到这个字，是听京剧《文昭关》，那其中就念"云"，当时还以为是上口字。京剧里经常有这样的现象，字读成别音。不过这一次不是。

　　伍子胥是春秋时期楚国人，著名军事家、谋略家。关于他的故里，有三种说法：湖北监利县、湖北老河口市和苏州吴中区胥口镇。似乎监利的可能性更大。古往今来，伍子胥跟一个成语难舍难分——"掘墓鞭尸"。说的是本来作为臣子的他，引领吴军攻入楚国的都城不说，还把死去的老国王从坟墓里挖出来，鞭尸三百。

勾结外敌入侵故国，本身已冒了天下之大不韪，竟然还要鞭尸国王。伍子胥为什么要这么干？难道他是变态的虐待狂？当然不是。他之所以要采取如此极端的手段，是因为他跟国王有深仇大恨。

"孩子没娘，说来话长"，这事咱得从头说起。

小人登场

伍员的出身，可不是什么贫下中农或者草莽英雄，他们家是正经八百的贵族，朝上数三代，曾祖伍参、祖父伍举、父亲伍奢，都是楚国的大夫，绝对的血统高贵。

伍参在楚国供职时，正赶上晋楚在中原争霸。楚国出兵伐郑，晋国赶来增援。晋军势大，楚军上下人心惶惶。这时伍参力排众议，出谋划策，极力主战，最终击败晋军，立下大功。伍举的故事更有意思，因为他跟成语"一鸣惊人"息息相关。楚庄王即位之初，因为令尹斗越椒专权，楚庄王的位置还没坐稳，只好韬光养晦，整天沉湎于酒色歌舞，并且在门口立块牌子，说："有敢谏者死无赦！"

却说有一天，楚庄王左手搂着郑国的美妾，右手搂着越国的少女，坐在钟鼓乐器中间，喝得醉醺醺的，大夫伍举突然报门而进。楚庄王眯缝着醉眼，口齿不清地说："大夫您来，是想痛饮美酒呢，还是想听歌观舞？"伍举说："都不是，我来是想请教您一个谜语。有人说，有只鸟儿栖息在土山上，可是整整三年，不飞也不叫。这是什么鸟呢？"

什么鸟无所谓，反正不是什么好鸟。好在楚庄王心里并不糊涂。他说："我知道。这鸟三年不飞，一飞冲天；三年不鸣，一鸣惊人。您等着瞧吧。"伍举说："它不飞不叫，早晚会被猎人谋取。箭已上弦，很快就要射出来，哪里还能容它冲上云霄，叫声惊天？"这话正好说到楚庄王的心坎上，于是立即痛改前非：绝女色，停美酒，罢歌舞，励精图治；重用孙叔敖、伍举、苏从等人，以制衡斗越椒，直到最后，将造反的斗越椒彻底灭掉。就这样，楚国国力逐渐强盛，在邲之战中大败晋军，洗雪了城濮之战的耻辱，楚庄王也跻身"春秋五霸"的行列。

中国的史书，大致有三个传统：一是记言，源出《尚书》；二是记人，《史记》的纪传体可谓本源；三是记事，开创者是袁枢的《通鉴纪事本末》。春秋战国时期的史书，《国语》暂且不说，《战国策》《左传》等记叙人物的对话，也详尽而且精彩。为什么会这样？《左传》里有句话，可以作为注解："太上有立德，其次有立功，其次有立言。"立言中的"言"，当然不能简单地理解为语言或者对话，主要还是指学问，但是跟语言和对话，距离还是比较近。所以读早期的史书，往往会惊叹主人公的对话，比如这里的伍举和楚庄王，总让我想起大学时听过的磁带：《外国电影对白精选》。

不过这都没什么用，阿Q的祖上也阔过，伍子胥在楚国，从楚平王时期开始，面对的主要是厄运。

楚王都属于芈姓，熊氏。楚平王跟一个著名的词人同名，叫熊弃疾。他登上王位的过程，很有点传奇色彩。

熊弃疾是楚共王的儿子，楚庄王的孙子，上面有四个哥哥，他是老五。最初继承王位的是他大哥，就是楚康王。康王死后，传位给自己的长子，但四年之后，熊弃疾的二哥杀掉侄儿自立，就是楚灵王。楚灵王德政不修，四处用兵，民不聊生，寒冬腊月，妄兴大军。士兵们披着铁甲，在寒风中瑟瑟发抖，他却身穿"复陶裘"，外罩"翠羽披"，头顶皮帽，足踏豹皮装饰的锦靴，站在中军帐前观看雪景，连声赞叹"好雪！好雪！"就是那句话的翻版："农夫心内如汤煮，公子王孙把扇摇。"中国历来有个说法，叫坏事变好事，这事似乎也能变成好事，比如作为励志教材：看看，不好好干怎么能行呢？好好干，将来咱也当王，不受这苦。可惜，士兵们再努力，也没有成王的可能，所以只有越发地感觉透心凉。

楚灵王十二年（前529），楚灵王带领大军出征，他的三个弟弟联合发动宫廷政变，攻入郢都，杀掉太子，推举老三为王，就是楚初王，老四为令尹，老五弃疾当司马，典型的"家族式企业"。消息传到前线，楚军大哗，片刻之间，三军随即作鸟兽散，只剩下楚灵王这个孤家寡人，走投无路，众叛亲离，不得不用一条绳子，找棵歪脖树，结束了自己的生命。

老三虽然占据了大位，但灵王去向不明，郢都依然人心不稳。没办法，那时没有手机，不能发短信；也没有电脑，无法上网。所以楚灵王的具体结局，当时大家并不知道，也不可能知道。弃疾年龄最小，但鬼点子可不少。他意识到，乱就是上天赐予的机遇，决心浑水摸鱼。五月乙卯之夜，弃疾安排人马绕着郢都大声呼喊："灵王驾到，灵王驾到！"百姓们一听，满城骚动，惊惧不安。弃疾随即派人故作惊慌地跑入宫中，对他三哥四哥说："不好了，国君回来了，国人马上就要杀进宫来。众怒难犯，何去何从，你们赶紧拿个主意吧，免得到时候遭受耻辱！"两人一听，乱作一团，不知如何是好。正在这时，又进来一个人，当然还是弃疾派来的。他高声惊呼："大队人马就要冲进来了！还有司马的部队！"没办法，这两位赶紧抹了脖子。可怜楚初王只干了一个月，屁股都没坐热，王座就归了五弟。

弃疾随即改名熊居，摇身一变由司马而一跃成为楚平王。

楚平王的智商，比他二哥三哥确实强点，但也强不到哪里去。《新语·无为》记载，"楚平王奢侈纵恣"。他立儿子熊建为太子，安排伍举和费无极尽心辅助教育。然而费无极奸佞诏媚，太子建偏偏又不吃这一套，喜欢伍举，讨厌费无极。上司看你不顺眼，这日子还怎么过。不行，必须自救。费无极先去禀报楚平王："太子也老大不小的了，该娶媳妇了。"楚平王说："嗯，是这道理。你去操持吧。"

太子建已经订下亲事，对方是秦国公主孟嬴。费无极奉命去秦国迎亲，发现这姑娘确实漂亮，就动了歪心眼。等把新娘接回郢都，他马上跑到楚平王跟前说："公主相貌甚美，不如大王您纳了吧。反正太子还年轻，将来机会还多的是！"

有个成语，叫作"臭味相投"，用在这里，再贴切不过。你想想要是国王是周文王，费无极还敢出这馊主意吗？打死他也不敢。恐怕文王跟前，也根本没有这样的人，这样的人，早就被过滤掉，一边凉快去了。可是楚平王身边，愣是少不了这样的主儿。

正所谓"物以类聚"。

楚平王听了费无极的话，龙颜大悦。怎么说呢？费无极忠心耿耿呗。你想想，这样的事情，他都忘不了我，对我能不忠心吗？大手一挥，做了批示：同意！

这一下，费无极可算露了脸儿。他不再辅佐太子建，直接调回朝廷，到国王身边工作。不管怎么样，与太子同朝为官，抬头不见低头见，总是别扭。他心生一计，又向楚平王提出一条合理化建议："咱们楚国太小，不如让太子去守城父，以通北方，大王您守护南方，这样才是争天下的姿态。"应该说，这个计策本身没什么不对。让太子下基层锻炼锻炼，镀镀金，也有利于他的成长。于是平王慨然应允。

城父在哪里呢？就是今天安徽亳州市谯城区的城父镇，是楚国的北方门户，也是张良的出生地。当然，那是几百年后的事情，与太子建无关。他接到命令，只好带着伍奢离开郢都，去经营城父。可没过半年，费无极又生了坏点子。太子建早晚要当国王，那时还有他的好果子吃吗？不行，还是得斩草除根。于是赶紧跑到楚平王跟前，继续上太子建的眼药，说他和伍奢勾结："建与伍奢将以方城之外叛，自以为犹宋、郑也，齐、晋又交辅之，将以害楚。"就是说，太子建与伍奢远在边疆，他们俩自以为有了类似宋国和郑国的便利，再加上齐国和晋国撑腰，很快就会对楚国构成威胁。楚平王脑子里有水，但水还没满，还给智力留了点空间，因此刚开始并不相信。他说："建是太子，国家早晚是他的，他干吗要叛乱？"费无极说："大王您可别忘了，那秦国公主本来是他的呀。自从您娶了公主，太子心里没有一天不怨恨。现在他手里有了兵权，又与别国有联系，早晚会打过来的，您得做好准备才行！"

楚平王这家伙，生活作风一直不够检点，到处留情。太子建就是这样的产物。楚平王还当大夫时，到蔡国出差，看上了一个掌管疆界的小官儿的女儿，就带她私奔，生了太子建。现在太子建的母亲早已人老珠黄，太子建在楚平王心中的分量自然也要随大势跌落。楚平王立即下令，先抓来伍奢，审问对质。伍奢当然不会屈打成招。然而君子与小人斗嘴，总是小人胜利。为什么？因为小人没有原则，可以乱说，而君子不行。

楚平王拘押了伍奢，然后派人给城父司马奋扬带去密令：立即杀掉太子建。奋扬接到命令，先派人悄悄报告太子建，让他快逃，然后才组织人马，安步当车，不紧不慢地朝太子建的住处开去。当然，等他的人马赶到，太子建早已没了踪影。

子胥逃亡

人们常常有个错觉，以为自己能够掌握命运。这实在是个美丽的错误。决定命运的，更大程度上还是偶然，是随机事件。比如费无极讨好君王的随意举动，就促成了两位名将的诞生，一明一暗。明的是伍子胥，暗的是白起。因为太子熊建之子熊胜是白起的始祖。

却说奋扬放走太子建后，自己披枷带锁，前往郢都请罪。楚平王说："命令出自我口，到你耳边，是谁泄露的？"奋扬不慌不忙地答道："是我。从前您曾经命令臣，要忠心耿耿辅佐太子，臣虽不才，却也不敢三心二意，所以执行了您先前的命令，没忍心执行后来的命令。臣放走太子，现在追悔莫及！"楚平王的怒气逐渐平息，说："那你怎么还敢来见我？"奋扬说："臣没有完成大王的使命，如果不来，就是再次违令，为臣不敢。"楚平王无奈地挥挥手："算了算了，你还是回到城父，去当你的司马吧。"

伍奢可没这么幸运。在楚平王眼里，伍奢是他想象中的叛乱的核心分子。费无极决心将伍奢一家斩草除根，就建议以伍奢为诱饵，引诱他的两个儿子过来，满门抄斩。楚平王当然言听计从，对伍奢说："你如果把两个儿子叫来，就能活命，否则只有死路一条！"伍奢说："伍尚为人仁厚，一叫准来；伍员生来桀骜不驯，肯定不会从命！"

果然，伍尚准备赴汤蹈火，但伍员不干。他说："二子到，则父子俱死。何益父之死？往而令仇不得报耳。不如奔他国，借力以雪父之耻，俱灭，无为也。"伍员到底技高一筹，将利害关系看得清清楚楚，知道一去肯定是全军覆没，这样无所作为，实在不值得。伍尚说："我知往终不能全父命。然恨父召我以求生而不往，后不能雪耻，终为天下笑耳。"相比之下，伍尚就是个谦谦君子，中看中听，就是不中用。他也知道去了没有好下场，可是担心假如以后不能报仇，会被天下人耻笑独自偷生。说起来这算是虚荣心，如果人人都毫无虚荣心，一点都不顾及名声，这个世界将会一团糟；可是过于看重名声，又难免瞻前顾后，放不开手脚。这个度量，实在难以拿捏。

伍尚于是束手就擒。使者还要捉拿伍员，伍员箭上弦引满弓，逼退使者，然后溜之大吉。他听说熊建已经跑到宋国，就赶过去投奔。逃亡的过程中，他碰到了好朋友申包胥，得到了他的帮助。伍子胥越想越生气，就对他说："我一定要灭掉楚国！"申包胥盯着好朋友的眼睛，针锋相对地答道："那我一定要复兴楚国！"伍奢听说次子逃走，长叹一声："楚国君臣且苦兵矣。"就是说，楚国君臣别想再过安宁日子了，就等着打仗吧。发完这个浩叹，他和伍尚以及家人都被推上了断头台。

伍员找到熊建，正赶上宋国内乱政局不稳，他们只好一路向西，到郑国临时落脚。郑国对他们很够意思，按照公子的规格，热情接待。最后到达晋国时，晋顷公说："你跟郑国关系好，他们一定很信任你。你先回到郑国，给我们做内应，咱们里应外合，一定能灭掉郑国，然后封给你！"熊建这哥们儿，到底是遗传了楚平王的基因，脑子也不太灵光，竟然应承下来，转头又回到郑国。可是还没等晋军行动，他的密谋已经被犯了过错面临惩罚的下人泄露。开门揖盗的事情，当然不能干。郑国立即行动，杀掉了熊建。

这一下，伍子胥立即感觉脊背发凉。凭空又多出一个敌国，暂时的栖身地也没了。没办法，继续逃吧。吴国是晋国一手扶持起来，专门牵制楚国的，是楚国的宿敌。伍子胥随即带着熊建的儿子熊胜，向吴国逃去。

一路的颠沛流离、惊慌失措可以想象。他们晓行夜宿，犹如惊弓之鸟，总算到了吴楚两国的交界昭关。伍子胥过昭关一夜急白头的故事，因为京剧《文昭关》的推波助澜，早已家喻户晓。这出戏是京剧《伍子胥》（又名《鼎盛春秋》）的一部分，谭、马、杨、奚等各个老生流派都演过。还有一出戏是《武昭关》（又名《禅宇寺》），流派不同，背景相似。昭关到底在哪里？就在今天安徽含山县城以北。这里东有马山，西有城山，除此之外，周围都是烟波浩渺的湖水，地形确实险要，否则楚国也不会在此构筑城池。

既是边境要地，必然会有重兵把守。伍子胥能过得去？当然能，否则不会有后来的一系列故事，也不会有这篇文章。他怎么过去的呢？戏里的唱词是："幸遇那东皋公行方便，他将我隐藏在后花园。"伍子胥跟东皋公的一个朋友皇甫讷长得很像，东皋公让他们俩互换衣服，皇甫讷先走，守关的当作伍子胥拿下，警惕放松，伍子胥这才得以逃之夭夭。

　　戏终究是戏，《史记》等正规的史书，找不到类似的记载。实际情况是，伍子胥和熊胜好险被拿住。伍子胥见势不好，拔腿就溜，后面的楚兵一路追杀。如果独自一人倒还好说，偏偏又带着个孩子，伍子胥拳脚再好也施展不开。没办法，跑吧。跑着跑着，看见前面湖边有艘小船，赶紧跑过去，请求帮助。伍家的遭遇，差不多已经传遍整个楚国，但好在那时舆论工具尚不发达，当局捏造事实、扭曲真相的能力还不强。渔父二话不说，立即载着他们俩，摇动桨橹，虎入深山，龙归大海，胜利大逃亡。

　　他们俩好歹算是捡了两条命，活着进了吴国。伍子胥流亡至今，盘缠早已用光，只好解下腰间的宝剑递给渔父说："这口剑值百金，送给您作为酬谢！"渔父也是好样的，他说："楚王早已传令，抓住伍子胥，赏五万石粮食，封上大夫的爵位。那些我都不动心，何况百金的宝剑？"

　　铮铮豪言，史册流芳。伍子胥谢过渔父，继续前行，留下了"吹箫乞食"的成语。长时间的紧张赶路，风餐露宿，他饶是铁打的汉子，也支撑不住，终于病倒。要命的是，又没了盘缠。怎么办？据《史记·范雎蔡泽列传》记载："伍子胥橐载而出昭关，夜行昼伏，至于陵水，无以糊其口，膝行蒲伏，稽首肉袒，鼓腹吹篪，乞食于吴市。"就是说，趴在地上一点点地朝前爬，光着上身不住磕头，吹箫乞讨，完全沦为乞丐。从贵族沦为乞丐，这其中巨大的落差，如果没有极其顽强的信念与毅力，又怎么能承受得住！

"千金小姐"这个说法，也源自伍子胥的狼狈经历。有一天，他又累又饿，碰见一位浣纱的姑娘，篮子里装有饭食，就上去乞讨。姑娘见他可怜，施舍了饭食，转念一想，男女授受不亲，这事违反了礼法，所谓"饿死事小，失节事大"。怎么办？姑娘随即自沉于水，以证清白。子胥万分悲痛，于是咬破手指，在石上留下血书为誓："尔浣纱，我行乞；我腹饱，尔身溺。十年之后，千金报德！"后来子胥报了大仇，荣登高位，想报恩又不知道姑娘的姓名和家庭住址，于是将千金掷于姑娘投水之处。"千金小姐"一词，从此诞生。

千金看起来惹人注目，可当年——未必是伍子胥的当年，而是后世写《吴越春秋》与《国语》的年代——黄金并不像如今这样稀少昂贵。当时黄金与黄铜并行不悖，金为上币，铜为下币，黄金供应充分，这从单位上也能看得出来。秦代黄金单位是镒，二十两或者二十四两；西汉的黄金单位是斤。从东汉开始，社会上的黄金数量明显减少。《宋史·杜镐传》记载，宋太宗曾经问杜镐："西汉赐与悉用黄金，而近代为难得之货，何也？"杜镐认为是佛教兴起的结果，铸造佛像法器耗费了太多的黄金。

就这样，熊胜也跟着伍子胥流落至吴。后来楚国把他召回去，封于白地，号白公，其子孙就以白为姓。白公一心为父报仇，想起兵攻郑，但楚国当局不干。白公心怀不满，随即发动叛乱，这就是所谓的"白公之乱"。白公没有成功，兵败自杀，子孙一路逃亡，有一支定居秦国，一百多年后，诞生了名将白起，再过一千年，又孕育出了诗人白居易。一百多年，楚平王愚蠢好色的基因已经被大大稀释，否则白起恐怕不会有那么出色的大脑，也无法建立那样的功勋。至于白居易，就基因而言，跟他们其实已经基本没了关联性。

姬光登位

当时吴国的国王是姬僚，即吴王僚。但他的叔伯兄弟公子光，心里一直惦记着王位。公子光有这样的念头，也并非完全没有缘故。

公子光的父亲诸樊曾经当过国王。他有四个兄弟，其中老四季札最为贤良。诸樊想让位，但季札无论如何也不接受。怎么办呢？诸樊就留下遗命，要求兄终弟及，这样早晚有一天会轮到季札。可老三死后，季札干脆躲了起来，结果成全了老三的儿子姬僚。姬光自然不服气。真要是按照父死子继的规矩，那国王应该是他的，至少该他先来。

季札在历史上被传为美谈。比如季札挂剑的故事，说的是他佩着一口精美的宝剑出使晋国。路过徐国时，徐君对剑爱不释手。季札因为还有外交任务，这剑相当于外交礼器，心虽许之，但并没有马上将剑就给徐君。可是等他回来，徐君已经死去，于是季札就把宝剑挂到他的墓前，算是了却心中愿。

季札挂剑，当然算是美德，但推辞王位，却是好心办了坏事。当然，没有证据表明他是沽名钓誉的伪君子，责任不该由他来负，问题出在他父亲和大哥身上。政治不能讲温情，那只能误事，造成更大的损失。人们上了酒桌，经常要你推我让，假意谦虚一番，因为大家都知道，无论如何推辞，最后总会有个座位，大可假戏真做，表现一番美德，活跃活跃气氛。但王位不同，实在不能客气。政治有规则也未必能办好，没有规则只能办坏。历史不能倒推，我们这么说，不是因为后面出了问题，而是因为选择君主的首要标准不是贤，而是能。以贤为标准，如果在早期也许还行，但春秋末期，礼崩乐坏，就像京剧《刺王僚》中那段花脸唱腔说的："列国之中干戈厚，弑君不如宰鸡牛。"此时君主一味地贤，国家早晚会成为别人的盘中餐，实在不值得自豪。

不说季札，还说伍子胥。他到了吴国，通过公子光的引荐，见到了吴王僚。大家都知道江浙一带习惯养蚕，当时吴楚的边界地带，都有这个习惯。养蚕得有桑树，因为蚕靠桑叶活命。有一年，两国边境地区的女人为了争夺桑叶发生斗殴，最终演变成国家战争。吴王僚于是命令公子光领兵御敌。公子光旗开得胜，接连攻克两座城邑，然后凯旋班师。伍子胥当然不过瘾，就对吴王僚说："楚国可以击败，现在正是时候。请大王命令公子光，继续进攻！"这话公子光可不爱听，他说："伍子胥不过是想报私仇。现在根本不是跟楚国决战的时候！"

伍子胥凭借作为谋略家的敏感，慢慢察觉到了当时政治氛围中的微妙因素。他明白，公子光的注意力在国内，而非国际事务。对公子光来说，王位显然比楚国重要，再提类似的建议，会自讨没趣。偶然的机会，他发现了一位名叫专诸的勇士，这人非常有意思，虎背熊腰，人高马大，打起架来不要命，却有惧内的毛病。跟人打得正高兴，小巧玲珑的老婆一声召唤，专诸立即转身，乖乖地跟她回家。小女子降服大男人，两人走在一起相映成趣，正所谓"一物降一物，卤水点豆腐"。伍子胥非常好奇，就问专诸怎么回事。专诸不以为然地说："嗨，这有什么？我甘居一人之下，必能处万人之上！""人才，真是个人才。"伍子胥心里连声赞叹，随即把他推荐给公子光，然后自己带着还是孩子的熊胜，到乡下种地谋生，等待时局变化。

我们说伍子胥是谋略家，不仅仅因为他后面的治国方略，从这件小事也能看得出来。按照道理，直接效忠吴王僚，风险小，可靠程度高，可他的政治投资却选择了姬光。为什么要这样？正统观念多是后人强加的，掘墓鞭尸的伍子胥肯定不会有。而且即便他有正统观念，也很难说姬光就比姬僚有更多的政治资本。

史料中找不到证据，可以证明姬光的贤能超过姬僚——姬僚只有一个明显的毛病，就是口腹之欲过于强烈——唯一合理的解释只能有两个：一是伍子胥发现了姬光身上的特殊素质，姬光不但适合当一把手，还有称霸的能力，能灭楚报仇。二是拥戴姬光一旦成功，伍子胥的政治资本将会水涨船高，发言权和影响力肯定远胜于在姬僚跟前，更有利于复仇。

这也是伍子胥作为谋略家的职业素养。当然在这里，也许可以换个字眼，叫野心家。反正他推荐了适合做杀手的专诸，随即后退半步，静观其变。拿现在的话说，专诸类似社会上的烂仔小混混，冒充黑社会的那种。杀手这活儿，只有他们敢干、能干、会干，伍子胥不适合。行文至此，我们也许会有疑问：伍子胥这样做，不是坐山观虎斗吗？太狡猾、太不够意思了吧。换了别人，这个疑问能够成立，但在伍子胥身上不行。为什么？他有更大的目标：复仇。他不能输，他输不起。为了实现这个目标，哪怕是忍受狡猾不忠的骂名也值得，也更能看出他的血性和隐忍。所谓忍辱负重，特殊的事情自然需要特殊的手段。这样的大事，正人君子还真不能胜任，更适合他们的是安静宽敞的书房。这不是价值判断，而是社会分工。

姬光苦苦等待的时机终于到了。那一年，昏庸好色的楚平王下了地狱，他跟秦国公主生的儿子轸被立为楚昭王。有个词叫"礼不伐丧"，不伐丧乱，是春秋战国时期的"国际公法"。吴王僚对遵守这个"国际公法"毫无兴趣，决心趁机捞一把，就派烛庸、盖余两位公子，带兵伐楚，结果却被截断后路。就是那句话："身后有余忘缩手，眼前无路想回头。"可到了那个时候，哪里还有回头的余地。

主力出击，国内空虚。在道义上更有继位优势的季札，碰巧又出使他国，不在国内。机不可失，姬光决定动手。那一天，他在家里张灯结彩，大摆筵席，要请姬僚吃饭。姬僚这人倒不是棒槌，竞争对手之间，往往会有这样的心灵感应。姬僚因此做了精心的准备：从王宫到姬光门前，都排有披挂整齐的士兵；姬光门口直到宴会大厅的台阶两边，都站有姬僚的亲信；姬僚左右还有两个卫士，昂首挺立，目光警惕，手持长戈，全副武装。

国王出动，布置特级警卫倒也没什么。不过到兄弟家吃顿饭还得这样，说明这个国家问题甚大，今天不乱明天必乱。酒过三巡，菜过五味，美酒把大家的警惕心浇灭得差不多了，姬光借口脚有毛病，不舒服，要出去舒展片刻，然后起身告退。你不能当着国君的面，摆弄自己的臭脚丫子呀，那严重违反礼仪规范。姬僚点头同意，姬光随即躲进了地下室。

正在这时，专诸献上一盘美味，是肥美的鲜鱼。等他端着鱼走过来，姬僚看看闻闻，确实是色香味俱佳。这也难怪，为了刺杀姬僚，专诸特意到太湖沿岸恶补了三个月的厨艺，要搁现在，他一定能拿到特级厨师的资格证书。姬僚这人特别好吃，尤其喜欢吃鱼。

往往就是这样，你的爱好即是软肋和弱点，是别人攻击的突破口。

却说姬僚，心里正美呢。专诸突然从鱼腹中抽出一把宝剑，猛扑过来。锋利的宝剑带着巨大的惯性刺入姬僚体内，他顿时一命呜呼。周围卫士不敢怠慢，一顿乱刀，将专诸砍得血肉模糊不成人形。这时伏兵四出，姬僚的铁杆儿一个接着一个倒在血泊中。姬光随即站出来一声高呼：姬僚已死，投降者可保性命，官复原职！

对于军士们来说，谁当国王不是一样？总之一句话：兴，百姓苦；亡，百姓苦。都是吃粮当兵，犯不上为姬僚送命。大家一阵高呼，随即放下武器。姬光这人，很有幽默感，季札回来后，姬光还要让位。季札当然不干，于是姬光顺水推舟坐稳王位，就是所谓的"吴王阖闾"。有一种说法，把秦穆公和宋襄公"开除"出了"春秋五霸"，因为秦国地处西陲，影响力小，宋襄公只不过闹了顿笑话；吴王阖闾与越王勾践，才应该顶替他们俩的位置。

这就是"鱼肠剑"的故事。《吴越春秋》中说，著名铸剑师欧冶子为越王允常铸了五口名剑，三口大，两口小。第四号作品，就叫"鱼肠剑"，是可以贴身携带的小剑。有人认为，那口剑，剑身上有鱼腹样的花纹，凹凸不平，所以得名；也有人说，是因为它小巧玲珑，专诸藏在鱼腹中刺杀吴王姬僚，所以才叫"鱼肠剑"。

剑的体积和名称都不重要，完全发挥了功效，才是第一重要。登位后，姬光随即起用伍子胥为行人，这是个主管觐见的官职，天天在国王身边，可以参与核心决策。伍子胥建议阖闾"立城郭，设守备，实仓廪，治兵库"。阖闾言听计从，委托伍子胥修建了阖闾大城——一个坚固的军事要塞。修好城池，建好仓库，伍子胥又编组军队，练习骑射，积极备战。干吗呢？国家要称霸，个人想复仇。

名将崛起

姬僚虽然一命归西，但他的儿子庆忌还在卫国活蹦乱跳。如果就是个普通的公子哥儿也没什么，要命的是，这家伙是个勇士，武艺高强，天下闻名。如果他联合诸侯前来讨伐，如何是好？阖闾虽然登了大宝，但还是卧不安席，食不知味，于是又找到伍子胥说："您推荐的专诸，帮了我的大忙。可是庆忌正在联络各国诸侯，如何是好？"伍子胥说："我这个人不忠，品行不好，已经跟您一起谋杀了王僚，现在又要算计他的儿子，苍天在上，恐怕不允许吧？"阖闾说："武王灭了商纣，后来周公又奉命杀了他的儿子武庚，也没听见人们有什么怨言呀。即便有议论，也不会议论你，有什么关系呢？"

伍子胥曾经长期生活在社会底层，与三教九流接触，因此认识很多奇人。他说："有个瘦小的人，应该能行。"阖闾说："庆忌号称吴国第一勇士，有万夫不当之勇。那个瘦小的人，能是他的对手吗？你把他的情况，详细说说看！"

伍子胥提到的这个人就是要离，他身材矮小，而且形象极度雷人。身长没有五尺，细腰不盈一握，风简直都能将其吹倒。史书上的原话是"细小无力，迎风则僵，负风则伏"。不过这个人，却能不动一拳而降服著名的勇士椒丘䜣。椒丘䜣之所以著名，是因为他在出使吴国的路上跟水神搏斗过。路过淮河渡口时，他想在河里饮马。管理渡口的官吏说："别别，千万别！这河里有水神，一看见马，就会抢走吃掉！"椒丘䜣不以为然："在壮士面前，什么神敢于作怪！"一定要饮马，结果马被抢走，沉入水里无影无踪。椒丘䜣大怒，脱下衣服抄起宝剑，跳进河里要跟水神决战。他跟水神搏斗了几天几夜，最终瞎了一只眼睛。

椒丘䜣赶到吴国，正好碰上朋友家里办丧事。他大模大样地坐在酒席上，对士大夫出言不逊，骄横不可一世。大家虽然都很生气，却没有办法。这时，身材瘦小、相貌惊人的要离开了口。他说："真正的勇士，与太阳搏斗，不等日晷移动；与鬼神搏斗，脚后跟都不挪；跟人搏斗，无声无息，从不大嚷大叫。活着出去，死了回来，不受对手的侮辱。您跟水神搏斗，马丢了，马夫也死了，还弄瞎了一只眼睛。身体已经残废还要称雄，正是勇士的耻辱。您不当场战死，却贪生回来，还有什么好骄傲的呢？"

真是当头一记闷棍。椒丘䜣恼羞成怒，当晚就要跟要离决斗。要离告诉家人，椒丘䜣会上门寻仇，不要关大门。他也将自己的卧房门开着。深夜，椒丘䜣果然手持宝剑找上门来。他见大门洞开，卧房门也没关，就悄无声息地摸了进去。进去一看，要离披头散发地躺在床上，毫无防备。椒丘䜣一把将他揪住，用宝剑逼住他的胸口说："你有三条该死的罪过：大庭广众之下侮辱我，第一该死；大门不关，第二该死；毫不防备，第三该死！"要离神色自若地说："我并没有三条该死的罪过，倒是你有三条不够勇士的耻辱。我当众羞辱你，你不敢当场回应，却来报复，是不够勇士的第一耻辱；进我家大门不敢吭声，进我卧室也悄无声息，是不够勇士的第二耻辱；你先拔出剑，揪住我之后才敢开口，是不够勇士的第三耻辱。你根本算不上勇士，却来威吓我，难道不脸红吗？"椒丘诉扔下宝剑长叹一声："普天之下，除了您要离，谁敢轻视我的勇猛？您才是天下第一勇士，我不配！"

阖闾闻听伍子胥的推荐后大喜，随即宴请要离，然而见面一看，却大失所望。正所谓百闻不如一见，跟画面相比，语言的效力到底失于苍白。阖闾半天不说话，未置可否。这个负面态度，倒产生了正面效果，类似那句话，劝将不如激将。要离自尊受伤，当下主动请缨。阖闾说："庆忌的勇猛天下闻名。筋骨结实，万夫不当，能追上奔跑的野兽，抓住空中的飞鸟。我曾经追他追到江边，四匹马拉的车也追不上；弯弓射他，箭又被他一把抓住。你怎么能是他的对手呢？"要离说："没有关系，只要您按照我的计谋行事，我就能取得他的信任，最终杀掉他。"

既然如此，那就不管有枣没枣，先打它一竹竿吧。要离拿竹剑跟阖闾比武，伤了阖闾的手指。阖闾下令砍断他的右臂，又抓来他的妻子孩子，烧死后弃于闹市。动静闹得很大，等要离逃到卫国找到庆忌，消息也早已传来，他因此顺利地取得了庆忌的信任。庆忌召集一批士卒，日夜操练，准备返回吴国，消灭阖闾，为父报仇。

三个月之后，精兵练成，庆忌随即带领他们向吴国进发。船开到江心，风大浪急，要离力气小，又失去了右手，就到上风的地方，用矛钩住庆忌的冠，借着风势刺中了他。庆忌回头伸手抓住要离，像拎小鸡那样把他的脑袋摁入水中，如此三次，然后再提起来放到腿上，说："真是个好样的，敢来刺杀我！"左右随从赶过来要杀掉要离，庆忌说："怎能一天杀掉两个勇士呢？我死了之后，让他回吴国去吧，彰显他的忠勇！"随即因失血过多身亡。

庆忌已死，要离于是回国复命。船行到江陵，他突然神情忧郁，不肯前行。随从问他怎么回事，他说："杀妻灭子侍奉君王，是为不仁；为新君主而杀死老君主的儿子，是为不义；看重自己的生命，既不高贵，也不合道义。我还有什么面目，活在世上呢？"说完，一头栽进江里。

要离死了没有？这时还没有，因为故事还没讲完。随从赶紧把他捞上来，劝道："您何必寻死呢？回去还有高官厚禄等着啊。"要离当然不肯，于是自断手足，伏剑自杀。

要离其人其事，司马迁没有写进《史记》的《刺客列传》，但可以肯定，这个人存在，事情也不是虚构的。《战国策》中就有旁证："要离之刺庆忌也，仓鹰击于殿上。"从那以后，他的名字遍布正史野史以及各种诗书，后代的文人墨客咏叹不断。比如陆游的诗中就有这样的句子："生拟入山随李广，死当穿冢近要离。"蒋士铨更是将要离和专诸并列："要离碧血专诸骨，义士相望恨略同。"然而掩卷细思，我始终不明白，要离怎么就当得起如此的盛赞。作为故事，相当精彩；作为刺客，相当专业；作为勇士，相当独到；但是作为丈夫和父亲，又怎么样呢？

极不靠谱。

首先，刺杀庆忌毫无道理，于情于理于法，都找不到行动的必然性。其次，刺杀行动成本高代价大，充其量不过是皮洛士式的胜利。他有什么理由，非要拿妻子儿女作代价？谁赋予他的权力？

要离为什么非要接下这单生意？主要原因无非如此："吴王心非子胥进此人，良久默然不言。"阖闾搭眼一瞧，就没看上伍子胥推荐的这个人，不信他有那本事，所以要离必须争这个面子。简而言之，为了自己的名声。为一己之虚名，不惜搭上妻子儿女的性命，去杀死一个无辜的人，这样的人，不知"义"在何处？

要离相貌丑陋，或许因此心理扭曲，不是极度自卑，就是极度敏感自尊。当然，极度敏感自尊，也是自卑的另外一种形式。

前面说过，专诸类似社会上的小混混，冒充黑社会的那种。要离比起他，更是等而下之。为什么？专诸只是自己冒险，而要离百事没成之前，先已连累无辜妻儿。这种人，顶多只算个匹夫之勇而已。苏轼在《留侯论》中说："匹夫见辱，拔剑而起，挺身而斗，此不足为勇也。"要离比这个标准略微高了一点点，但并无本质区别。

无论如何，这事证明伍子胥有识人的眼光。除掉庆忌，他在阖闾跟前的发言权和影响力又提高了若干个百分点。如今内政已清，后方安定，该抬起眼睛，看看周围了。西边的楚国，是吴国和伍子胥共同的敌人。然而阖闾虽不时流露出用兵之意，却迟迟没有行动。伍子胥早已摸透阖闾的脾气，知道他的忧虑何在，于是就推荐了孙武。

孙武对军事非常在行，但一直没人发现，只有伍子胥意识到了他浑身的能量。伍子胥跟吴王论兵，一连七次推荐孙武。阖闾读完孙武献上的十三篇兵法，连连叫绝，于是找孙武谈话。他问："你的十三篇兵法，能不能试用？"孙武说："当然可以。"阖闾说："女人也能行？"孙武说："没问题。"

于是阖闾派出宫中的一百八十名美女，交给孙武指挥。孙武把她们分为两队，由阖闾的两个宠姬分别担任队长，让她们都手持武器，说明了纪律和命令，然后击鼓让她们向右转。美女们听到鼓声，却哈哈大笑，队伍乱七八糟。孙武说："约束不明，申令不熟，将之罪也。"就是说，说明不详细，命令不熟练，是将军的责任。于是又三令五申，然后再击鼓，命令向左转。那些美女们越发感觉好笑，队形更加混乱。孙武说："既然已经讲清楚纪律和命令，你们还不能遵守，就是你们的罪过。"于是要斩那两个队长。阖闾一直在台上遥控指挥，看到这一切，大为惊骇，立即派出使者命令孙武："寡人已经知道将军能带兵了。没有这两个美人，寡人食不甘味，千万千万，刀下留人！"孙武丝毫不给阖闾面子："既然已经领受命令，将在军，君命有所不受。"随即喝令斩了两个队长，另选两人代替，然后再击鼓。这一次，美女们的队列动作个个中规中矩，再没有人敢说话。孙武于是复命道："队伍已经训练整齐，请大王下来检阅。如果派她们出战，赴汤蹈火都没有问题！"阖闾哪里还有这等心思，对孙武说："将军您回去休息吧。寡人不想下去看了。"

阖闾演兵，叶公好龙；吴宫教战，孙武成名。阖闾虽然未免肉痛，但他和孙武都遵守了规则：阖闾没有滥发君王淫威，约略霸主；孙武未曾屈从上意，不愧将才。

退一步说，以牺牲两个美妾为代价，发掘出一员大将，其实是个很成功的投资。阖闾的肉痛，不过是一刹那的事情。他很快就能找到新欢，这没有丝毫的技术难度。

五战入郢

都知道伍子胥的故事开始于费无极的谗害，但不知道伍子胥结局的悲剧，也源自费无极的阴影。谗害伍子胥的小人是伯嚭，他之所以能和伍子胥同事，是因为他的祖父辈也受到了费无极的谗害。

伯嚭也是贵族出身，他的先辈伯州犁，是楚才晋用的反例：伯州犁从晋国逃到楚国，得到重用。这人在历史上的名气，很大程度上源自他创造的那个成语："上下其手"。

这是个贬义词，比喻暗中勾结，串通作弊。说的是有一年，楚国攻打郑国，楚国将领穿封戌俘虏了郑国守将皇颉。公子围，也就是后来的楚灵王，非要与穿封戌争功，说皇颉是自己的俘虏。事情闹到楚康王跟前，楚康王就让伯州犁断案，因为他当时在军中。

这个案子可不好断。穿封戌真理在握，却只是个王都之外的县尹；公子围贵为王弟，但又不占情理。怎么办呢？伯州犁灵机一动，说："都别争，这事咱们问俘虏。他是个君子，不会说谎。"于是当着楚康王的面，三堂会审。伯州犁首先把手抬得高高的，对皇颉说："这是公子围，我们大王的兄弟。"然后又把手放低，指着穿封戌说："这是穿封戌，王都之外的一个县尹。是谁俘虏的你？"可以想象，伯州犁一定还有更加丰富的肢体语言。这皇颉果然是个聪明人。同是俘虏，当县尹的俘虏的肯定不如当王子的俘虏强，就像股票，一个是跌停板，另外一个只跌百分之三；再说他那时的形势，其实也没多少选择余地。于是他有点害羞地说："我不幸碰上公子围，不是他的对手！"没过多久，这个聪明人随即被释放回国，公子围也成了楚灵王。

现在又要出来一个陌生的名字，伯郤宛。有人认为他是伯州犁的儿子，也有人说，他就是伯州犁本人。就连《史记》，记载也莫衷一是。《楚世家》里说"杀郤宛，宛之宗姓伯氏子曰嚭"，《吴世家》里说"楚诛伯州犁，其孙伯嚭奔吴也"。《伍子胥列传》里，则把两人同列，"楚诛其大臣郤宛、伯州犁"。历史上这样的疑问很多，除了秦始皇下令一把火烧掉史书的原因，春秋战国离现在也实在太过遥远。史书靠人工抄录，出错难免。不过这个问题，其实不成问题。原因有二。其一是晋楚鄢陵之战时，伯州犁已经逃到楚国，在战场上给楚王出谋划策，最终获胜。鄢陵之战离楚平王末年，本身已有六十年之遥，很难想象伯州犁有那么长的寿命，尽管奸人经常得享天年。其二也是最关键的证据在于，《左传》说伯郤宛"直而和"，就是正直而且和气，深受百姓爱戴。这样的人，怎么能有"上下其手"的超凡智商？果真是同一个人，历史必定会重写，因为他死得不仅冤枉，而且可叹：毫无技术含量。

当时伯郤宛在楚国当左尹，官居令尹之下，差不多相当于副相。费无极很嫉妒他，不住地在令尹子常跟前添油加醋，说他的坏话。有一天他对子常说，伯郤宛想请他喝酒，然后又回头告诉伯郤宛，子常想到他家喝酒。伯郤宛说："这倒是求之不得的好事。不过令尹是贵客，寒舍预备点什么酒菜好呢？"费无极说："嗨，令尹什么好吃的没吃过，酒菜都不必讲究，但是他这个人喜欢兵器，你准备点精致的盔甲和兵器，他看了准喜欢！"伯郤宛不知是计，立即回家翻箱倒柜，翻出五副上等的甲胄兵刃，擦得雪亮，准备给子常赏玩。到了那一天，子常带着费无极如约前去，还没进门，那五副甲胄兵器已经扑入眼帘。它们在人高马大的模特儿的衬托下，越发显得威风凛凛、杀气腾腾。子常一见，魂飞魄散，哪里还有喝酒的心思，转身就跑。

这事经过费无极的进一步加工，成了伯郤宛图谋不轨的铁证。子常立即派出大军剿灭伯氏，伯郤宛无力抵抗，只好自杀。就这样，子常还不解气，吩咐老百姓烧掉伯氏的房子。老百姓当然不干。子常一听暴跳如雷，下令谁敢违抗，与伯氏同罪。百姓们没办法，就点起小火把应付公事。那些火把实在太小，还没扔到伯氏的房子上，就已经被风吹灭。

回过头来再说这个"直而和"的伯郤宛。费无极是什么人，子常又是什么德性，楚国无人不知，伯郤宛当然也知道。他为什么丝毫都不防备，对费无极言听计从？干巴巴的史书上，当然不会有记载。我们只能展开合理的推理。他应该不笨，之所以对费无极毫无防备，任其摆布，一定是出于这样的考虑：机会难得，跟子常沟通沟通感情、缓和缓和关系也好。他不求令尹美言而加官晋爵，但是需要自我保护。由此我们看到了伯郤宛懦弱的一面，他不能成事，但求自保。这样鲜嫩的羊羔，正好是豺狼的美食。

暂且放下屈死的伯郤宛，只说伯嚭。事有凑巧，他当时不在家，在外面出差，所以捡了条小命。他听说伍子胥在吴国受到重用，也跑了过来。这很正常，吴楚两国是宿敌，晋国全力扶持吴国，根本目的就是要牵制楚。

什么叫同病相怜？什么叫老乡见老乡？伍子胥和伯嚭在

吴国的相会就是如此。伍子胥跟伯嚭之前谈不上什么深交，但敌人的敌人理应成为我的朋友，更兼大家还有共同的目的。于是伍子胥立即将他引荐给阖闾。阖闾呢，刚刚即位，自然思贤若渴，恨不得天下英雄皆能为己所用，立即安排酒宴，为伯嚭接风洗尘。

酒酣耳热之际，阖闾突然若有所思地问伯嚭："寡人之国僻远，东滨于海侧。听说你父亲遭费无极谗害，被楚相暴怒攻杀，而今你不以我国僻远，投奔来此，有什么可以教导寡人的吗？"伯嚭闻听泪如泉涌："我不过是楚国的一介亡虏。先人无罪，横被暴诛。听说大王您收留了穷厄亡命的伍子胥，所以也不远千里，前来投奔。大王您有什么需要效力的，我万死不辞！"阖闾非常高兴，拜伯嚭为大夫。

当时陪宴在场的吴国大夫被离，轻声询问伍子胥："您以为伯嚭可以信任吗？"伍子胥答道："我与伯嚭有相同的怨仇。您没听过《河上歌》所唱的'同病相怜，同忧相救'吗？就好比惊飞的鸟儿，追逐着聚集到一块，有什么可奇怪的呢？胡马望北风而立，越燕向南日而熙，谁能不爱其所近，而不悲其所思呢？"被离不以为然地摇摇头："您只见其表，不见其内。我看伯嚭为人，鹰视虎步，本性贪佞，专功而擅杀。如果重用他，恐怕您日后会受到牵累。"

这件事的经过，《吴越春秋》记载最为详细。《吴越春秋》大量采用《春秋》《国语》《左传》等史书的资料，另外还有很多独到的细节与故事，是研究吴越历史的重要著作。但因为其中记载有神怪之事，所以被史家所诟病。很多人认为，它是历史演义小说的滥觞，开了《三国演义》的先河。最后那段话，大约能支持这个观点，怎么看怎么像戏说。国人的历史思维习惯于从结果倒推，如果一个人早年混账，晚年有成，那一定是浪子回头、金盆洗手的好青年，比如周处，也比如楚庄王；如果一个人早年恭谨而晚节不保，那一定是包藏祸心，比如王莽。其实并非如此。谁身上都没长前后眼，凡事只能走一步看一步。那些禀赋异常者，顶多也就多看个三五步，谁能一眼看穿几十年？

不管怎么说，伍子胥将要跟伯嚭同朝共事，事实已定。回头再说楚国。当初楚国国丧期间，吴国派烛庸、盖余两位公子带兵前去偷袭，想顺手捞一把，结果被楚军断掉后路。这时，国内又传来消息，国王易主，阖闾登位，正所谓进退失据。这可怎么办呢？这两个公子一合计，干脆阵前易帜，成建制地投降楚国。后来，他们被封在舒。这个地方，大致在今天安徽舒城和庐江之间。

事情虽然已经过去，但阖闾心里可没有忘记。王位坐稳之后，前512年，他首先派兵灭掉徐国，就是季札挂剑的那个国家（值得一提的是，吴军灭徐，采取了水攻的战法。这是我国军事史上有明确记载的第一次利用堤防蓄水攻击的战例）；然后捎带着攻下舒，将烛庸和盖余捉拿归案，斩首示众。这一仗，孙武、伍子胥和伯嚭都是亲身参与者。阖闾本想乘胜推进，攻打郢都，但孙武和伍子胥都不赞成。他们说："连年征战，百姓十分辛苦。时机还没到，先等等吧。"

楚国虽然国君昏庸，大臣专权，百姓怨声载道，但毕竟是千里大国。所谓百足之虫，死而不僵，吴国还没有一口吞掉它的肚量。怎么办呢？伍子胥到底是楚国人，熟悉楚国情况。他建议阖闾将军队分为三支，轮流骚扰楚国。楚军一来，吴军随便抵挡一阵，然后转身就跑；等楚军撤回去，下一支吴军，从头再来。

这是军事史上有明确记载以来的第一个游击战术。其核心思想，就是疲惫敌军，放松他们的警惕。从那以后，又出现了形形色色的变种，但内核并未改变。

伍奢临死之前的浩叹，终于演变成现实。面对吴军的长期骚扰，楚国当然不会坐以待毙。前508年，楚国派令尹子常领兵攻击吴国，消息传来，伍子胥主动请缨，前去迎敌。这是他跟老东家之间的第一次大规模正面作战。那一仗，他赢得干净利落，在豫章，大破楚军，然后乘胜追击，攻占了居巢。这个地方，属于今天的安徽巢湖。

前506年，楚国进攻已经臣服吴国的蔡国。伍子胥抓住这个难得的机遇，建议阖闾联合蔡国和唐国一同攻楚。这两个国家对楚国也早已是深恶痛绝。蔡国的君主蔡昭侯立即把自己的儿子和大夫的儿子送到吴国作为"质子"，也就是人质，以示决心。阖闾随即拜孙武为大将，伍子胥为副将，出动全军主力，共计三万人马，乘船沿淮河开进，目标直指蔡国。

大军开到淮时，孙武下令弃舟登岸，沿陆路开进。因为逆水行舟，速度很慢，而且众所周知，吴军擅长水战。孙武这样，可以造成战役突然性。这其中的"淮"地，有人认为在安徽凤台，有人说是河南潢川西北，总之在淮河岸边。

三千五百名精锐的吴军作为先头部队，昼夜兼程，越过楚国北部的大隧、直辕、冥阨三处险要关口，直抵汉水东岸。这三处险关不在别处，就在我的家乡，河南信阳南部。

兵来将挡，楚国还是老规矩，令尹子常统兵御敌。双方的军队隔着汉水对峙。子常的副将是左司马沈尹戌，他建议子常带领主力坚守汉水西岸，正面牵制吴军，他带领一支人马北上，到方城（今河南方城县一带），集结军队，迂回到吴军背后，烧掉他们的船，毁掉三关，切断他们的归路，然后两面夹击。

这是个相当专业的建议，它直指吴军的要害。不要忘了烛庸和盖余的命运，他们倒霉就倒霉在后路被断。吴军人少，楚国地大，一旦归路断绝，那就是标准的汪洋中的一条船——破船，倾覆，只在早晚之间。

子常并没有当场反对。可是等沈尹戌北上之后，他又动起了小心思：如果这样打了胜仗，头功只能归沈尹戌，而不是他子常，这怎么能行。正好这时，一个叫史皇的大夫，大概摸透了子常的脾气，看出了他的心思，于是跳出来，建议子常立即进兵。因为楚军不仅人多势众，还在本土作战，有主场之利，表面看占据了绝对优势。

子常果然是贪，贪财不说，还贪功贪利。他立即改变战役决心，率领主力渡过汉水，依托大别山和小别山列阵，准备与吴军决战。

阖闾要求硬碰硬，打出威风士气，但孙武不赞成。他带领人马且战且退，就是退着退着突然停下，出其不意地跟楚军干一仗，然后再退，一直退到柏举才停下。这个地方具体在哪里，现在依然有争议。主要有两个说法：一说湖北汉川；一说湖北麻城。

撤退期间，两军短暂交锋三次，楚军都没占到便宜，他们既疲劳又轻敌。孙武认为决战的时机已到，于是在当年的十一月十八日（本书的月日均为农历，故用大写。下同）下令，全军列阵，准备交锋。

阵势刚刚排好，阖闾的弟弟夫概已经迫不及待了。他说："子常这人，贪婪不仁，属下的将士没有愿意给他卖命的。不如立即进攻他的亲兵，然后全军主力发起攻击，一定能破敌！"阖闾不肯采纳这个建议，觉得过于冒险。

亲兵是怎么回事？很简单，当时的贵族都有自己的封地，封地上的臣民组织起来的部队，就是他们的看家本钱。这样的亲兵，夫概也有。他回到自己的部队，对手下的将士说："身为人臣，应当见义行动，不一定非要等待命令。咱们拼死一战，一定能攻破郢都！"说完，他擂响战鼓，带领自己手下的五千人马，突然直扑子常的中军。

夫概的判断丝毫没错，子常遭此攻击，猝不及防，而周围的人马，并不积极救援。孙武一见，立即挥动令旗，吴军主力也加入攻击。

一场血战，楚军大败。丧师辱国，子常不敢回去，匆匆向北逃往郑国，那个史皇当场阵亡。剩下的残兵败将，丢盔卸甲，转身南逃。机不可失，孙武指挥大军紧追不舍，在湖北安陆县的清发河，追上了楚军。他们毫无斗志，正准备渡河。阖闾生怕敌人渡河溜掉，打算发起进攻，但这回夫概的意见却完全相反。他说："困兽犹斗，何况军队？不如等他们渡到一半再攻击！"

夫概的这个意见，孙武一定会完全赞同，因为这就是《孙子兵法》上所谓的"半渡而击"。果然，吴军依计而行，再度获胜，然后继续追击。这一次追上楚军时，他们刚刚做好饭，还没来得及吃。脑袋当然比胃重要，一见敌军的旗帜，他们哪里还顾得上吃，拔腿就跑；吴军呢，正好省去了埋锅造饭的麻烦，从容不迫地吃好饭，然后追上楚军，又把他们打了个稀里哗啦。沈尹戌听到这个消息，赶紧回师增援，结果与吴军遭遇，兵败自杀。

沈尹戌的死，几乎是柏举之战中楚军最大的损失。他是楚军最具将略的高级将领，水平远远超过子常。可惜，他的官儿比子常小，只能服从外行领导，屈居其下，结果身死国辱。就这样，吴军五战五捷，最后攻破郢都，赶得楚国国王惊慌失措，东奔西逃，狼狈不堪。

此时的楚王是昭王，就是平王跟秦国公主生的儿子。十年之前，平王已经呜呼哀哉，一命归西。这对于伍子胥而言，是个不小的打击，因为费尽心机攻入敌国，而仇人已经没于黄土，他满身的力气和激情都无处倾泻。怎么办呢？他挖开平王的墓，拖出那具生前恶臭死后更臭的尸体，挥鞭便打，边打边骂。

鞭尸三百是史书上的说法。这所谓的三百，在多大程度上可以坐实呢？是不是惯常用的虚数？恐怕还真不是。这个数字，可能正好能从侧面印证当时的防腐技术水平。马王堆汉墓的防腐技术，大家已经知道，楚国或许也有类似技术，或有程度差别而已。

两千多年之后的今天，人们的确难以想象，伍子胥能有那么多的精力，可以狂抽三百鞭。这事在当时，也大大超出申包胥的精神承受能力。他派人给伍子胥传信，指责他说："您复仇的方式，太过分了吧。人固然能暂时胜天，但说到底还是天胜人。过去您是平王的臣子，北向侍奉过他，现在竟然这样侮辱死人，难道就不怕天公降怒吗？"伍子胥说："我现在的情况，好比已经日暮时分，但路途还很遥远，所以才要倒行逆施！"

请注意，伍子胥一不小心，又创造了一个成语："倒行逆施"。只是现在的含义，已经与本意大相径庭。

伍子胥借助吴国之力，践行了灭楚的豪言，申包胥身单力薄，又如何实现复楚的壮志？他的办法跟伍子胥一样：申请外援，站到巨人的肩膀上去。伍子胥的巨人是东边的吴，申包胥的巨人则是西边的秦——因为楚昭王是秦国的外甥。

楚国无道有目共睹，尽人皆知，所以秦国不想蹚这道浑水。秦哀公推托道："您先去驿馆歇息，我们商量商量再说！"申包胥说："我们的国君正在远方逃难，尚无安身之所，我们做臣下的，怎么敢贪图安逸呢？"说完，站在秦国的朝堂之外，放声痛哭。

　　史书上说，申包胥整整哭了七天七夜，其间水米未进。秦哀公大为感动："楚国虽然无道，但有这样的臣子，难道还不应该复国吗？"立即决定派兵。

　　申包胥哭秦廷，借来兵车五百乘。秦兵联合楚军，跟吴国打了几仗，互有胜负，但长期客场作战，态势显然对吴军不利。大家一定还记得夫概吧，那是个很有主见的人。这时，他再度表现出了自己的主见，败仗之后悄悄回国，自立为王。前方未定而后院起火，这仗还怎么打？阖闾赶紧向后转，回去将夫概击败，重新夺回政权。

　　伍子胥和申包胥是好友，但此时彼此的诉求，却针锋相对。一个要灭楚，一个要兴楚，他们两个，到底谁是正确的呢？

　　都正确。都没错。

　　这绝非玩弄辞藻，只是立场不同，结论自然迥异。伍子胥灭楚是尽孝，履行人子的职责，天经地义；申包胥复国是尽忠，承担人臣的本分，理所当然。那么，有没有一个统一的立场呢？没有。也不可能有。因为没有任何一个平台，能超脱于人的利益之外。既为利益，便会有你我之争。如果真要朝大的方向说，比如全人类甚或宇宙，那么人类的所有征伐死伤，都无所谓。因为物质不灭，他们以何种形式存在，都一样。

吴楚这次争霸，整整打了十个多月。吴军出动三万人马，楚军共有十二万人参战。这个规模在春秋时期是空前的，其战果之辉煌，也足以彪炳史册。三万人马深入敌国腹地，经过长期作战最终取胜，实在难以想象。楚军虽然最终击退了吴军，但吴军损失不大，而且战火一直在楚国燃烧，楚国上下弄得鸡飞狗跳，战争创伤巨大。后来吴国又多次击败楚军，楚国为躲避兵锋，只好向西迁都，到了都（今湖北宜城东南）。

阖闾在孙武和伍子胥的辅佐下，西破强楚，北威齐晋，南服越国，势力大振，在各诸侯国中赢得了越来越多的话语权。这就是他被一些人列入"春秋五霸"的根本原因。

惊魂甫定的楚国安顿下来后，楚昭王还是有个心事，于是召集令尹子西、司马子期，商量说："子胥不死，又不回来，咱们楚国总是不安，不如把他请回来。"于是派出使者，对伍子胥说："从前我的父亲枉杀了您的父亲，那时我还年轻，并不知情。如今您以这样的方式报复寡人，寡人也不敢埋怨。咱们已经扯平，您为何不回到您的祖坟旁边呢？我国虽然小，但愿意跟您共同执掌；我们的百姓虽然少，但愿意跟您共同驱使。"伍子胥说："以这种方式求名，名声肯定显赫；用这种方式求利，利益必然丰厚。我先为父报仇，然后还要求利，这不是贤明者干的事。父亲冤死，儿子还要食他的爵禄，也有失父子之义！"

楚昭王邀请伍子胥回国，是陷阱吗？肯定不是。春秋时期，人们做事多少还要讲点规则，讲点"国际"影响。因为当时的中国，虽然晋楚吴先后崛起，但都算不上超级大国。"国际"政治格局，还是典型的多极化，更何况上面还有个名义上的周天子。楚昭王请伍子胥回国，只想平息事态，绝非准备秋后算账。

名将下场

在关于吴国后来活动的史料中，孙武的名字突然消失。他何时离开，因何而离开，是个十足的历史悬案。于是，伍子胥相应增加了曝光次数，他与吴国的兴亡，息息相关。

吴国的崛起，得益于晋国的扶持。晋国这样做，当然不是什么"国际主义"精神，而是有着非常实用的战略考虑：牵制楚国。这个招法奏效之后，楚国也如法炮制，扶持吴国南方的越国，让吴国时时感觉如芒刺在背。在楚国的大力扶持下，越国像孩子一般茁壮成长，终于有一天，它跟吴国撕破面皮，开始了长达二十四年的争霸。

吴越之间的第一次全面战争，发生在前496年，地点在槜李（今浙江嘉兴西南），两国都是倾巢而出，国君亲赴前线。毫无疑问，吴强越弱，战局的天平从一开始就倾向于吴方，所以阖闾心里并没有真正当回事。

双方列好阵势，准备交战。这时，越军阵前突然走出一排士兵，他们手持利刃，一边前行一边高喊："越国不幸，得罪于吴，致使两国交兵，生灵涂炭。我们愿意一死，向吴王谢罪！"说完，他们整整齐齐地挥刀自杀，然后又出来一排，从头开始。一时间呼声震天，刀光闪闪，血染疆场。

吴军饶是久经战阵，也没见过这等场面，谁也不知道越军葫芦里到底卖的什么药。大家你挤我推，都想看个究竟，不知不觉阵形大乱。正在这时，对面突然战鼓四起，阵形整齐的越军铺天盖地地涌来。吴军措手不及，被杀了个大败。

怎么回事呢？原来，这都是越王勾践的鬼点子。他找来一帮死刑犯，让他们在阵前自杀，分散吴军的注意力，然后突然袭击。所谓兵无常势，水无常形。单纯从军事的角度出发，这个点子因为损，所以妙，效果良好。就连久经战阵的伍子胥，都没能及时发觉，采取预防措施。堂堂的霸主阖闾，也因为在战斗中受伤，而丢了性命。他的死法有点搞笑，据说他是因为脚趾头受伤，不治而死。脚趾头远非关键部位，除了伤口感染，我想不出来还能有什么原因。

不管怎么说，阖闾在槜李之战中，走完了自己的人生路。临死之前，他把国家托付给太子夫差，一再强调，要为自己复仇。夫差即位之后，任用伯嚭和伍子胥，厉兵秣马，整军经武，时刻准备复仇。他安排一个人站在宫门旁边，每当他出入，那人都高声问道："夫差，你忘记勾践的杀父之仇了吗？"夫差则低头拱手，恭恭敬敬地回答道："不敢忘，不敢忘！"

消息传到越国，勾践寝食难安。怎么办呢？他决心先下手为强，以便争取主动。于是不顾大夫范蠡的强烈反对，尽起全国精锐，北上攻吴。勾践任命大夫石买为前敌总指挥，很多老人长者都不同意。他们说："石买这家伙，人人跟他有怨，家家跟他有仇，贪婪卑鄙，见识浅薄。您重用他，必定会误国！"可是勾践不听，石买于是率领大军出征。路上，他动不动就滥发淫威，以小过而妄杀将士，想用这种方式树立权威，结果军中人人自危，士气低落。

越军来犯，夫差求之不得，于是也点齐人马，前往迎敌。伍子胥当然也在阵前效力。兵法上说："视卒如婴儿，故可与之赴深溪。"道理非常简单，只有你真心爱惜士兵，把士兵当成孩子看待，才能带领他们进入绝境，死战取胜。一句话，为将之道，得恩威并施。可石买这个棒槌，根本不懂，只是一味地"威"，大搞严刑峻法。伍子胥得到消息，知道越军必败，于是大量布置奇阵疑兵，让士兵夜夜举火，四处呐喊喧嚣，或南或北，一会儿东一会儿西。

越军本来就人人沮丧，这个局面如何应付？命令无法执行，很多人偷偷开小差。吴军趁势进攻，越军大败。勾践闻听大怒，下令杀掉石买，把他的部队遣散回国。士兵们大哭，声闻于天，吴军听得清清楚楚。夫差不知道怎么回事，又惊又惧。这一切，当然都在老谋深算的伍子胥的掌控之内。他说："大王不必惊慌，越军就要败了。我听说，狐狸临死之前，也会紧咬嘴唇，使劲吸溜牙齿。越军这样，必定是勾践要战败。您请安心等待，破越就在眼前！"说完，就派人前去打听消息。没过多久，勾践的使者过来，请求投降。伍子胥当然拒绝接受。勾践于是带领五千残兵败将，退往会稽山，吴军紧随其后，将会稽团团包围。

越国的存亡，只在一息之间。危急关头，勾践要逞匹夫之勇，打算与吴军血战到底，玉石俱焚。相形之下，大夫文种要冷静得多。他建议暂且低头，向吴国求和。

文种于是作为使者，"膝行顿首"，就是跪在地上一步步地朝前挪，一直挪到夫差跟前，哀求高抬贵手。文种的卑躬屈膝，极大地满足了夫差的虚荣心。他本来想要答应，但伍子胥强烈反对："勾践这个人，特别能忍辱负重。今天不灭掉他们，将来一定会成为祸患！"

和谈请求被无端搅局，文种只得灰溜溜地回去。当天夜里，他再度来到吴军大营，带着丰厚的礼物，还有美丽的越国少女。不过，他的目标可不是伍子胥，更不是夫差，而是伯嚭。彼此见面，文种首先奉上金银玉器和美女，然后对伯嚭说："贵国如果一定要灭掉我国，我们大王只好杀掉妻子，烧掉宫殿财宝，然后逃往楚国。果真那样的话，贵国又能得到什么好处呢？不过是一片废墟！不如留下我们，给贵国作为臣子，我们好替你守卫南方！"

打动伯嚭的，自然是珍宝美女。当然文种那些冠冕堂皇的理由，也给了他下驴的坡。他于是找到夫差，说服他接受了越国的请求：撤兵回去，留下勾践，不灭越国。

消息传开，伍子胥是什么反应呢？我们看到的，又是掘墓鞭尸时的涌动激情。史书上的原文是："子胥大怒，目若夜光，声若哮虎：'此越未战而服，天以赐吴，其逆天乎？臣唯君王急剿之。'"越国未经血战已经服软，这是上天赐给吴国的机会，怎么能逆天而行呢？请大王赶紧急刹车！

然而夫差就是要逆天而行。子胥的强烈谏阻，如同一拳砸到棉花包上，丝毫没见效果。确切地说，效果还是有一些，但都是负面的，不久你们就能看到。

三十年前应付高考作文时，死记硬背过很多东西，其中就有这么一副对联："有志者，事竟成，破釜沉舟，百二秦关终属楚；苦心人，天不负，卧薪尝胆，三千越甲可吞吴。"上联说的是项羽，下联说的就是越王勾践。

从某种意义上说，勾践跟伍子胥，主要特点非常相似：为了实现预定的目标，都能忍辱负重。子胥可以"膝行吴市，吹箫乞食"，勾践身为国君，做得更加决绝：他像奴仆一样，侍奉夫差整整三年。夫差上下马，他都跪倒在地，给他垫脚。据说有次夫差生病，他还亲口尝了他的粪便，以判断病情。

经过伯嚭春风化雨般地持续美言，勾践好不容易才取得夫差的信任，得以回国执政。按照道理，稍微喘息一下，找找为王的感觉，未为不可，但是他没有。吃饭只有一道蔬菜，穿的都是粗布衣服。不仅如此，就连睡觉都不铺席子，直接躺在稻草上。为了不忘记过去的屈辱，他每天吃饭前，都要舔舔苦胆。

这就是所谓的"卧薪尝胆"。

十年生聚，十年教训。勾践隐忍不发，一点点地为越国疗伤止痛，实力逐渐恢复。夫差屁股下面的这座火山，能量不断蓄积。

客观地说，夫差接受越国的投降当然是战略上的失策，但也并非毫无道理。因为当时北上争霸对各个国家的吸引力更大，越国再厉害，也不过是个蛮夷小国，远离当时的经济文化核心区域中原。唯其如此，听到齐国内乱，国君被大臣杀死的消息，夫差立即决定，再度北上伐齐。

自然，伍子胥还要唱反调："勾践每天食不重味，吊死问疾，是想有所作为。这个人不死，一定会成为吴国的祸害。越国对于吴国，就像人们心腹上的病灶，而齐国充其量不过是癣疥之疾。大王您怎么能舍近求远呢？"

伍子胥为什么能把勾践看得那么透彻？因为彼此有相通的脾性。夫差为什么执迷不悟？因为他还拘泥于当时的形势。《史记》记载，齐悼公被杀的消息传来之后，他在军门外痛哭三天，以示哀悼，然后起兵，取水路伐齐。他跟齐悼公既非亲属又非朋友，哪儿来的那么多悲痛？当然都是做给人看的，为了强调自己出师的正义性，所谓"吊民伐罪"。

之所以说夫差还拘泥于当时的形势，就是因为这一点。春秋时节，礼仪为先。而伍子胥的见识，则早已超越时代。超越者固然有御风而行的强烈快乐，但更多的时候，恐怕还是无人理解的孤独。

很有讽刺意义的是，齐悼公被杀，跟夫差还有某种联系。因为就在上一年，吴国联合鲁国进攻齐国的南部，齐国内忧外患，大臣趁乱杀了国君。而吴军进攻齐国，很大程度上是一桩外交阴谋，其主谋，则是大名鼎鼎的孔子，以及他的高足子贡。

怎么回事呢？

当时，齐国的田常专权，但周围还有强大的鲍氏、高氏家族，田常并没有占据绝对优势。为了提高个人威望，他决定攻打鲁国，建立军功。孔子是鲁国人，当然不会坐视不理，于是就派子贡出去游说。

子贡首先跑到齐国，找到田常说："鲁国的城墙又薄又矮，土地又狭又浅。君主愚蠢不仁，大臣虚伪无用，士兵和百姓都不愿打仗。这个国家不好对付啊。您不如去攻打吴国。它的城墙高大厚实，土地广阔肥沃，将士骁勇善战，粮草充足，武器精良。这个国家比较好打！"

田常的脸儿都快气白了。军国大事，怎么能如此幽默？他说："先生让我放弃容易打的，却把难打的推荐给我，这不是成心害我吗？你到底什么意思？"子贡说："这您可错怪我了。我听说，忧患在内部就要攻打强国，忧患在外部要攻打弱国。如今您的忧患在内部，三次想加封都没有成功，因为有很多人反对您。如果您攻打鲁国，大胜而归，齐国的君臣就会骄傲。人一旦骄傲，就会把别人不放在眼里。虽说是您的功劳，可时间一长，谁还记得？君主骄傲会对臣下放肆，大臣骄傲就会与您争权夺利。这样您要想在齐国立足，势必很难。不如攻打吴国。吴国强大，败了不会有人怪罪，还能让齐国君臣收敛锋芒。"

田常想想，觉得有点道理："话是这个话，可我已经把矛头对准鲁国，突然转向吴国，难免会引起国君和大臣的怀疑与指责呀。"子贡要的就是这话。他立即说道："这个好办。您先按兵不动，我到吴王那里，说服他们出兵援救鲁国，您不就可以名正言顺地迎击他们了吗？"

子贡辞别田常，马不停蹄一路南下，到了吴国。他对夫差说："齐国要去攻打鲁国，它肯定能打赢。那时它就会跟吴国争霸。如果您发兵救鲁，既能赢得美名，又能击败齐国，在诸侯中树立威信。这样的好事，我想您一定不会推辞！"夫差说："我倒是想这么干。可是越国在我背后，整天操练人马。如果我北上攻齐，越国趁机抄我的后路，那可怎么办？还是等我安定了后方再说吧。"子贡不慌不忙地说："到那时候，鲁国早已被齐国削平。如果大王讨伐越国，天下的人都会说您畏惧齐国的强大，只会欺负弱小的越国；如果您肯出兵救鲁，天下都会佩服您的勇敢，而臣服于您。至于越国，我有办法让他们不但不打吴国，还会出兵帮助您北上伐齐！"

子贡简直就像个陀螺，四处转悠，一眨眼又跑到勾践跟前。子贡是谁，孔子的高足，所以勾践非常恭敬地到郊外迎接子贡。他深深对子贡一拜："我们这里是蛮夷之国，荒凉偏远，先生您怎么会委屈自己，到这里来呢？"子贡说："我刚去过吴国，劝吴王伐齐，可他却担心您在背后袭击。如果您没有此意，而让人心生疑虑，那未免笨拙；如果您有这个打算，却不能保密，那未免草率。现在吴王要来攻打您，越国麻烦大了！"

勾践一听非常着急，赶紧询问对策。子贡说："这个不难。您不妨请求跟他一齐讨伐齐国，这样定能消除他的疑心。如果他败了，是您的福气；如果侥幸得胜，他会更加骄傲，为了称霸，还将攻打别的国家。这样早晚有一天，国家实力会大大削弱。反正无论怎么样，对您只有好处，没有害处！"

看到这里我们才知道，原来孔子培养出来的，不光有道德高尚的学问家，还有子贡这样经世致用的外交家。

反正当越王勾践表示愿意带领三千人马追随伐齐时，夫差已经彻底失去警惕。他随即带领吴军乘坐大船，取道水路，浩浩荡荡地向齐国开进，最终在艾陵（今山东济南莱芜东北）一带大胜齐军，俘虏了几百辆兵车。夫差非常高兴，就派出使者，逼迫齐国签订城下之盟："我听说齐国有被洪水淹没的危险，所以过来看看。没想到你们在芦苇丛中埋伏有军队，我军找不到安全集结的地点，只好布阵设防，结果擦枪走火，略微伤害了齐军。现在希望咱们能够讲和结盟！"齐王派人回答说："我国远在北方边境，并没有越过国境的打算。没想到您越过长江和淮河，不远千里，前来进犯我们的领土，杀戮我们的人民。所幸上苍保佑，我国不至于倾覆。现在大王您要求讲和，我们怎敢不从呢？"

制服了齐国，又在鲁国、邹国跟前耀武扬威一番，夫差随即带领大军返回。大军远征获得胜利，夫差心里自然无比得意。但是没想到，伍子胥还是只有冷言冷语："击败齐国，不过是得了点小利而遭到大怨，有什么好庆祝的？不灭越国，终究是心腹大患！"

这话传到夫差耳朵里，你想想他会是什么感受。从那以后，他越发疏远伍子胥，再也不肯听取他的计谋。

尽管如此，此刻伍子胥还是忍不住要发表意见，坚决反对再度伐齐："齐国距离遥远，您即便击败它，也不过像是获得一块满是石头的田地，什么都没法耕种，有什么用呢？"

这样的话夫差听得太多，耳膜简直都要磨出茧子了。这人也是个驴脾气，不但坚持伐齐，还派伍子胥作为使者前往齐国约定开战日期。这实在是滑稽，很有点孩子较劲的意思。这是对伍子胥的变相惩罚。

王命难违，伍子胥再不情愿，也只有去办。临走之前，他对儿子说："我多次劝谏，大王就是不听，眼看吴国就要灭亡，你还是走吧，留在这里没有好处。"于是顺道把儿子带到齐国，托付给了齐国的大夫鲍牧。

这事是伍子胥引来杀身之祸的导火索。

很难想象他作为谋略家，怎么会出此下策。国君要伐齐，你执意劝谏，已经惹得他不高兴，这且不说；两国开战在即，你却把儿子托付给敌国。你什么意思，你的屁股坐到哪里去了？

果然，这事成了伯嚭攻击伍子胥的把柄。这时的伯嚭，已经不再是多年前像丧家犬一样希望伍子胥汲引举荐的可怜虫。他巧言令色，深得夫差信任。但是，伍子胥到底是拥立两朝的老臣、功臣，站队排班，一定还在伯嚭之前。伯嚭心想，这怎么能行，必须搬掉这块石头。

伯嚭于是对吴王说："伍子胥这个人，残暴寡恩，而且多疑。上回您要伐齐，他一再阻挠。等您立下辉煌大功，他却不住地发牢骚。现在您要伐齐，他又要唱反调。无非是希望您打个败仗，好印证他的英明。大军就要出发了，他却推辞有病，不肯效命。而且他出使齐国时，还把儿子托付给了鲍氏。作为臣子，内不得意，就外接诸侯。这样的人，请大王小心！"

夫差大怒，立即派人赐伍子胥一柄宝剑，让他自行了断。伍子胥手持宝剑，仰天长叹道："唉，伯嚭作乱，大王却要杀我！我成就了先王的霸业，如果没有我拼死力谏，大王又怎么可能被立为太子？您继位之后，还答应把吴国分一点给我，我却不敢奢望。可现在您竟然听信小人之言而杀害老臣。"于是对身边的人说："我死之后，在我坟前种棵梓树，一定要让它成材。把我的眼睛挂在国都东门上面，我要亲眼看到越国灭吴！"说完，随即伏剑自杀。

忠臣的鲜血，就这样溅满他曾经效忠过的土地。

然而那时的夫差，哪里懂得其中的曲折。听到伍子胥的话，夫差雷霆震怒，下令把伍子胥的尸体装进皮袋，扔进江里，恶狠狠地说："我叫你什么都看不见！"

伍子胥当然看不见，但是百姓善良的眼，都能看见忠臣滚烫的心。他们自发地给伍子胥立了祠庙，供奉不断。在端午节起源的传说中，有个说法就与伍子胥有关。在这个说法里，民众从起初的救助到后来的纪念，都是因为伍子胥，而非屈原。

谁应该对伍子胥的屈死负责？首先当然是夫差。他说得很明白："微子之言，吾亦疑之。"就是说，即便没有伯嚭的添油加醋，他也早已对伍子胥起了疑心。由此可以推断，最应该对此事负责的，其实是伍子胥自己。一个如此出色的谋略家，怎么就不懂得躲避灾祸？

发出这样的疑问，貌似合情合理，其实很不厚道。就像班固在《汉书》里指责司马迁，虽然"博物洽闻"，却"不能以智免极刑"。以章学诚的观点看，这是典型的缺乏"史德"的论调。历史不能这样研究。唯一可叹的是，伍子胥当时年事已高，激情不再。否则按照他的脾气，即便不反，也会逃走。逆来顺受，不是他的性格。

原来，英雄也会老去。宝刀不老，只是个美丽的传说。

退一步假设，如果伍子胥懂得躲避灾祸，那他就一定不再是伍子胥，不再是那个刚直忠烈的伍子胥，而只能成为阴险鄙薄的勾践。同样能忍辱负重的勾践，在此之所以加了"阴险鄙薄"的定义，是因为他卸磨杀驴，逼走范蠡，冤杀文种。这样的人，不仅我讨厌，史家也讨厌。所以《吴越春秋》里这样调侃他，说自从他尝了夫差的粪便，就得了口臭的毛病。范蠡不得不命令下属，多多准备香草，以抵御臭气。

可是再多的香草，也抵挡不住勾践、熊弃疾、费无极、伯嚭等人发出的恶臭。幸亏史上还有忠臣鲜血的芳香，庶几可当。

不能只让忠臣屈死，我们还要看看小人的下场。先说费无极，他上蹿下跳，撺掇国君杀了三位忠臣，导致民怨沸腾。后来左司马沈尹戍，就是楚国那位战死沙场的战略家，找到令尹子常，说动他将费无极灭族，以平息民愤。伯嚭呢？越国灭吴之后，这个对越国有大功的内奸或者功臣，应该得到了丰厚的赏赐吧？没错，那赏赐确实丰厚，重得足以压死奸臣：勾践毫不犹豫地下令，砍掉伯嚭的脑袋。

最后再问一句，伍子胥对平王掘墓鞭尸，过不过分？我的答案只有一个字：不！如果对方只是普通的邻居，伍子胥这样当然过分，胜之不武。但对方是国王，权柄太重。根据权利与义务对等的原则，对于他的过错，完全适用鲁迅先生的态度：决不宽恕！

吴起：百战建功易，变法寸步难

导读：有说法认为，吴起是《左传》的作者，可靠吗？他发达之前杀掉结发妻子，但并非情杀，原因何在？魏国名将乐羊喝下亲生儿子的肉羹，原因竟然跟吴起杀妻如出一辙……不必感慨，这就是无情的历史！

现在看来，宰相属于文官，主内；将军执掌兵权，对外。但这是社会不断发展、分工日渐细致的结果。早期，至少在春秋战国时期，社会分工还没到这个程度，将相一体是常事。出将入相，不仅仅是成语，更是事实。比如晋国，常备军分为上军、中军、下军三支（后来又增加了新军），这三支军队，分别配置主将、副将各一名。遇到战事，他们就统兵出征；战争结束，他们再脱下战袍，进入庙堂，分别执掌国家权力。这就是所谓的"六卿"。

当时，将军立了大功，无官可赏时，君主就会提拔他们为丞相，一人之下，万人之上。赵国的名将李牧，就当过相国。如果无此惯例，人们拿现在的观念考量，就无法理解廉颇和蔺相如争位的行为，也无法感受"负荆请罪""刎颈之交"这些成语的美妙。

在中国历史上的名将序列中，第一个出将入相的人是谁呢？就是本文的主角儿——名将吴起。

吴起先后在鲁国和魏国出任将军，南征北战，所向披靡；后来到了楚国，又被任命为令尹，主持变法，惊天动地。楚国属于蛮荒之地，不是周朝第一批分封的诸侯国。他们和吴国、越国一样，不遵循中原地区的礼仪，君主虽然只是子爵，却一直称王，不像秦国、晋国，开始称公；魏国、赵国，早期称侯。君主名分悬殊，官职设置自然也会有差别。这个令尹，就相当于中原各国的丞相。也就是说，吴起的出将入相，是货真价实的，并非只有名分，或者象征意义。

出将入相，是文人一生的梦想，否则也不会创造出这个词语。如此看来，吴起一定是历史上的大"牛人"了？是，也不是。

名将之污

英雄不问出身，大人物往往会有个卑微的起点，至少他要从毛头小子，成长为一方统帅。谁穿开裆裤时，不曾调皮捣蛋，吸溜鼻涕？如果他果真少年老成到了当时就露出伟人相的程度，只怕会印证这句话："小时了了，大未必佳。"为什么？道理很简单。伟大可以看作一股真气，潜水时憋的真气。伟人从青年或者中年憋到终点，已属难能可贵；从少年就开始憋，半道上要么作弊浮水，要么气绝身亡，不是吗？

吴起（约前440—前381）也不例外。他是卫国左氏人，这个地方，有人说是山东定陶，也有人认为在山东曹县西北。

吴起本来有点家产，但他一心当官，因此到处游说君主。游说这个字眼和实践很有意思，总让人联系起竞选。虽然游说的主要对象是君主，或是掌握权柄的大臣，而竞选需要面对的是广大选民，但两者之间还是有着惊人的相似之处，那就是广为宣传，自我推销。

竞选可以公开筹集资金，当选之后明里暗里回报支持者。但是吴起的游说，却没有拉到赞助，只能自己投入。就这样，他东奔西走，游走于各国君主和权贵之间，最后收获的不是当官，而是破产。后来齐国发兵进攻鲁国，对于普通人而言，这是凶信，兵火燃起，应该迅速退避，但对于吴起而言，正好相反。他立即找到鲁国的国君鲁穆公，毛遂自荐。

这一回，鲁穆公终于被吴起打动。派他领兵抵抗侵略，不失为一种选择，但其中有个技术性障碍：吴起是齐国的女婿，到了关键时刻，谁能确保他立场坚定呢？

国君的这个态度，让吴起不由得心焦火燎。拒绝就拒绝，同意就同意，最怕态度游移，老在是非之间，那实在折磨人，尤其在决定命运的时刻。早已破产的吴起再一次面临机遇，他会怎么办呢？根据《史记》的记载，他选择了一个非常极端的方式，来赢得鲁穆公的信任：杀掉妻子。这就是所谓的"杀妻求将"。

关于杀妻求将，坊间还有另外的版本。有出戏叫《吴汉杀妻》，又名《斩经堂》，很多剧种都演过，我看过其中的京剧版，麒派戏。这戏说的是东汉名将吴汉，娶了王莽的女儿，担任潼关总兵。后来刘秀逃亡经过此地，被吴汉拿住。当时王莽篡汉，刘秀算是朝廷钦犯。吴汉这么做，完全符合政策规定，但他母亲却不这么看。老太太听说吴汉要把刘秀交出去，立即找到儿子，告诉他说："傻孩子，王莽是你的杀父仇人。你赶紧杀掉他闺女，辅助刘秀兴复汉室，这才是正道！"吴汉提着宝剑回来，却看见妻子在经堂里念佛。他们夫妻感情很好，吴汉不忍动手。其妻得知详情后，随即自刎身亡，成全丈夫。

以一条人命的代价，换来将军的大印，现在看来，毫无疑问是个污点，很大的污点。所以戏里的吴汉，动手前有一大段二黄唱腔，表达内心的犹豫不决与痛苦彷徨。不仅如此，戏文内除了国仇，还设置了家恨：王莽手上沾有吴汉父亲的鲜血。饶是如此，剧作家依然找不到理直气壮地杀害无辜的正当理由，只好再退一步，让王莽的闺女自杀，吴汉的母亲也自缢而亡。

吴汉后来成为东汉的中兴功臣，在"云台二十八将"中位列第二。把杀妻的故事安到他头上，无非是要宣扬愚忠于皇帝的观念，毕竟刘秀是汉室宗亲。但故事本身，根本经不起推敲。邓拓曾经写过一篇文章，题目叫《吴汉何尝杀妻》，收录在他的随笔作品《三家村札记》中，考证吴汉并没干过这事，绝对也无此可能。这事吴汉没干过，那么吴起呢？十有八九干过。至少我们找不到任何有力的证据，可以反驳太史公司马迁。

吴汉没有杀妻，他妻子是自杀；两人之间不但有国恨，更有家仇；吴汉的母亲，也自缢而死，在道德上接近偿命。即便这样，这事如果发生过，也算不上光彩，更何况吴起之妻完全无辜呢？从这个意义上说，吴起身上的这个污点，无论如何也抹不掉，不管他建立过何等的功勋，有多么伟大。

鲁国不容

吴起以妻子的人头为代价，换取了人生大舞台的第一张入场券，这一仗他又打得如何呢？虽胜犹败，得不偿失。

接过兵符，吴起随即点齐人马，开赴前线。虽然立功心切，他并没有急于开战，而是首先派出使者前往齐军大营，请求讲和。鲁国的实力本来就不如齐国，吴起主动求和，齐军主将越发放松警惕。吴起呢，继续给敌人灌迷魂药。按照一般的规矩，行军布阵，中军的实力最强，吴起故意反其道而行之，把老弱的军卒集中到中军。等齐军心里的弦完全放松下来，吴起带领早已集结完毕的精锐部队，突然擂响战鼓，发起了攻击。齐军猝不及防，阵形大乱，一仗下来，损兵折将，不得不匆匆败退。

这就是吴起的初出茅庐第一功。应该承认，他这个亮相相当精彩。按照道理，回到鲁国，等待他的应该是鲜花、掌声和红地毯，实际上却并非如此。看到这个卫国来的毛头小子立下如此功勋，很多人都眼红，于是吴起的很多毛病，都传到了鲁穆公的耳边。

他们说："吴起这个人，残暴而猜疑。本来他家底丰厚，可他一心向上爬，到处游说，跑官要官，结果搞得两手空空，倾家荡产。乡邻们耻笑他，他就杀了三十多个说他闲话的人，逃出卫国向东而去。临走之前，他和母亲告别，咬着臂膀发誓说，不为卿相，不复入卫。吴起为了功名利禄，投身曾参的儿子曾申门下，后来母亲去世，他都不肯回家奔丧。曾申非常生气，就把他逐出了门墙。吴起没办法，这才转而学习兵法，侍奉国君。国君对他有疑虑，他不惜杀掉自己的妻子，以换取将军的名位。俗话说，树大招风。咱们鲁国本来是个小国，现在胜了齐国，名声大振。再这样下去，难免会引起别国的不安，他们都会图谋鲁国。而且鲁国和卫国是兄弟国家，吴起是卫国的罪人，国君您任用他，不是有负于卫国吗？"

这枚针对吴起的流弹，杀伤力委实不小。它涵盖了吴起的三大道德罪状，以及任用吴起的两个危害。吴起斩杀乡邻，是为不仁；杀妻求将，是为不义；母丧不归，是为不孝。鲁国是姬姓诸侯国，开国君主是周公姬旦的长子姬伯禽，也就是周武王的亲侄子。清代的高士奇说过："周之最亲莫如鲁，而鲁所宜翼戴者莫如周。"因为这层关系，周礼最细心的保存者和最积极的实践者，莫过于鲁国，这就是那句话的来历："周礼尽在鲁矣。"鲁国对礼仪重视到什么程度呢？有一则故事可以作为参考。周朝分封诸侯之初，姜尚曾经问姬旦："您准备怎样治理鲁国？"姬旦回答道："尊尊而亲亲。"

就是尊重尊者，亲近亲人。一句话，重视人伦礼仪，别尊卑，分亲疏。周公接着反问姜尚："您又准备如何治理齐国呢？"姜尚直言不讳地说："尊贤而崇功。"意思很明白，尊重贤能，崇尚功业。

　　这事《淮南子·齐俗训》和《汉书·地理志》都有记载。齐国与鲁国的分野，由此可见一斑。尽管后来出现了"田氏代齐"事件，姓田的贵族崛起，夺取国家政权，把姜尚的后裔流放到了海岛，但那种治国思路，大抵没有废弃。所以在姜齐出现了"春秋五霸"之后，田齐又成为"战国七雄"，而鲁国则早早地衰亡湮灭。道理和正义经常被弱者奉为圭臬，是因为他们格外需要这样的保护伞，而强者对它们从来都是不屑一顾，践踏而去。鲁国的地位如此之高，却一直国势不振，从某种意义上说，可能是被"礼仪"二字所误。

　　作为孔子的出生地，鲁国对吴起的这三大道德罪状难以接受，是可以想见的。这很好理解。我们不妨参看管仲临死之前跟春秋五霸中的第一个霸主齐桓公的对话。当时齐桓公征求管仲的意见，遴选可以接替他相位的人。管仲最先否定了鲍叔牙，因为鲍叔牙虽然是正人君子，但过于刚烈，善恶分明，容易记仇，不利于团结任用百官，发挥百官各自的长处。于是齐桓公问道："易牙呢？"管仲说："他不惜杀掉自己年幼的儿子，做成肉羹以讨好国君，没有人性，不宜为相。"齐桓公又问："开方怎么样？"管仲说："开方是卫国公子，他舍弃做千乘之国太子的机会，屈身侍奉国君十五年，父亲去世都不回去奔丧，如此无情无义，怎么会真心忠于国君？况且千乘的封地是人人梦寐以求的，他放弃千乘的封地俯就于国君，期望值必定远远超过千乘之封。国君应尽量疏远他！"齐桓公又问："那么竖刁行吗？他宁愿自残身肢来侍奉寡人，这样的人难道还会不忠？"管仲摇摇头说："连自己身体都不爱惜的人，怎么会真心忠于您呢？"

请注意这番对话的发生地，它不在"尊尊而亲亲"的鲁，而在"尊贤而崇功"的齐。齐国人都持这样的观点，吴起在鲁国，又怎么可能有好果子吃？完全可以这样说：一个不孝顺母亲、不珍爱妻子的人，怎么会真心忠于鲁国的国君？

鲁国抛弃吴起，结论近乎正确，论据和论证过程小有问题。主要是任用吴起的那两个所谓危害，完全站不住脚。人也好国也罢，弱小者只有不断自我修炼，增强内功，才有可能生存乃至发展，一味示弱，就像小羊跪在狼跟前苦苦哀求饶命，怎是长久之计？所谓卫国的罪人，鲁国不方便使用云云，更是荒唐，否则"楚才晋用"一词，又如何解释。

历史无法倒推，也从来不接受辩解。反正吴起初经战阵的胜利，是典型的皮洛士式的胜利：代价太高，得不偿失。尽管有满腹的兵韬将略，他也只得收拾起简单的行囊，悲怆地离开鲁国的都城曲阜，像孤单的落叶，被秋风吹向天涯。那些日子里，当他独自一人置身旅店的孤灯野火之下，不知道他可曾想起冤死的妻子？或者说，当他想起冤死的妻子时，不知会做何感想？

细读史书中关于吴起的篇章，推敲他的性格为人，他那时恐怕不会想起泉下的冤魂。他那股追逐名利的劲头，类似于曹操的独白："宁教我负天下人，休教天下人负我。"所以那段时间吴起考虑的问题，一定实际得多：自师从曾申开始，直到被任命为将军，他在鲁国前后待了六年左右，如今哪里还有更加合适的市场，可以把正值壮年的自己，卖个好价钱呢？

这个市场是有的，而且也不太远：一路向南，魏文侯治下的魏国。

魏国兴起

战国七雄中，最先崛起的是魏国。魏国之所以能占到这个先机，与两个人物密不可分：魏文侯与李悝。

三家分晋之后，智伯的领地多数归了赵国，韩魏两家所得相对少些。魏国山地多良田少，粮食压力一直比较大。魏文侯即位之后，任用李悝，率先变法，国力逐渐强盛。李悝的名字，也写作"李克"，甚至"里克"，但是《汉书》认为李悝和李克是两个人。之所以会出现这样的问题，秦始皇实在居功至伟：若非他下令一把火烧掉各国的史书，历史怎么会如此扑朔迷离？

李悝最大的贡献，是编纂了一部《法经》，在经济上主张"尽地力之教"，以及推行"平籴法"。《法经》分为《盗法》《贼法》《囚法》《捕法》《杂法》《具法》六篇，后来商鞅把它带到秦国，秦汉两国的法律，都以《法经》为蓝本。因为这个缘故，后世把李悝视为法家的鼻祖。

对魏国国力影响最大的，还是"尽地力之教"和"平籴法"。"尽地力之教"说得通俗些，就是尽量增加每亩地的产出。每亩多收几斗粮，全国累加起来，就是个惊人的数字。谷贱伤农，谷贵伤民。而当时农民种地处于亏损状态，所以他们对农业生产的兴趣不高，从而导致产量下降，粮价上涨。针对这个情况，李悝建议实行"平籴法"，粮食丰收时国家收购，歉收时再平价出售，以稳定粮价。即便碰上自然灾害，粮价不致太贵，人民不至于流亡。换成现代语汇，就是国家收储计划。

魏文侯从谏如流，国家实力一天天强大。司马迁说："魏用李克尽地力，为强君。"班固也称赞李悝"富国强兵"。李悝在魏国到底是否出任过相国，历史上还有争议，但毫无疑问，他深受魏文侯信任，能够参与高层核心决策；是否收留吴起，魏文侯也首先征询李悝的意见。

说起来，李悝跟吴起算是师兄弟，因为他也曾经师从曾申。他对吴起有所了解，于是也就实话实说："吴起这个人，贪名又好色。但是论起带兵，就是司马穰苴也不过如此。"

李悝这个评价相当高。司马穰苴姓田，名穰苴，齐国人。因为后来做了主管军事的最高长官大司马，所以又被尊称为司马穰苴。当时晋军来攻，燕国也趁火打劫，齐军屡战屡败，形势岌岌可危。危急时刻，晏婴向齐景公推荐了田穰苴。这事非同小可，齐景公先找穰苴谈谈话，相当于面试。这一谈不要紧，穰苴的用兵方略和见解，深深地令齐景公折服。他立即决定拜穰苴为大将军，领兵御敌。

穰苴说："我只是田氏的远房后裔，身份卑贱。您直接把我提拔到这么重要的岗位，一时还难以服众。请您派一个身份高贵、有威信的人作监军。"齐景公顺水推舟，派宠臣庄贾监军。穰苴随即辞别景公，与庄贾约定："明天中午时分，请您到军营会合。大军随后出发。"

监军的地位，论理比将军还要高。亲戚朋友、官场故旧听说后，纷纷前来祝贺送行，庄贾置酒高会，喝得忘乎所以，早已把约定置之脑后。反正他是国君跟前的大红人，地位尊贵，又是监军。穰苴呢，次日一早赶到军营，下令立起一根木杆，观测日影，确定时间。到了中午，庄贾还没出现，穰苴随即命令放倒木杆停止滴漏，召集将领申明军纪。一二三点，四五六条。

黄昏时分，庄贾浑身带着酒气，跌跌撞撞地进了军营。穰苴问他为什么迟到，他说："亲戚故旧都来送行，所以耽误了时间。"穰苴说："将帅接受了任务，就该忘记家庭，置身军队，受军纪约束；击鼓指挥军队作战时，就该有忘我的精神。如今敌军深入国境，举国骚动，士卒风餐露宿于边境，国君寝食不安，国家和百姓的命运都掌握在您手中，还谈什么送行呢？传军法官！"

军法官立即跑步赶到。穰苴低沉但是威严地问道："按照军法，行军误期，该怎么处理？"军法官说："应该斩首！"庄贾一见阵势不妙，赶紧派人飞马急报齐景公，请求救命。穰苴不管三七二十一，喝令立即执行，杀无赦，斩立决，然后在军营示众。全军将士一见，十分敬畏，连个大气都不敢出。过了些时候，齐景公的使者拿着符节前来赦免庄贾。人命关天，事情紧急，使者直接驾着车子驰入军中。司马穰苴高声问军法官："在军营里驾车横冲直撞，应当如何处治？"军法官朗声答道："当斩！"使者一听万分惊惧，立即恳求饶命。司马穰苴说："既是国君的使者，可以不杀，但必须执行军纪。"于是命令拆毁车子，杀掉驾马，以儆效尤。

从那以后，齐军一扫萎靡之风，纪律严明，士气大振。穰苴随即领兵出发，奔赴前线。行军途中，他亲自过问士卒们的休息、宿营、掘井、修灶、饮食、疾病、医药等事宜，把供给将军的食物等物品，用来犒赏军士。他和士卒吃同样的饭食，对体弱的士兵格外关心，很快就赢得了全军将士的信任。三天后，他部署调整队伍，有病的士兵都要求同行，大家纷纷主动请战。晋军和燕军听说后，全都不战而退。司马穰苴乘胜追击，歼灭了部分敌军，收复了全部的城邑和土地，然后凯旋班师。还未到国都，他就解散军队，废除军令，誓盟之后进入城邑。齐景公非常高兴，任命穰苴为大司马，掌管全国军事，田氏家族的地位和声望，也进一步提高。

齐国大夫鲍氏、高子、国子等人，嫉妒穰苴的功劳，不断地在齐景公跟前给穰苴上眼药，直到他被罢黜回家。这事进一步激发了田氏跟高子、国子等人的矛盾。后来田常杀了简公，尽灭高子、国子家族，直到田和自立为齐君，流放掉姜氏的后裔，姜齐灭，而田齐兴。齐威王当政时，命令大夫们搜集整理古时的《司马兵法》，将司马穰苴的遗著附在其中，称《司马穰苴兵法》，后世简称为《司马法》。《司马法》是我国军事史上非常重要的一部兵书，宋代时被列为《武经七书》之一。

大将守边

李悝的这个评价决定了吴起的命运。魏文侯立即拜他为将。吴起果然不辱使命，带领魏军攻打秦国，连战连胜，夺取了五座城邑。

吴起带兵，还真有点司马穰苴的特点。他跟普通士兵同吃同住，睡觉不铺席，行军不乘车，自己背自己的干粮。有个士兵生了疮，吴起亲自给他吮吸脓液。那个士兵的母亲听说之后，放声大哭。别人很不理解，就问她："你儿子不过是个军卒，将军亲口为他吸脓，你为什么还要哭呢？"她说："您是不知道厉害。当初吴公也给我丈夫吸过脓，结果他打起仗来不要命，很快就战死了。现在吴公又为我儿子吸脓，不知道我儿子将会死在哪里。我想来伤心，怎能不哭呢？"

当时，魏军和秦军一直在西河一带拉锯。西河也叫河西，就是山西、陕西之间，黄河南段的西岸地区，秦魏两国在此交界。在翟璜（亦作翟黄）的推荐下，魏文侯派吴起镇守西河。吴起认为，兵不在多而在"治"。他建议魏文侯用他的新标准考选士兵，组建一支精锐部队，名叫武卒，最终得以施行。吴起的新标准都有哪些内容呢？现在的人们看了也难免头皮发麻，因为它实在太严苛：身穿上、中、下三副甲，头戴重盔，肩扛长戈，腰挂重剑，带五十支箭，背三天的干粮，半天行军一百里，到达战场能立即投入战斗，双手能拉开十二石的硬弩。

当时的一百里相当于今天的四十一公里，差不多就是奥运会的马拉松长跑项目的距离。但是跑马拉松时穿的是短裤背心，而魏国的"武卒"，浑身上下负重累累。所以说，他们个个都是特种兵，单兵战斗力可想而知。

特种兵必然要有相配套的特种待遇。武卒的家庭可以免除全部的徭役和田宅租税，他们在军中的伙食标准自然也比普通士兵高，立了功还能获得爵位。魏国虽然山地多、土地少，但是河东（今山西运城解池一带）有大量的盐池。盐池里产的不是食盐，简直就是金子。古往今来，盐作为生活必需品，能够带来大量的利益。赤壁之战曹军大败，曹操匆匆败走华容道，战后这块地方随即归入东吴的版图。因为这里"土卑沃，广陂泽"，"地富鱼稻"，西北部产盐，东吴便"令官督办"，以"监收鱼盐之利"。222年，孙权从华容县里划出一块地方，设立监利县。

魏国就靠盐池专营的收入，经过吴起的严格考选训练，组建成了强大的精锐部队武卒。他们战无不胜，攻无不克。这不是信口开河的虚夸。根据记载，当时吴起"曾与诸侯大战七十六，全胜六十四"。也就是说，全胜率高达84%。毫无疑问，这是个极其惊人的数字。这其中既有吴起的过人将略，也有士兵们的高超素质。当然，士兵们勇敢善战，也有赖于吴起卓有成效的训练。就是那句话：兵熊熊一个，将熊熊一窝。

吴起的治军方略，主要有三个特点。一是军纪严明。令行禁止才能出战斗力。有一次，两个士兵没接到命令就擅自出击，结果立了功回来，不仅没得到封赏，反而被吴起斩首。二是言而有信。有个成语，叫"移木建信"，说的是商鞅变法时，为了取信于民，就在市场的南门立了一根木杆，旁边贴着告示说："谁能把这根木杆扛到北门，就赏他十金。"大伙儿看了告示，个个云山雾罩，搞不清怎么回事：把木杆扛到北门轻而易举，这个劳务费无论如何也不值十金啊。肯定是上边吃饱了撑的，瞎忽悠。商鞅一见，又把赏格提至五倍。有人抱着试试看的态度扛走木杆，果然拿到了黄澄澄的五十金。这一下，政府的威信随之树立。

据史料记载，吴起身上也有类似的故事。西河本来是秦国的土地，居民也都是秦人。吴起为了让他们信任自己，就在南门立了一根柱子，说："谁能放倒柱子，就提拔他为上大夫。"刚开始也是没人相信，后来有个人站了出来——反正即便上边说了不算，他也不会有啥损失。没想到，还真被封了官儿。

柱子倒了，吴起的威信立了起来。这个故事跟商鞅的"移木建信"有太多相似之处，很难说清版权的归属。按照道理，吴起在先，商鞅在后，似乎应当归于吴起。不过事情是古人做的，历史却是后人写的。笔头子一歪，张冠李戴是常事。所以我们暂且放下这个故事，看看明人宋濂在《龙门子凝道记》中对吴起守信的记载。说的是吴起外出，正好碰到一个老朋友，就要请他吃饭。朋友说："行啊，等我回来吧。"吴起说："那好，我在家等您。"结果吴起等到天黑，也没见朋友的影子。怎么办？有约不来，吴起也就不吃晚饭。直到次日一早，他派人请来朋友，这才跟他一起把晚饭和早饭一同吃掉。

宋濂后面有这样的议论："起之不食以俟者，恐其自食其言也。其为信若此，宜其能服三军欤？欲服三军，非信不可也。"就是说，吴起之所以不吃饭等待朋友，是怕吃饭的同时也食了言。果真如此，三军将士还能不信服他吗？要取信三军，必须言而有信。

吴起治军的第三个特点，他是善于使用精神激励。拿破仑曾经说过："给我足够的勋章，我就能征服世界。"吴起也深谙此道。西河地区是秦魏两国的必争之地，对于秦国而言，过了西河，往西就是辽阔的渭河平原，无险可守。魏军兵锋所指，甚至连秦国的国都都会受到威胁。正因为如此，双方对西河的争夺从来都不曾停止。为了激励士气，吴起请魏武侯——当时魏文侯已经去世——亲自出面，举办庆功宴会。他让立上功的将士坐前排，使用金、银、铜等贵重餐具，猪、牛、羊三牲俱全；立次功者坐中排，贵重餐具和食物适当减少；无功者坐后排，只能用普通餐具。宴会结束后，还要在大门外论功赏赐有功者的父母、妻儿。对死难将士的家属，每年都派使者慰问。

这个方法，一施行就是三年。前389年，秦国调集大军，攻击东进道路上的咽喉要地阴晋（今陕西华阴东）。警报传到西河，立即有数万魏军士兵，不等将令下达，就自行穿戴甲胄、披挂整齐，准备参战。吴起请求魏武侯派五万名没有立过功的士兵，由自己率领反击秦军。武侯照准所请，并加派战车五百乘、骑兵三千名。出战的前一天，吴起发布将令说：每个人都要跟我一起奋勇作战，无论车兵、骑兵还是步兵。"若车不得车，骑不得骑，徒不得徒，虽破军皆无功。"意思是如果车兵俘虏不了敌军的战车，骑兵俘虏不了敌军的骑兵，步兵俘虏不了敌军的步兵，就算打了胜仗，也没有功劳。

吴起带领这五万多渴望建功立业的士兵，在阴晋向秦军发起反击。魏军虽然兵力处于绝对劣势，但他们个个奋不顾身，以一当十。经过反复冲杀，最终彻底击溃秦军。有史料记载，当时秦军有五十万之众，所以阴晋之战也算是历史上以少胜多的经典战例。

西河学派

吴起镇守西河期间，一个重要的儒家学派在魏国诞生——西河学派。

说到这里，首先要把"西河"这个概念掰扯清楚。一般而言，典籍上单独提到"河"，都是指黄河，这里也不例外。只是黄河既为巨龙，便不会安分，东奔西突，河道多变。古往今来，莫不如此。春秋时期，卫国的西部边境沿着黄河，所以那里叫"西河"，大概在今天河南的浚县、滑县内黄及其迤南、迤北一带；到了战国，黄河已经龙腾至今天的河南安阳以东，所以安阳也叫"西河"。吴起镇守的西河郡，则是在晋陕之间的黄河西岸地区，那里原本是秦国的领土。

西河学派的创始人，或者叫精神领袖，是孔子的学生子夏。子夏是晋国温（今河南温县西南）人，姓卜名商，字子夏，比孔子小四十四岁。《史记·仲尼弟子列传》中称，"子夏居西河教授"。这其中的西河，有人认为在河南安阳，有人认为在山西汾阳，也有人认为在吴起镇守的西河郡。不管在哪里，总之跟吴起大有关系。

魏文侯聘请子夏，是受他弟弟魏成子的推荐。当时子夏已是耄耋之年，因为儿子去世哭瞎了眼睛，就没有答应。魏文侯于是又去请子夏的弟子段干木。可是他到了段干木的门前，段干木却不肯相见，不惜翻墙头跑掉，简直就像躲避瘟疫。

然而魏文侯并不生气，专门造了一座礼贤台，然后用自己的车子把段干木接来，礼送到台上，再恭恭敬敬、气氛庄严地发出正式邀请。

子夏和段干木当时居住在魏国的别都，即今日的河北魏县。那座礼贤台位于魏县的东郊，当然现在早已化为荒土，正所谓"吴宫花草埋幽径，晋代衣冠成古丘"。可在当时，它强大的气场，还是感染了子夏和段干木。他们决定接受魏文侯的请求，前往西河讲学。一同前去的还有公羊高、榖梁赤以及子贡的弟子田子方。子夏身体不好，段干木等人只好冲到前台，担任讲学的主力。魏文侯对段干木十分恭敬，"过其闾而轼之"，就是每次经过他的门前，都要手抚车前面的横木，遥遥致敬。据《吕氏春秋》记载："魏文侯见段干木，立倦而不敢息。反见翟黄，踞于堂而与之言。翟黄不说。文侯曰：'段干木官之则不肯，禄之则不受；今女欲官则相位，欲禄则上卿，既受吾实，又责吾礼，无乃难乎？'"

这段话非常有意思。魏文侯见段干木，总是恭敬地站在他跟前，累了也不歇息；但是见翟璜，却总是坐着。至于原因，魏文侯说得非常清楚，就是那句话：上帝不会把所有的好处都给一个人。无论何时，你想图别人的实利，就别想获得他的尊重。非此即彼。

魏文侯礼敬段干木，倒是收获了实利。据《吕氏春秋·期贤篇》记载，有一年，"秦欲攻魏，司马唐谏曰：'段干木贤，魏礼之，不可加兵。'"《史记·魏世家》也有相似的内容，可以互为印证："秦兴兵欲攻魏，或曰：魏君贤人是礼，未可图也。"这样一来，不但段干木的名气直线上升，魏文侯的贤明也声震天下，八方才俊纷纷来投。

这个广告效应，正是魏文侯想要的吧？只是效应如此强烈，直接阻止了一次战争，恐怕是他想不到的。这让我想起20世纪中叶，美国对钱学森的留难。他们的理由是，无论从哪个角度衡量，钱学森都值二十个师，当然不能随便放他回中国。

不仅魏文侯，李悝和吴起也投入子夏门下学习。公羊高和穀梁赤在授课之余，还为《春秋》作传，就是所谓的《公羊传》《穀梁传》，连同《左氏春秋传》（即《左传》），合称《春秋三传》。《左传》的作者，一般认为是左丘明，但章太炎和钱穆则认为这个说法颇可推敲，它实际上跟吴起有关。

汉代以前，人们并无"史学"观念。学术的大分野，只有经学和子学。班固在《汉书》中，根据刘向、刘歆的《七略》，分别称为"王官学"和"百家言"。也就是说，历史记载，掌握在官家手中。孔子著《春秋》，实际上有僭越之嫌，有点越轨，因为这属于"王官学"的范畴。当时不仅普通人无权修史，就是各个诸侯国的史官，也都是周天子派过去的，属于中央派驻地方的干部，人事关系不归诸侯国管。所以齐国的崔杼杀害国君，史官这样记上一笔："崔杼弑其君。"一个"其"字告诉大家，那是崔杼的国君，而非史官的。

正因如此，崔杼虽然杀掉了这个太史，却无权任命新的史官，太史的弟弟接着这样写，也被杀；第二个弟弟接过笔简，记录的内容、口吻依然没有变化。崔杼无奈，这才停止屠刀。一个叫南史氏的史官听说之后，担心无人修史，就捧着自己的笔，带着竹简，要去拾起那沾满鲜血的接力棒，半路上得到最新消息，这才作罢。

很难说清楚，史官记录各个诸侯国的事情，是作为历史，还是作为年度工作报告。在当时，只怕他们不会有那么强烈的时间和历史观念。有清醒的历史意识的，孔子可谓第一人。不管怎么说，他写的《春秋》既然是"王官学"，在"经"的范围内，就可以有传，而且一下子就出来三部。

《春秋三传》有何区别？宋代的叶梦得认为，左氏传事不传义，公穀传义不传事。朱熹说："左氏史学，事详而理差，公穀经学，理精而事误。"主角儿是名将吴起，现在却在《春秋》和《左传》上打转转，算不算跑题？当然不算，这个问题跟吴起关系深切。

关于《春秋》，孟子说过："其事则齐桓、晋文，其文则史。孔子曰：'其义则丘窃取之矣。'"这其中的"义"，简而言之，相当于"道"，脱离不开儒家的仁义礼智信。孔子作《春秋》，只记结果，所谓"述而不作"，如何评价、解释那些历史事件，就成了问题。后世为《春秋》作传，其实就是争夺对历史的发言权和命名权。本来，儒家讲究"礼、乐、射、御、书、数"，所谓"六艺"，但不同的门派和传人，各有侧重。公羊高、穀梁赤是典型的儒生，难免迂阔；吴起受过曾申的训斥，更加注重经世致用。所以三传之间的差别甚大。

章太炎和钱穆认为《左传》与吴起有关，甚至就是出自吴起之手，当然并非这个原因。《左传》的全称是《春秋左氏传》，钱穆先生质疑，若确为左丘明所写，为何不叫《春秋左丘明传》？其中的"左氏"，应该是地名，吴起正好是卫国左氏人；不仅如此，《左传》对晋国和楚国记录得特别详尽，吴起有此优势；《左传》里尽说魏国的好话，吴起长期捧着魏国的饭碗，甚至还想入相；《左传》对战争的记叙相当精彩，显示作者似乎有很高的军事素养。

无论如何，吴起曾经将《左传》传给他的儿子。这本书到底是不是他的手笔，已经无法考证，也并不重要了。重要的是，这足以表明，吴起绝非一介武夫（有句题外话，也值得说说：几百年后，西晋名将杜预专门注释过《左传》。他自然也不只是头脑简单的武夫）。

这就给下面的故事，埋下了伏笔。

将相争位

魏文侯去世之后，吴起继续独当一面，镇守西河。继任的魏武侯曾经来西河前线视察，这样的场合，一把手当然要亲自出面全程陪同。于是吴起陪着主要的大人物，坐船沿黄河而下。看到黄河两岸险峻的地形，魏武侯非常高兴，对吴起说："美哉乎山河之固，此魏国之宝也！"意思是说，这里地势险要，易守难攻，固若金汤，真是魏国的无价之宝。

魏武侯这话，完全是发自内心的。吴起怎么回应呢？他结结实实地给国君上了一课："在德不在险。昔三苗氏左洞庭，右彭蠡，德义不修，禹灭之。夏桀之居，左河济，右泰华，伊阙在其南，羊肠在其北，修政不仁，汤放之。殷纣之国，左孟门，右太行，常山在其北，大河经其南，修政不德，武王杀之。由此观之，在德不在险。若君不修德，舟中之人尽为敌国也。"意思是说，国家稳固强盛的关键在于清明的德政，而非险要的地势。从前三苗氏的国家，左有洞庭湖，右有鄱阳湖，不修德义，被大禹灭了。夏桀、殷纣王，莫不如此。国君您要是不修德政，咱们恐怕都会成为敌国的俘虏。

在德不在险，这话很有意思，让人想起另外一句话："在德不在鼎。"如果《左传》果真出自吴起之手，那么这话也跟他有关系，它就记录在《左传》中。故事的主角儿，是那个"三年不飞，一飞冲天；三年不鸣，一鸣惊人"的楚庄王。他从三年纸醉金迷中幡然醒悟，发愤图强，楚国实力大增。人富了难免显摆，国富了自然生事。这个楚庄王，打完周围的小国还不过瘾，顺便陈兵周疆，在周朝的国都洛阳郊外摆下阵势，大张旗鼓地检阅部队，显示实力。楚庄王打的什么主意，周天子当然明白。没办法，他只好派一个叫"满"的王孙，前去楚营劳军。楚庄王趁机问王孙满，周朝九鼎的重量。这时王孙满不卑不亢地回答："在德不在鼎。"让楚庄王碰了一鼻子灰。

魏武侯的感觉，估计也是碰了一鼻子灰。吴起那番话，本身没有任何错误，义正词严，冠冕堂皇，一副绝对真理的模样，可我还是听出了弦外之音：你一味强调地势险要，那我吴某人的价值，又体现在何处？

这当然不是纯粹的戏说或者杜撰。这个推论的基础，相当合理，完全符合吴起的性格与心气。

廉颇与蔺相如争夺名位的故事，由于成语和戏曲的传诵，早已家喻户晓。但在他们之前，吴起也有过类似的经历。不同的是，他的诉求不是排名占位时的名次，而是直接指向丞相的宝座。

吴起镇守西河，时间长，功劳大，声誉高。出将入相的辉煌，想必他从来都不曾忘记，一直苦等着丞相的职位。可是后来魏国选相，很多人都看好吴起，吴起也自信满满，结果却让他大跌眼镜：贵戚田文蟾宫折桂，名将吴起榜上无名。遭此打击，吴起心里很是不忿，就单刀直入，直接跟田文摊牌。这段故事，《史记》中的记载不算费解，干脆直接抄录如下。

吴起不悦，谓田文曰："请与子论功，可乎？"田文曰："可。"起曰："将三军，使士卒乐死，敌国不敢谋，子孰与起？"文曰："不如子。"起曰："治百官，亲万民，实府库，子孰与起？"文曰："不如子。"起曰："守西河而秦兵不敢东乡，韩赵宾从，子孰与起？"文曰：

"不如子。"起曰:"此三者,子皆出吾下,而位加吾上,何也?"文曰:"主少国疑,大臣未附,百姓不信,方是之时,属之于子乎?属之于我乎?"起默然良久,曰:"属之子矣。"文曰:"此乃吾所以居子之上也。"

吴起总结了自己的三个功绩,或者叫能力:统率三军,使士兵们英勇作战,不怕牺牲,敌国因此不敢图谋魏国;治理百官,安抚百姓,充实府库,增强国力;镇守西河,使秦兵不敢东窥,而韩、赵全都仰魏国之鼻息,不敢有半点不从。应该承认,这话基本属实,除了带点情绪,并没有多少虚夸。可是,他想不到还有所谓的"主少国疑",所谓的功高震主。

千万不要顺着语言和思维的惯性,在此批评所谓封建时代的种种愚昧落后,譬如官员制度不科学、用人不公等。这是典型的关公战秦琼,更是典型的人云亦云。过去没有组织考察,举荐贤能全靠个人眼力,风险甚大。被举荐者如果出了问题,举荐者搞不好要负连带责任。所以经常有这样的场面,某某拍着胸脯说,我愿以全家多少条性命为担保,举荐某某!那时没有眼镜,更没有望远镜、显微镜,不知道这是人们视力良好的原因,还是结果?这个问题,颇可思量。

除开这些,我此时最大的感慨,是守成之君到底不如开国之王。田文所说的疑虑,自然都是魏武侯的。同样是争夺相位,我们不妨看看魏文侯的处置方式。

文侯有一次要任命丞相,他弟弟魏成和翟璜比拼。魏文侯拿不定主意，问计于李悝。李悝说："卑不谋尊，疏不谋戚。臣在阙门之外，不敢当命。"意思是说，地位低关系远的，没有资格议论地位高关系近的。我的使命在宫门之外，这样的国家大事，我可不敢乱说。文侯说："先生临事勿让！"意思是说，没事，我信任您，先生您就别推辞了吧。李悝说："君弗察故也。居视其所亲，富视其所与，达视其所举，穷视其所不为，贫视其所不取，五者足以定之矣，何待克哉！"

这段话不长，但很是关键。换成白话文，大意如下：国君您没有留意罢了。平常看他亲近谁，富贵时看他结交谁，发达时看他举荐谁，落魄时看他不干什么事，贫穷时看他不要什么东西。依照这五项指标，就可以确定人选。

明白人不必细讲，彼此便可心领神会，所谓心照不宣。魏文侯立即说："先生您请回吧。丞相人选已经确定。"李悝辞别魏文侯，又见到了翟璜。翟璜问道："今者闻君召先生而卜相，果谁为之？"就是说，我听说今天国君请您议论丞相人选，最后确定的是谁？李悝说："魏成。"

翟璜是什么反应呢？史书上的原话是这样的："翟璜忿然作色曰：'西河守吴起，臣所进也。君内以邺为忧，臣进西门豹。君欲伐中山，臣进乐羊。中山已拔，无使守之，臣进先生。君之子无傅，臣进屈侯鲋。以耳目之所睹记，臣何负于魏成！'"翟璜列举了他举荐的五位能臣，说西河的守将吴起，是我推荐的；国君担心邺城，我推荐西门豹去治理；国君要讨伐中山，我推荐乐羊为主将；攻下中山，没有合适的人选镇守，我推荐了先生您；国君的儿子缺乏良师，我推荐了屈侯鲋。天地良心，耳朵所听，眼睛所见，我哪一点不如魏成？

这五个人，表现都不错。其中的乐羊，很值得单独说说。

乐羊本来是翟璜的门客，所以他的斤两，翟璜很清楚。问题是他的儿子乐舒，在中山当将军不说，还与翟璜有杀子之仇。也就是说，翟璜有个儿子，死在了乐舒手里。当此情境，翟璜不为难乐羊，反倒举荐他为将，确实不是一般的胸襟气度。

魏文侯于是就派乐羊领兵攻打中山。那个时候，吴起似乎是乐羊的部将，这里暂且不说。当时中山的实力很强，经常把赵国搅和得举国不安，魏国最终也是费了三年工夫，才把这块硬骨头给啃掉的。可以想象，乐羊不可能马到成功。他刚开始出师不利，没占到便宜，魏国朝堂立即舆论大哗：什么意思？乐羊明显是顾忌私情，举兵不前嘛！里通外国，拥兵自重，也不是没有可能。这样的人，应该马上撤职查办！魏国这么说，对手中山呢，更狠。他们杀掉乐舒，煮成肉羹，送给了乐羊。

真是"猪八戒照镜子，里外不是人"，设想当时的乐羊，一定无比悲凉。为了取信于魏，他吃下儿子的肉，最终灭了中山。魏文侯呢，"赏其功而疑其心"。在这一点上，他倒是比晚年的齐桓公清醒。易牙烹煮了自己的儿子献上，竟然能赢得齐桓公的宠信。而齐桓公最终的命运，大家是知道的，他被管仲临终之前否定的三个小人——易牙、开方和竖刁——

锁在寝殿内病饿而死，尸体搁在床上六十七天，蛆虫都从窗户朝外爬了，新的国君才有机会将其安葬。他这样死也没什么，咎由自取；但是国内政局不安，五个儿子大动干戈，要死掉多少无辜的百姓？

举荐贤能是丞相的重要职责或者能力，从这一点看，翟璜争取相位，并非贪心不足蛇吞象的狂妄之举。《资治通鉴》上还记载有一则翟璜巧谏君王的故事，很有趣味。原文如下：

> （魏文侯）使乐羊伐中山，克之，以封其子击。文侯问于群臣曰："我何如主？"皆曰："仁君。"任座曰："君得中山，不以封君之弟而以封君之子，何谓仁君！"文侯怒，任座趋出。次问翟璜，对曰："仁君。"文侯曰："何以知之？"对曰："臣闻君仁则臣直。向者任座之言直，臣是以知之。"文侯悦，使翟璜召任座而反之，亲下堂迎之，以为上客。

乐羊灭掉中山后，魏文侯把那里封给自己的儿子，也就是太子魏击，后来的魏武侯。有一次，魏文侯召集群臣，问大家说："我是什么样的君主？"他当时的心情和希望获得的答案，白痴都明白。于是大家纷纷顺竿爬："您当然是仁义之君！"魏文侯因此面有得色。可就在此时，偏偏有个不识相的名叫任座的人，给他兜头一瓢凉水："您得到中山，不封给弟弟而封给儿子，还好意思说什么仁义之君？！您洗洗睡吧。"

什么叫反差，这就叫反差，一般人很难承受，魏文侯也不例外。他顿时大发雷霆，任座一看不好，起身就跑。轮到翟璜，他说："您确实是仁义之君。"魏文侯说："何以见得？"翟璜说："我听说君主仁义，所以大臣刚直。如果您不是仁君，刚才任座怎么敢于直言呢？"魏文侯回过神来，立即命令翟璜请回任座，然后亲自下堂迎接，把他奉为上宾。

跟移木建信一样，又是一个似曾相识的故事。我们更熟悉的主角，是唐太宗、魏徵和长孙皇后。时代的真伪暂且不说，同样这个故事，还有两个版本，翟璜和任座依然是主角儿，只不过互换了角色，类似反串。唐朝人李翰，就是"芳树无人花自落，春山一路鸟空啼"的作者、诗人李华的儿子，编了一本介绍历史知识和典故的发蒙童书，类似今天的小学课本，叫《蒙求》，同样记载了这个故事，但直言的是翟璜，巧言的是任座。前一个版本，应该是出自汉朝刘向的《新序·杂事一》。直言也罢，巧言也好，极权扭曲的官场，必然会造就极权扭曲的人性。这样的直言和巧言，并不值得提倡，但是适者生存，只有适应那种气候的人，才能进入中枢，实现自己的梦想。翟璜无疑有此功能。

面对翟璜的责难，李悝的回答更有意思。

李克曰："子言克于子之君者，岂将比周以求大官哉？君问相于克，克之对如是。所以知君之必相魏成者，魏成食禄千钟，什九在外，什一在内；是以东得卜子夏、田子方、段干木。此三人者，君皆师之；子所进五人者，君皆臣之。子恶得与魏成比也！"

就是说，您对我列举的这些您为国君做的事情，难道都是为了换取大官的职位吗？我之所以知道魏成必定会当丞相，是因为魏成的千钟俸禄九成用在外边，只有一成家用，所以得到了东边的卜子夏、田子方和段干木。这三个人，国君都奉为老师；您举荐的五个人，国君都任用为臣。您怎么能跟魏成相比呢？

"翟璜逡巡再拜曰：'璜，鄙人也，失对，愿卒为弟子！'"翟璜也不是棒槌，他立即回过神来，说：我真是鄙陋无知。我愿意终身当您的学生。

一般而言，这个事情里，大家都佩服李悝的眼力。这没什么不对，但只是浅表层。内里的实质，在于魏文侯的雄才大略。如果按照田文，或是魏武侯的逻辑，此时只能任用翟璜。不是吗？

落寞奔楚

当不了丞相，那就继续在边疆干自己的军事一把手吧。不过吴起的功劳名声不断累加，逐渐引起了一个人的不安。这个人是谁？就是继任的丞相公叔。

吴起争相的事情，几百年后的太史公司马迁都知道，当朝丞相公叔怎么可能毫不知情？这个人，很快就把吴起当成了假想敌，处心积虑地想除掉他。从这里也可以看出，田文确实算得上贤相。可惜，他当时已经死去。

怎样拔掉这个眼中钉呢？所谓上梁不正下梁歪，中梁不正倒下来，公叔嫉贤妒能，手下自然少不了阿谀奉承、曲意逢迎之徒。这就是气场的选择，所谓物以类聚，人以群分，再说大一点，就是历史学中的自然选择原理。人们经常怒骂奸臣与宦官，比如赵高、刘瑾、魏忠贤，其实如果没有糊涂昏庸的皇帝，又何来卑劣阴险的阉宦。

公叔的妻子是魏国公主。公叔根据下人的计策，先请吴起过来吃饭，故意让妻子轻慢自己，然后找到魏武侯说："咱们魏国不过是侯一级的小国，东边又有强秦的威胁，恐怕只能留住吴起的人，留不住他的心。"

这话不完全是虚辞。魏国立为侯国，是典型的先上车后买票，逼迫周天子承认既成事实。前453年，韩、赵、魏三家灭掉智伯，瓜分了他的土地，晋国名存实亡，可直到五十年后的前403年，周天子才正式册封韩、赵、魏三家为诸侯。估计当时他们都有点暴发户心理：实力强于名声，名不正言不顺，心里总是别扭。魏武侯说："那你看怎么办呢？"公叔说："把公主许配给他吧。如果他接受，就说明他没有二心。"魏武侯立即批准。吴起是什么人，当时他年事已高，而且功劳盖世，怎么会随便接受一个空降的公主来当自己的妻子？

吴起拒绝的不是魏国公主，而是自己的前程。当然，也算不上前程，不过是眼前的职位。按照当时的情况，他即便继续留在西河，也不会有什么建树。他守西河，各国不敢来攻，他哪里还有再度立功的机会？只能吃老本。可过去的积蓄再多，也顶不住坐吃山空：一个嫉贤妒能的丞相，破坏能力之强，能量之高，恐怕吴起也想象不到。

很快，魏武侯就派人传令，从西河召回吴起。君命不可违，吴起只有立即动身，车子载着他缓缓离去。出了城门，他吩咐停车，自己下来回望西河，不觉泪湿战袍。仆人感觉很奇怪："窃观公之志，视舍天下若舍屣。今去西河而泣，何也？"吴起雪泣而应之，曰：'子弗识也。君诚知我，而使我毕能，秦必可亡，而西河可以王。今君听谗人之议，而不知我，西河之为秦也不久矣，魏国从此削矣。'"仆人的意思是，我看您志向远大，舍弃天下不过像舍弃一只破鞋，如今离开西河竟然掉了泪，怎么回事？吴起说你知道什么，如果国君信任，让我充分发挥才能，我一定能灭掉秦国，西河这里就足以称王。可惜国君听信谗言，不肯信任我。西河很快就会插上秦国的黑色军旗，魏国的好日子到头了。

《乐府诗集》里有很多首《长歌行》，其中一首有这样的句子："伫立望西河，泣下沾罗缨。"据说运用的就是这个典故："吴子泣河"。

需要指出的是，也有史料记载，谗害吴起的不是公叔，而是大夫王错。钱穆先生认为这个说法比《史记》更可靠。

不管是谁的迫害，反正魏国没法继续待了，吴起捆起包袱卷，又到了楚国。楚国的国君楚声王为"盗"所杀，当时掌握政权的是楚悼王。他问吴起："你在魏国干得好好的，怎么突然跑到我这儿来了？"吴起说："如果魏文侯在，我当然不会走。可现在当权的是魏武侯，我跟他合不来。"吴起名声显赫，他来投奔，楚悼王当然不会拒绝。然而老板对跳槽来的新员工总会怀有本能的疑虑，楚悼王还是要观察观察，于是就让吴起去镇守宛地，防备秦韩，挂职锻炼，以观后效。这个宛地，大致就在今天的河南南阳。这是《淮南子》和《说苑》中的说法，与《史记》不合。司马迁说的是"至则相楚"，就是一去就当了类似相国的令尹。

在西河当了那么多年的将领，治理宛地，那还不是小菜一碟。吴起下令，禁绝纵横家（就是战国时期那些靠耍嘴皮子谋生的说客）来宛地蛊惑人心，即为统一思想；裁撤多余的官吏，即是精干队伍；鼓励耕战，精选士兵，组织平民农闲时参加训练，即是充实基层。没过多久，他就把宛地打理得有声有色。

一年之后，楚悼王召吴起前往国都郢，提拔他做了令尹。当时的楚国，早已没了陈兵周疆、问鼎中原的心气。屈、景、昭这三大家族实力雄厚，已成尾大不掉之势。枝强干弱，国势衰微，否则楚声王也不至于死于"盗"。所谓的"盗"，想来不过是流民，堂堂国君竟是这种死法，确实有点跌份。

楚悼王任用吴起为令尹，就是这个原因。他渴望重写辉煌。而且吴起是外来户，不是王公贵族，不会进一步扩大贵族的势力。多年的夙愿成真，吴起自然无比珍惜。接过相印，他随即针对楚国的积弊，开始大刀阔斧地改革。那些措施，很像跨国公司应对金融危机的办法。主要有三个方面：一是"捐不急之官"，就是把那些可有可无的职位，全部撤掉，相当于裁员；二是"废公族疏远者"，对于那些跟国君血缘关系比较远的贵族，减少他们的爵禄，"均楚国之爵而平其禄，损其有余而继其不足"，相当于减薪；三是"禁游客之民，精耕战之士"，禁止纵横家利用如簧之舌蛊惑人心，让百姓安心耕种、训练作战。命令关系远的"贵人往实广虚之地"，去地广人稀的地方开荒拓土，相当于变相延长工作时间，增加劳动强度，即所谓的内部挖潜。

节省下来的钱干什么呢？很简单，养兵。组建训练军队，这是吴起的老本行。但自古以来就是吃粮当兵，你得有足够的军费，保障他们的作训和日用才行。魏国有盐池，可以靠盐业垄断经营的暴利，支撑武卒的开支，楚国可不行，必须寻找新的经济增长点。如果没有现成的银子，那就只好挖贵族的墙脚。

吴起改革，是怎么狠怎么来，招招不离后脑勺。楚国贵族太多，他们占据大量的良田，严重影响国家的税收收入；附着在良田之上的，必然有大量的人口，遇到战事，国君也无法直接调他们作战，必须通过其贵族领主。不仅如此，贵族都是世袭的爵位，类似八旗子弟，从小养尊处优，能力退化，不能为国效力，只是纯粹的消费者。所以吴起不但要减少他们的爵禄，甚至还要釜底抽薪："封君子孙，三世而收其爵禄。"就是爵禄只能享受三代，不能无限延长。剩下的子孙怎么办呢？很简单，去支边，开发边疆。因为楚国疆域广阔，不缺土地，只缺百姓。开发蛮荒之地，让那里的居民进入楚王治下，人尽其力，地尽其用。

经过这番整顿，楚国国力大增。《史记》的说法是"南平百越；北并陈蔡，却三晋；西伐秦。诸侯患楚之强"。南边平定了百越；北边剿灭了陈国和蔡国的残余势力，遏制了三晋向南渗透的势头；向西讨伐秦国。各个国家对楚国的崛起和强盛，无不忧心忡忡。《史记》列举的这四个大动作，只有向西讨伐秦国，在《战国策》等典籍中找不到相应的印证资料，其余三项，都有佐证。其中"却三晋"一事，尤其值得一提，因为那时吴起的对手，是他的老东家魏国。

这一下，就有戏看了。

无论如何，魏文侯对吴起总有知遇之恩。昔日的袍泽，如今要刀兵相见，吴起将会如何应对？过去晋国公子重耳流亡国外，一路颠沛流离，处处吃闭门羹，可到了楚国，楚王却以国君的规格接待他，吃国宴，住高级宾馆，然后礼送他去秦国。重耳答应楚王，日后假如在战场相遇，他将"退避三舍"，以报楚恩。后来晋楚争霸，已经成为晋文公的重耳不食前言，连续退兵九十里，最后利用楚军的骄纵，将其击败，取得了城濮之战的胜利。现在的吴起又会怎么办，他会报答魏文侯的知遇之恩吗？

会，不过方式比较特别。

前 383 年，赵国在今天的河南清丰西南筑了一座城邑，叫刚平，以此为跳板，大举进攻卫国。卫国赶紧向盟友魏国求援。魏武侯出手助拳，大败赵军。没占到便宜，赵国不肯善罢甘休，第二年又兴兵攻卫。这一回，魏国自己动手不说，还拉上了齐国。战到最后，顺利拿下刚平，兵锋直指赵国当时的国都中牟，也就是今天的河南鹤壁西部。赵国看看形势不好，赶紧申请外援，向楚国求救。出不出兵，楚悼王有些犹豫，但吴起的意见十分明确，他一定要报答魏国一把。他是这么报答的——

吴起说："即便赵国不求援，总有一天我们也要跟魏国开战。现在的形势，等于赵军主动帮助我们，送上门来的机会，怎么能不打呢？"楚悼王茅塞顿开，立即派出大军北上，与魏军"战于州西，出梁门，军舍林中，马饮于河"。

自从楚庄王问鼎中原以来，这还是楚军第一次饮马黄河。楚国的老规矩，大军出征，令尹是主将，司马为副将。因此可以肯定，吴起是实际的组织者和执行者。捷报传来，估计楚悼王和吴起都很得意。赵军得到有力的策应，趁机组织反击，先后攻占了魏国的棘蒲（今河北魏县南）和黄城（今河南内黄县西北）。

既然谁也灭不了谁，那就没有其他办法，只能互相妥协。围棋界有个说法，叫报答老师最好的办法，就是在棋盘上战胜他。魏文侯和吴起是君臣关系，不妨类比师生。吴起这个报答方式，战败的魏武侯一定印象深刻。不知道他会怎么想呢？他也许会说："还是公叔聪明，料事如神。早知如此，那时就该灭掉吴起，真不该养虎为患，让他活着跑到楚国！"

名将之死

所有的改革都是利益和资源的再分配。资源总体有限，锅里只有一块肉，你多吃一口，我就要少吃一口。所以从来都是屁股决定脑袋，而非脑袋决定屁股。就是说，你所处的位置决定你的态度。对于改革也是这样，就像挤公共汽车：未得利益者希望快点挤上去，既得利益者呢，则回头这样安抚他们：这趟太挤，你别着急，还是等下一趟吧。

问题是吴起不想让大家等。大家等不起，楚悼王等不起，他自己也等不起。怎么办？只好从车上硬往下拉。

楚国一直是贵族当权，吴起一个外来户，突然间鸠占鹊巢不说，还凭空一刀，割去贵族的许多血肉，你想他们能高兴吗？他们对此"皆甚苦之"，无不摩拳擦掌、咬牙切齿，整天算计着如何搬掉这块拦路石。

吴起好对付，但他的大后台楚悼王不好对付。那些变法措施之所以能得以施行，关键是有楚悼王的支持。只要他对吴起的看法不改变，贵族们再恶心吴起，也只得暂且隐忍不发。

把自己的命运寄托在别人手里，终归不会安全。楚悼王是人不是神仙，即便能对吴起始终信任如一，他的生命也有限度。前381年，楚悼王一命呜呼，吴起的命运也随即天翻地覆。那些蓄谋已久的贵族们再也按捺不住，立即联手行动，攻杀吴起。吴起当时已经年逾花甲，突然遭遇围攻，狼狈可想而知。不过他到底是个身经百战的将才，危急关头也没忘记兵法。他不跟敌人纠缠，径直向楚悼王的灵堂逃去。进去之后二话不说，一下子扑倒在楚悼王的尸体之上。

所谓投鼠忌器。吴起的如意算盘，是希望那些人能稍微顾忌一下，停止攻击，至少给他一个喘息思考的机会。可是，贵族们压抑已久的愤怒一旦爆发，哪里还有软着陆的余地？他们丝毫不管老国王尸骨未寒，箭矢接连不断地朝吴起飞去。一代名将，就这样被他们活活射死。弓箭不长眼，可以想象，楚悼王的尸体，少不了也要挨它几下。

楚国有条法律："丽兵于王尸者，尽加重罪，逮三族。"就是说，用兵器侵犯国王的尸体，要抄斩三族。楚悼王的太子熊臧，对吴起也没什么好感。他不动声色地办完父亲的丧事，眼看着那些不解恨的贵族对死去的吴起又施加了车裂的刑罚。等事情平息，他自己的位置坐稳，再回过头来收拾那些贵族。他的手法比起吴起毫不逊色，一口气就灭了七十多家。罪名么，当然不是射死令尹，而是"兵犯王尸"。

有句俗话，叫"和珅跌倒，嘉庆吃饱"。乾隆时期的大权臣、大奸臣和珅，后来势败抄家，据说家产价值十一亿白银之多，而当时全国每年的财政收入也不过七千万两。这个数字的真伪暂且不辨，吴起之死给楚国——确切点说就是楚肃王——

带来的实惠跟这也差不了多少。当然，都是无形资产。道理很简单，楚国当时最大的弊端，就是贵族势力太大。吴起想削弱他们，也只能慢慢来，而楚肃王利用吴起之死的政治遗产，正好可以快刀斩乱麻，大开杀戒。

　　阳城君也参与了对吴起的攻击。后来楚肃王挥刀霍霍，他见风声不对，赶紧逃往他国，寻求政治避难。当时有一帮墨家子弟在阳城。墨家的组织非常严密，其首领称为巨子。当时的巨子是孟胜，他跟阳城君的关系非常好。阳城君逃跑之后，楚国要收回封地，孟胜无力阻止，竟然带领一百八十名弟子为之殉难。这事记录在《吕氏春秋·上德》中。原文如下：

　　　　墨者巨子孟胜，善荆之阳城君。阳城君令守于国，毁璜以为符，约曰："符合听之。"荆王薨，群臣攻吴起，兵于丧所，阳城君与焉，荆罪之。阳城君走，荆收其国。孟胜曰："受人之国，与之有符。今不见符，而力不能禁，不能死，不可。"其弟子徐弱谏孟胜曰："死而有益阳城君，死之可矣；无益也，而绝墨者于世，不可。"孟胜曰："不然。吾于阳城君也，非师则友也，非友则臣也。不死，自今以来，求严师必不于墨者矣，求贤友必不于墨者矣，求良臣必不于墨者矣。死之，所以行墨者之义而继其业者也。我将属巨子于宋之田襄子。田襄子，贤者也，何患墨者之绝世也？"徐弱曰："若夫子之言，弱请先死以除路。"还殁头前于孟胜。因使二人传巨子于田襄子。孟胜死，弟子死之者百八十。三人已致令于田襄子，欲反死孟胜于荆，田襄子止之曰："孟子已传巨子于我矣，当听。"遂反死之。

阳城君把封国暂时托付给孟胜，折断一块玉璜作为信物，就像兵符那样。孟胜说："我拿了这个符，受托保护人家的国家。现在见不到阳城君的符，又保护不了他的国家，除了一死，还有什么办法呢？"一个叫徐弱的弟子说："您死要是对阳城君有益，那不妨去死；对他无益，还要绝掉墨家的流传，何必呢？"孟胜说："账不能这么算。我跟阳城君，不是师徒就是朋友，不是朋友就是君臣。我如果不死，以后谁还会请墨家弟子当老师、做朋友、为臣子？我死，就是要行墨家之义，传墨家之业。我已经将巨子的衣钵传给宋国的田襄子。田襄子是贤能之辈，不必担心墨家会失传！"徐弱说："既然这样，那我愿意死在先生之前，为先生开路。"于是首先自杀。孟胜死后，一百八十名弟子相继殉难。有两个门徒作为使者，传令给田襄子，交接之后也要返回楚国自杀。田襄子说："别别别，现在我是巨子，你们得听我的。"但那两个人不听，到底还是回去抹了脖子。

戊戌变法失败后，大家都劝谭嗣同赶紧逃走，但谭嗣同没有。他说："各国变法无不从流血而成，今日中国未闻有因变法而流血者，此国之所以不昌也。有之，请自嗣同始。"

吴起之死，正可以作为"变法必流血"的论据。谭嗣同用自己的鲜血浇灌国土，可国家依然未见昌盛。那么吴起呢，他的死，可有价值？

莫须有，最多也就是个莫须有。

《史记》上记载的四个大动作，"南平百越；北并陈蔡，却三晋；西伐秦"云云，很难说是楚国国力的象征。因为吴起变法，当时不过两年，如果采信他先守宛地一年的说法，那还要更短，只有一年。一年的时间，国家政策刚刚调整，统计数据肯定积极了，GDP也肯定提高了——军费开支增加了嘛——但国家的总体实力，很难说有明显提高。治理国家可不是吹气球，能够立竿见影的只有数字，至于打了几场胜仗，开拓了一些土地，不过是军力暂时有所增强罢了。即便不考虑编练的新军，吴起自己的将略，肯定也能让楚军的综合实力临时提高若干个百分点，打点胜仗并不出人意料。难道不是吗？

历史的外壳是如此坚硬，我始终无法进入它柔软的腹心，看清它本来的面目。历史上，有很多人是当之无愧的名将，但算不上军事家，比如李广；有些人是军事家，但又不是名将，至少没有直接统军，比如孙膑。而吴起绝对是双料人才。实战经验暂且不说，论军事理论，他与孙武齐名，所谓"孙吴"。他的著作《吴子》，《汉书·艺文志》记载有四十八篇，现在流传的只有六篇，这六篇说是字字珠玑，毫不为过。它跟《司马法》一样，都是《武经七书》之一，李悝当初的评价，可见没有失误。论政治才干，他又与商鞅齐名，变法措施引人注目，"治百官、亲万民、实府库"，样样精通。无论《左传》跟他有无关系，"文武兼备"这个词加于其身，总之不算虚夸。

但是细品历史，我始终无法喜欢这个人。

唐朝末年有个叫周昙的人，曾经担任过国子直讲。他著有八卷《咏史诗》，在《春秋战国门·公叔》这一首中，提到了吴起："吴起南奔魏国荒，必听公叔失贤良。"这话不够准确。吴起这人，"贤"字庶几可当，"良"字却相差甚远。司马迁确实高明，对笔下的人物，喜怒不形于色而暗寓褒贬。年轻时读到吴起，总是摸不清太史公的真实态度，直到近年才弄明白他对吴起的厌恶。他把两段轶事写入《孙子吴起列传》，不着一字，褒贬全出。一段是鲁国人攻击吴起的话，母丧不归，杀妻求将；另外一段，则是士兵母亲的眼泪。

现在看来，杀妻求将更为恶劣，但在历史上，人们更加关注的还是另外那条罪状，母丧不归。至于道理么，非常简单，不必细说。比如名将白起的后裔白居易，写过一首《慈乌夜啼》："昔有吴起者，母殁丧不临。嗟哉斯徒辈，其心不如禽。"他把老乌鸦死后小乌鸦夜间悲哀的啼鸣，跟吴起并举，作为对照。白居易的声讨，不能说完全没有道理，但是恐怕很难赢得现代人的完全赞同。母亲去世，毫无疑问应该奔丧。但那时交通不便，噩耗传来时，已经不知道过了多久，吴起即便能骑匹快马跑回家去，棺材肯定也已经盖板。他无论如何也见不到慈颜的最后一面。这也是孔子提倡"父母在，不远游，游必有方"的道理。

那时人们攻击他的，当然不是不见母亲最后一面，而是不为之守丧。那是当时极为重视的礼仪。唐朝时宰相杜佑写了一部史学名著《通典》，它和南宋郑樵的《通志》、元代马端临的《文献通考》一起合称"三通"。《通典》总共两百卷，分为九个部分，其中讲"礼"的，就有一百卷之多，正好占了一半。这其中，最见功夫、贡献最大的，又在于凶礼中的丧礼。人们对于丧礼、丧服的重视，由此可见一斑。

之所以如此，是维护门第制度的需要。宋代以后，大的贵族和门第逐渐消失，人们对丧礼也就没了那么多穷讲究。到了现在，不管什么礼仪，都在慢慢消解，所以这些攻击，不会有致命效果。有些人甚至能从这里看出吴起身上强烈的事业心和责任感，也未可知。而杀妻求将完全不同。人命关天，且是结发妻子，即便有那么一两个没心没肺的自私自利之辈，心里不以为然，嘴上也肯定不敢冒天下之大不韪，直接说出来。

但是，我并不想拿这个武器攻击吴起。并非因为这个武器太过常规而且陈旧，而是因为我在薄情无义之后，看到了更加恶劣的一面：虚伪。一个为了功名而不惜杀掉无辜发妻的人，竟然会去为士兵吮吸脓血。你难道不觉得，这个反差过于强烈了吗？历史在这里，终于露出了蛛丝马迹。

换用管仲的话就是，一个不孝顺母亲、珍爱妻子的名利狂，指望他会真心爱惜士卒，岂不是痴人说梦？

吴起这样做，包括卧不铺席、行不乘车，与士兵同吃同宿，自己背干粮，统统都是作秀。蓄谋已久的作秀，绝对不是发自内心的真诚之举。可惜，那些士卒们年轻单纯，没看清吴起的真面目。而在那样的时刻，总是血肉相连的母亲最为敏感。她的眼泪，实在是对吴起虚伪的变相声讨。从这个意义上讲，我愿意向那位无名的母亲致敬。

绝对的平等从来都没有过，将来也不会有。甚至相对的平等，都很困难。只有精神上的平等，可以追求。将军和士兵，要承担不同的压力，自然要享受不同的待遇。至少，过度的疲惫会削弱将军的体力，也会损害他的敏锐判断。士卒判断失误，至多自己丧命；将军判断失误，动辄丧师辱国。如此简单的道理，吴起这样的将帅之才，岂能不懂？再说他在一线带兵时，已过盛年，而魏国的武卒，估计以青壮年为主。他有必要这样跟年轻人较劲吗？当然，带兵打仗是非常之事，需要非常之举，得有点手段，不能一味忠厚老实，像宋襄公。但是不管什么手段，总要有个度，不能那么下作。

杀妻求将固然丑陋，多少还有一点恶人的坦白——我就是极端自私自利；可再添上一条为士兵吸脓，就会令人无比恶心。当然，令人恶心的并非脓血，主要是吴起。因为他明明极端自私，偏要做出满怀爱心的虚伪样子。通俗点说，就是明明当了婊子，还非得立块贞节牌坊。没人质疑他的将帅或者宰辅之才，文能安邦，武可定国，但这并不影响我对他的厌恶。在台儿庄大战纪念馆，我看到了张自忠将军的照片。

那真叫一个帅。我想象不出，还能有谁比他更加英姿勃发。我心目中的名将就是这个样子的，绝非吴起这样。从某种意义上讲，比起将略，吴起身上的政客面目和手腕儿更多一些。

在传记的最后，司马迁这样评论吴起："'能行之者未必能言，能言之者未必能行'。……吴起说武侯以形势不如德，然行之于楚，以刻暴少恩亡其躯。悲夫！"就是说，会说的未必能做，能做的未必会说。吴起提醒魏武侯地形之险不如恩德，可是到了楚国，却因为刻薄寡恩而身首异处。真是悲哀。吴起难道不明白恩德的重要吗？当然明白。问题是他已过知命之年，按照当时人的平均寿命，估计活不了多久。时不我待，他着急，他必须只争朝夕。他出过将，但还不曾入过相。一个被功名利禄牢牢控制和驱使的奴隶，在命运的关键时刻，往往会使出全部的筹码，放手一搏。可结果无情，等待他的，早年是破产，晚年是死无全尸——刀砍箭射之后，贵族们还不解恨，又对吴起的尸身，施行了车裂之刑，大卸五块。

活该。

廉颇：一顿饭断送报国梦

导读： 赌玉是玉石交易中的通行规则，它赌的不是财力，而是眼力，当然也有运气成分。中国历史上第一个赌玉的人是谁，他的结果如何？《将相和》中的将其实是蔺相如，相才是廉颇，您知道吗？勇敢自荐的毛遂，最终战败自杀；名将廉颇的谢幕之作，并非长平之战，而是鄗代之战。身为大将，廉颇因何对同僚乐乘大打出手？

安徽寿县的八公山想从历史中抽身，已无可能。一个与军事息息相关的成语，已经牢牢楔入人们的记忆："八公山上，草木皆兵"。这个成语的主角儿苻坚，也是员名将，但不是本文的主题。

在离寿县县城十五里外的八公山纪家郢放牛山，南坡有处埋没在荒草中的土堆。其基础由条石砌成，周长约三十米，高约二十米。背面靠山，前对平原，一里开外就是奔腾不息的淮河。这个土堆是啥？前面竖着的石碑写得清清楚楚"赵大将军廉颇之墓"。

原来，这里是已故英雄的长眠之地。

廉颇长眠于此，想来也不奇怪。淮河作为天险，自古以来便是兵家必争之地。苻坚所在的南北朝不说，南宋和金，争夺也很激烈。将军难免阵前死，他们在此定居，算是顺理成章。

可问题在于，廉颇并非在此阵亡。他客死于楚，实际上是抑郁而终。对于将军而言，这几乎是最差的结局。为国战死乃本分所在，会侠骨留香，就像马援的话，马革裹尸。抑郁而终是庸人的死法，壮夫不为。

都知道廉颇是赵国的大将军，将相和谐，共御强秦，彪炳史册，怎么会突然跑到楚国，并且客死于此？

估计老将军本人临死都没弄明白。这实在是一场噩梦，突然之间就有股不知名的力量，对他的人生实施强制变轨，让他的结局彻底转向。

廉颇不解，我亦不解。历史有知，一定会在此瞪大眼睛。

时代背景

《史记》第八十一卷，是《廉颇蔺相如列传》。开篇第一句话，颇有盖棺定论之意："廉颇者，赵之良将也，赵惠文王十六年，廉颇为赵将伐齐，大破之，取阳晋，拜为上卿，以勇气闻于诸侯。"

赵惠文王就是赵武灵王和吴娃生的儿子赵何。

作为赵之良将，廉颇此前一定还立过不少战功。但在司马迁眼里，或者说在时人眼里，那些战功要么经历大致相同，要么影响不够巨大，所以这场针对齐国的战争，被当作廉颇的成名作。

成名作不是处女作。在此之前，廉颇曾经多次带领兵马抗击秦军。可以这么说，成就廉颇名声的，主要是秦国和齐国。

这是地缘政治的必然产物。

战国初年，魏文侯任用李悝实行变法，率先崛起，成为最强大的国家。战国期间的著名战例桂陵、马陵之战，魏国之所以能成为主角儿——反一号也是主角儿——之一，都是魏文侯打的基础。"出头的椽子先烂"，魏国东征西讨，实力不断消耗，逐渐衰落，接力棒又传到了齐国和秦国手中。

魏国崛起时，赵国在当时的政治版图上，还是个二三流的国家。一个小小的中山国，就能把赵国弄得鸡犬不宁。这就是赵武灵王强力推行胡服骑射的时代背景。赵武灵王雄才大略，能强硬，也懂得韬晦。前328年，公孙衍投奔魏国，被任用为将。前323年，他推行合纵，发起"五国相王"，建议魏、赵、韩、燕和中山五国，互相承认王位，联合对抗齐、楚、秦这三个大国。赵武灵王婉言谢绝道："我们实力还很弱小，不够称王的资格。"不但不称王，反倒自降一格，令国民称自己为"君"。

那时的赵国，埋头干事业，一心求发展。廉颇初登历史舞台时，东方的齐国最为强大，秦国也在不断崛起。而内功练成的赵国，正好夹在两国之间。

一句话，秦国东来，赵是目标；齐欲西去，赵也挡道。这种地缘政治格局决定了，赵国必须受它们的夹板气。如果赵国还像过去那样是个二三流的弱国，倒也好办，不会有什么矛盾，屈膝事人，不难苟且偷生；偏偏赵国已经练出金钟罩、铁布衫，实力大振，已不肯低头。

战事因此不可避免。

前288年，秦昭襄王想称帝，但又畏惧东方的齐国，于是先尊齐闵王为东帝，自己号称西帝。两国约定，合兵攻赵，将这个新兴国家彻底瓜分。消息传开，最着急的却不是赵惠文王，而是燕昭王。为什么呢？在此之前，齐军大举攻入燕国，燕国国都蓟沦陷，国王被杀，险些灭亡。如果赵国被灭，那么齐国进一步强大，齐燕之间的实力对比，将越发失衡。于是燕昭王立即派出间谍苏秦，前往齐国游说，"攻赵不如攻宋"。苏秦凭着三寸不烂之舌，力谏齐闵王放弃帝号，"令天下爱齐而憎秦"。

齐闵王被苏秦打动，放弃帝号，灭了宋国。当时的宋国，版图囊括淮河、泗水间的全部地域，土地肥沃，生产发达，尤其是大都邑定陶有丰富的税源，韩、赵、魏三国，无不垂涎。尽管齐国没和秦国结盟共同伐赵，但齐赵之间的矛盾，依旧在加剧之中。

齐不伐赵，赵就攻齐。于是廉颇披挂上马，带领部队向齐国推进。他指挥得力，进展神速，最后取得大捷，攻克了阳晋。廉颇因为这项军功而晋升上卿，进入国家的核心决策层。

卞和赌玉

对于后世而言，廉颇一生最闪亮的故事，并非军功，而是"将相和"。将相和的起因，又是一块石头——玉石，即和氏璧。

这块玉璧，是楚国人卞和从荆山里采到的，所以叫作"和氏璧"。这样的宝物平民不能享用，也无法享用。如果不献给君王，搁在卞和家里，作用甚至还赶不上普通的石头。石头可以砌墙，玉未必合适。于是卞和就捧着这块璞玉，前往国都，准备献给楚厉王。当然，那时它还没有被加工，从表面看跟普通石头并无两样。

到目前为止，玉原石的交易，依然使用古老的"赌玉"方式，也叫赌石头。事先不能切开，你无法知道实际的含玉量，到底能加工成多大的器具，一切只靠自己的眼力，还有运气。交易达成，一锯下去，价值连城还是一钱不值，随即可见分晓。

卞和此举，实际上也是在赌玉。

不幸的是，他的赌码太高，偏偏楚厉王又眼力不济。

历史上的楚厉王，似乎没干什么好事，被载入史册的都是负面消息。周幽王为了逗褒姒一笑，不惜烽火戏诸侯，最终导致亡国，楚厉王也有过类似的事例。据《韩非子》记载，他曾与百姓约定，遇到敌情就击鼓为号，召集大家前来守城。有一天他喝醉了酒，稀里糊涂地拿起鼓槌猛一顿乱敲。百姓听到鼓声，赶紧从四面八方聚集过来。这一下，楚厉王醒了酒，于是派人对大家说："我喝醉了酒，击鼓和身边的人闹着玩。没有敌情，请大家回去吧！"过了几个月，外敌入侵，楚厉王赶紧击鼓报警，可哪里还能见到百姓的踪影。还好，楚国没有因此亡国，厉王还能继续当君主，于是赶紧更改命令，重新约定警报信号，好歹算重新取得了百姓的信任。

酒后乱打110，涉嫌扰乱治安。楚厉王饶是贵为君主，也遭受了惩罚。这样一个人，眼光没有敏锐的理由。卞和把璞玉献来后，他命令玉工鉴定，可那个玉工的眼睛也有问题，鉴定结果令卞和崩溃：这哪是什么璞玉，一块石头而已。楚厉王闻听大怒：大胆欺君，砍掉左脚！

楚厉王死后，他的弟弟熊通杀侄自立，这就是楚武王。他是诸侯称王的始作俑者，有了点实力，随即派人向周天子要官，即提高名号："今诸侯皆为叛相侵，或相杀。我有敝甲，欲以观中国之政，请王室尊吾号。"意思就是现在诸侯国乱了套，不是叛乱，就是攻杀。我有点实力，想制止中原的乱局。希望您提高我的名位，以便我号令天下，为您效力！

周天子没搭理他，楚武王闻听大怒："而王不加位，我自尊耳。"当下便自立为王，遂成诸侯称王之滥觞。

新君即位，卞和还要跟他赌玉，然而玉工依旧维持原判，他因此又失去了右脚。楚武王去世后，下一任国王是楚文王，他将国都迁到了郢。楚文王的负面新闻少，故事未必正面，但至少中性。其事有二。

楚武王"欲以观中国之政"，就是要插手"国际"事务。这一点，楚文王与父亲志趣相同。息国和蔡国的争端，正好给了他再恰当不过的借口。这场"国际争端"貌似庄严，起因却是女人，实际上是争风吃醋。怎么回事呢？息国夫人和蔡国夫人是姐妹，都出自陈国公室。息国夫人妫氏非常漂亮，"目如秋水，脸似桃花，修短适中，举动生态"。有一次她从娘家回来路过蔡国，蔡侯以姐夫的名义留她相见。姐夫调戏小姨子的事情颇多，蔡侯也在这份黑名单上。息侯听说此事大为光火，可蔡国比息国强大，息侯没办法直接出气，就找到楚文王，约定楚文王佯装攻息，息国向蔡国求救，调动蔡军，乘机取之。

却说蔡侯，调戏了小姨子，心里多少有点愧疚，一见连襟求救，赶紧提兵来援。可是一到战场，就被楚军包围，退到息国，息国吊桥高悬城门紧闭，根本不理睬。他这才知道受了算计，只是为时已晚。

息侯的手法，对历史进程小有影响：从那以后，各国向其他国家求援，必须得派出质子，否则对方不会出手。

却说被俘的蔡侯，非常恼怒连襟不地道，就在楚文王跟前大肆渲染息妫的美貌。楚文王也好色，随即带领人马，来到息国城下，要求"息夫人劳军三天"，以报答楚军的功劳。息侯当然不会同意。一言不合，楚文王顺势撕破面皮，灭掉息国，掳走息夫人。然而息夫人跟他生活三年，生了两个儿子，却一言不发，从不主动跟他说话。楚文王很不解，问她为什么，答曰："吾一妇人而事二夫，纵弗能死，其又奚言？"我一个女人，被迫嫁了两个男人。既然不能死，还有什么好说的呢？

这话出自美丽女人之口，读来委实令人心痛。她当然不能死，也不应该死，因为美丽并不是她的过错。

相形之下，楚文王算是个有道君王，因为他听得进去劝谏。《吕氏春秋》记载，他得到茹邑的良犬、宛邑制作的利箭后，喜不自胜，带到云梦打猎，三月不回郢都；后来又得到美女丹之姬，三千宠爱在一身，一年不肯上朝。他的老师葆申说："先王命臣做大王的师傅，现在大王有罪，臣请大王受罚！"文王说："寡人又不是小孩子，已经与诸侯同列，可以改过，请师傅免罚！"葆申说："臣受命于先王，不敢稍违。大王如不受罚，就是违先王之命。臣宁开罪于大王，决不开罪于先王！"文王无奈，只好趴在地席上接受处罚。葆申把五十根细荆条扎成一捆，自己先跪下，然后举起那捆荆条，轻轻落到文王背上；如此两次，处罚结束。

什么处罚不处罚，无关痛痒的，楚文王根本没当回事："这样受罚不受罚，不是一个样吗？"葆申痛心地说："君子受笞为辱，小人受笞为痛。大王不以为耻，说明臣作为师傅的教导，根本没起到作用，微臣失职啊。"说完随即快步走出门去，要投水以请死罪。戏演到这个份上，楚文王才感觉到轻重，立即认错，请回葆申，杀死良犬，折断利箭，赶走丹之姬。

碰到这样的君王，卞和论说应该还去跟他赌玉才对，可是他双脚已失，已经没了筹码，只好抱着璞玉，在楚山下痛哭三天三夜，直到眼泪哭干，哭出鲜血。楚文王得知后派人问他："普天之下被砍去双脚的人很多，你为什么哭泣得如此悲痛？"卞和说："吾非悲刖也，悲夫宝玉而视之石也，忠贞之士而名之以诳，此吾所以悲也。"意思是我并非悲痛被砍去双脚，而是悲痛宝玉被当成石头，忠贞之士被看作欺君狂徒，无罪而受刑辱。

楚文王被这话打动，不再让玉工鉴定，下令立即剖开璞玉，见果真是稀世之玉，就安排能工巧匠，加工成璧，命名为和氏璧。

中国有四大名玉，和氏璧属于其中的一种——南阳独山玉。

和氏璧出世，在廉颇蔺相如之前四百余年。所谓君子比德如玉云云，其实珍宝多为不祥之物，因为它往往会带来灾祸，甚至刀兵之苦。北宋时期，吴越王钱俶进献宋太祖一条宝犀腰带，宋太祖说："我有三条宝带，与此不同。汴河一条，惠民河一条，五丈河一条！"可古往今来，几个帝王能有如此胸襟。多数人见了宝物，都会产生觊觎之心，最终导致争夺，带来灾祸。至于和氏璧，且不说秦赵之间险些爆发战争，它先让张仪吃尽了苦头。

在春秋战国的历史上，张仪是个无法抹去的人物。他和苏秦齐名，都是靠纵横之术吃饭。所谓纵横之术，很大程度上只是口才。张仪是魏国大梁（今河南开封）人，鬼谷子的门徒之一。学成文武艺，货与帝王家，可他学业期满回到魏国，却没能引起魏惠王的注意，只好南下楚国，投奔楚国的令尹昭阳。昭阳率兵打败魏国，楚威王就把和氏璧赐予他，作为军功的奖赏。和氏璧是楚国的国宝，名头太大，因此昭阳非常得意。有一天，他带着百余名门客出游，饮酒作乐之余，拿出和氏璧给大家赏玩。门客们酒酣耳热，彼此传看欣赏，交口赞叹。可传来传去，最后和氏璧竟不翼而飞。

这一下，麻烦大了。

大家立即起身，清场寻找，然而昭阳把栏杆拍遍，依旧是遍寻不得。按照道理，所有在场者，都是嫌疑人，可最后怀疑的焦点，却集中到了张仪身上。

理由很简单，也很荒唐：张仪家庭贫困，经济条件最差。

这个理由当然站不住脚，是典型的混账逻辑，但很多时候，逻辑都无法战胜权力。于是张仪被五花大绑，严刑拷打。他本来清白，无论如何也不肯屈打成招。昭阳见他已经是遍体鳞伤，这才悻悻地下令放掉。

回到家里，张仪的妻子大惊失色。张仪这人到底是纵横家，口才好，幽默感很强。他问妻子："我舌头还在吗？"真是搞笑。舌头不在，还说什么话？妻子答道："还在！"张仪说："那就好。只要舌头在，我的本钱就在。你放心，我终究会出人头地的！"

张仪就此留下满身伤痛，挥泪离开楚国，最终在秦国受到重用。当时秦国仿效中原各国设置官职，权力最大、地位最高的是相邦，司马迁写《史记》时，为了避汉高祖刘邦的讳，改为相国。人们根据现在的习惯，也称丞相。张仪就是秦国设置相位之后的第一任相国：位于百官之首，参与国家核心决策，负责内政军事和外交等主要事宜。屈打他的楚国和冷落他的魏国，后来都尝过他的苦头。

完璧归赵

导致张仪受辱的和氏璧，再次现身时已在赵国。这期间的流转经历，无人知晓。可见所谓拥有，只是过过手而已。有一天，赵国的宦者令——宦官头目、大内总管之类的官员——缪贤，在市场上发现了一块玉璧，觉得不错，就斥资五百金买了下来。价格如此之高，回去自然要好好鉴定鉴定，估估价，看看到底是盈是亏。

玉工上手时两眼放光，鉴定后信誓旦旦：恭喜大人，贺喜大人，它就是传说中的和氏璧！

缪贤大喜，但是喜中有愁。这样的宝贝，自己显然不能保留。于是他的手还没揣热，和氏璧就归了赵惠文王。

和氏璧的名头实在响亮，消息很快就传到了秦国。秦王本来就在不停地盘算赵国，闻听之后立即派出使者前来，要求以十五座城池交换。

十五座城池换一块玉璧，这个标价高昂的交易虽然没有最终达成，实际近乎流拍，但"价值连城"这个成语，却随之得以确定，流传千古。

这个要求，难住了赵王。答应吧，所谓的交换肯定是枚地对空导弹，和氏璧难免"来是空言去绝踪"；拒绝吧，又担心这会成为秦国用兵的口实。他们惦记赵国已非一日，普天之下，无人不知。

没办法，赵王召集平原君赵胜、大将军廉颇等人商议。可是商议来商议去，谁也没个准主意。解铃还须系铃人，和氏璧是缪贤发现的，也可以说祸根是他种下的，所以注定要他来解围："大王，我的门客蔺相如，一定有办法！"赵王说："你怎么知道的？"缪贤说："上回我犯下罪过，打算逃往燕国。因为我曾经跟随大王，在边境跟燕王相会，当时燕王紧紧拉住我的手，表示愿意跟我交朋友。蔺相如阻止我说，那时赵强燕弱，燕王之所以想亲近您，是因为您在赵王跟前得宠，现在您逃亡过去，他们担心得罪赵王，一定会把您绑起来送回赵国。您不如直接脱光衣服，伏在刀斧上向赵王请罪，争取宽大处理。我采纳他的建议，果然得到了大王的宽恕。可见他这个人有智谋。"

　　赵王于是召集蔺相如问计。蔺相如说："秦强赵弱，咱们不能拒绝，否则就是咱们理亏；给他玉璧，他若不给城池，那就是他们失信。两相比较，还是让他们失信的好。如果实在没有合适的人选，我愿意带着玉璧出使秦国。他们给城池，我就把玉璧留下；他们要是不给，我一定完璧归赵！"

　　秦王在章台召见蔺相如。等蔺相如奉上和氏璧，秦王喜不自胜，传给左右和宫内的美人观看欣赏，那些人纷纷高呼万岁，以示祝贺。闹腾半天，也不见那十五座城池的下文，蔺相如明白，秦王根本没有用城池抵偿赵国的意思，于是站起来说："这块玉璧也不是绝对完美无缺，有个小小的瑕疵，您拿过来，我指给您看！"等接过玉璧，蔺相如靠在柱子上，怒发冲冠，高声说道："开始您要求交换玉璧，赵国上下都觉得秦国贪婪，依仗国势强大，不会守信，所以都不赞成。我想布衣之交尚不相欺，何况堂堂一个大国，这才力排众议。于是赵王斋戒五天，派我奉送玉璧，在朝堂上拜递国书，以便彰显大国的威仪与庄严。可是大王您呢？接见我的礼节甚为倨傲，得到玉璧，传给美人，这不是戏弄我吗？我看您没有诚意交换，所以才要回玉璧。如果你们强抢，那我的头和玉璧，将一起在柱子上碰碎！"

一句话，使命不成，宁愿玉碎。

在秦王心目中，宝贝已经姓了秦，当面碰坏，如何使得！赶紧派人拿来地图，指示那十五座城池的方位。仅此一点，当然糊弄不住蔺相如。他说："和氏璧是天下的共宝，赵王送璧时，特意斋戒五天，大王您也要斋戒五天，用最高规格的外交礼节，派九个官员迎宾赞礼，引导上殿，我才能给您！"

没办法，尽管在自己的国都里面，宫殿之内，秦王还是只能接受这个"城下之盟"。可是蔺相如呢，回到驿馆，悄悄安排随从，乔装改扮，怀揣玉璧，抄小路星夜兼程，朝赵国赶去。

五天之后，秦王端坐殿上，派"外交部礼宾司"的九个官员赞礼，引导蔺相如上殿。可是蔺相如带给他的，没有玉璧，只有一番训教："自从秦穆公以来，秦国的二十多位国君，没有一个坚守信用的。我担心被大王欺骗，有负赵国，已经派人送回玉璧，估计已到赵国。秦强赵弱，大王派遣一个使者过去，赵国立即奉璧而来。您如果先割让十五座城池，赵王怎么敢不给您玉璧呢？我欺骗大王，应该被煮死，您看着办吧。"

秦王和大臣们先是面面相觑，然后议论纷纷，非常愤怒。有人要拿下蔺相如，秦王想想，还是算了：即便杀掉他，也不能得到和氏璧，还会导致两国外交关系破裂，于事无补，何必呢？于是挥挥手，卫士们随即退下。

蔺相如与和氏璧，最终全都毫发无损。赵王非常高兴，封蔺相如为上大夫。

然而后来，和氏璧还是归了秦国。李斯在《谏逐客书》中写得很清楚："今陛下致昆山之玉，有随、和之宝。"这"随、和之宝"，分别指的是"随侯之珠"与"和氏之璧"。那时候六国都还健在，还没到"率土之滨，莫非王臣"的地步，秦国究竟怎么得到的和氏璧，不见史册记载，但可以肯定，公平交易，绝无可能。

这事发生在前283年。前284年，乐毅以上将军身份，指挥五国联军大破齐国，连下城池七十多座。秦军也参与其中，只是齐军主力被歼后，乐毅随即遣返秦、韩两军，以减少最终战果的瓜分者。而秦军回师途中，顺手牵羊，卷下了赵国的两座城池。所谓盟军，联盟关系不过如此。前283年，廉颇带领大军，深入齐国腹地，攻占了战略要地阳晋，就是本文开头的那一幕。

由此可知，廉颇指挥的这次作战，开了联盟伐齐的先河。赵国之所以一时间声名鹊起，成为诸侯之首，与此不无关系：它敢在太岁头上动土。

渑池会盟

齐国的衰落，顿时将赵国推到了风口浪尖之上。别人不敢打它的主意，但秦国一直念念不忘。从那以后，秦国多次攻赵，蚕食赵国的领土，消灭赵国的军队。

前279年，秦国突然要求赵王到渑池会盟，改善外交关系。接到消息，赵王的第一印象是突然，第一反应是危险。

他不想去。确切地说，是不敢去。

会盟是当时经常采用的外交方式，简而言之，就是会面结盟。尤其想称霸的诸侯，会盟是必不可少的一环。渑池就是今天的河南渑池县西，属于秦国和魏国争夺多年的西河地区，当时已经被秦国夺取。秦赵两国攻伐不断，现在要到敌国的土地上，去谈什么和平友好，实在扯淡。

然而廉颇、蔺相如等一干大臣，都主张去。道理很简单，如果不去，示弱于秦，赵国将失礼跌份。蔺相如主动请缨，要求跟随赵王，照顾左右；留下廉颇，带领人马在后方接应。

计议已定，廉颇护送赵王，直到国境。分别之前，廉颇跟赵王告别，说："大王此去，正常情况下行期不会超过三十天。若超过三十天还不回来，请答应我，立太子为王，免得被秦国利用！"

赵王默然片刻，随即点头答应。

到了渑池，二王相会，宴饮当然是固定项目。秦王喝了二两，乘着酒遮颜面，想占赵王的便宜："我听说赵王擅长音乐，请鼓瑟一曲，让我听听！"赵王随即弹了一曲。弹就弹吧，君王其实也是肉体凡胎，私底下的面目，与常人无异，但要记入史书，小事也会变味。秦国早有准备，御史上前记下："某年某月，秦王与赵王饮，令赵王鼓瑟。"

一个"令"字，秦国的强暴全出，赵国随之沦为弱势群体。

蔺相如立即上前说："听说秦王擅长击缶，请奏一曲，活跃气氛！"秦王大怒，坚决不干。秦王来劲，蔺相如更来劲。他手持缶，跪在地上梗着脖子，大声说道："五步之内，我脖子上的鲜血，能溅到大王身上！"

蔺相如的战术，说起来并不怎么光彩，无非是要挟，类似今天的人肉炸弹，但在当时，还挺管用。比如被司马迁写入《刺客列传》的曹沫，用这一招，已经奏效在先：他在鲁国为将，三战三败，但国君并未怪罪，继续让他统兵。在国君即将与齐桓公订城下之盟时，他怀揣匕首，挟持住齐桓公，逼迫他更改条款；等双方签完字，随即扔掉匕首，站回群臣之中，面不改色。齐桓公有心毁约，但被管仲制止，唯恐失信于天下。就这样，曹沫丢失的土地，又原封不动地回归鲁国。

蔺相如的执拗倔强或者叫勇敢，秦王已经领教过一回。听了这话，摸不透他还有什么筹码，犯不上拿自己的性命，来与他孤注一掷，只好心怀恼怒，随手在缶上敲了一下。

一下不成曲，但已足够。蔺相如马上召来赵国的史官，也按照秦国的口吻记下。正好，从弹拨乐到打击乐，对仗工稳，一比一平。

秦国的大臣愤愤不平，一定想占个上风，于是又出幺蛾子："请赵国献十五座城池，为秦王祝寿！"蔺相如的铁嘴滴水不漏，当仁不让："请秦国献出咸阳，为赵王祝寿！"

得益于蔺相如的折冲樽俎，赵王的身体与赵国的国土，会盟之后也是完璧归赵。对他的这个表现，赵王自然非常满意，于是也封他为上卿，规定名次在廉颇之上。

这一下，老将军不干了。

廉颇的反应，跟刘邦战后论功行赏，将萧何列第一、首先封为酂侯时众将军们的反应如出一辙。中心意思是：我攻城拔寨野战制敌，立下汗马功劳，你蔺相如出身卑贱，不过动动嘴皮子，地位凭什么后来居上？

一般稍有城府者，心里不喜欢谁，都会隐藏起来。即便藏不住，也要做此努力。廉颇这样的人恰恰相反。不喜欢谁，生怕对方不知道，于是放出话去："我见了相如，一定要当面羞辱他！"

两个字，叫板。

这话很快就传到了蔺相如的耳朵里。无论何时，好事者总是不少，唯恐天下不乱。

蔺相如是什么反应呢？后退半步，不与之争。平常总是称病不上朝，免得跟廉颇碰头。可大家都在一起工作，抬头不见低头见，完全避开不可能。却说那一天，他刚一出门，就碰上了廉颇的车驾。怎么办呢？京剧《将相和》里说，蔺相如退入小巷，将通衢大道让给老将军；然而廉颇不依不饶，又到小巷口上，堵住他的去路。蔺相如无奈，只好转身回家。

蔺相如心胸宽阔，但他手下的门客，半认真半巴结地表示抗议："臣所以去亲戚而事君者，徒慕君之高义也。今君与廉颇同列，廉君宣恶言而君畏匿之，恐惧殊甚，且庸人尚羞之，况于将相乎！臣等不肖，请辞去。"您跟廉颇都是上卿，他放话威胁，您处处退让，怕得要命。庸人都会感到羞耻，何况将相呢？

蔺相如微微一笑："秦王那么厉害，我都敢当庭斥责，怎么会害怕廉将军？我只是考虑秦国之所以不敢贸然进犯，是因为有我们两个。两虎相斗，必有一伤。我执意跟他争长短，国家大局还顾不顾呢？"

却说廉颇，处处占蔺相如的上风，本来心里非常得意，听说这番话，惭愧得恨不得逃进地缝。这样的汉子，都是暴脾气直脾气，一根肠子通到底，谁对谁错都得掰扯清楚。于是挑个蔺相如大宴宾客的时候，他脱光上身，背负荆条，到蔺相如府前，叩头谢罪："我是粗人没见识，您却如此宽宏大量，实在惭愧！"

在战场之外，老将军再度表现出了自己的勇敢。知耻近乎勇嘛。

从那以后，将相和谐，就连秦国也不敢小瞧。秦昭襄王把孙子异人送到赵国作为质子，以制造虚假的和平气氛。

这个故事家喻户晓，就是所谓的"将相和"。需要说明的是，蔺相如从来没有当过相国，《史记》里说得很清楚："平原君相赵惠文王及孝成王，三去相，三复位。"跟他差不多同时代的平原君赵胜，一直担任赵国的国相。而他三次罢相期间，接替职位的分别是三个"外国人"：魏冉、乐毅和田单。那是当时常用的政治手段。

倒是廉颇，曾经出任过相国，叫"假相国"，临时代理相国一职。

由此可见，将相和之说如果一定要坐实，那其中的"相"应该是廉颇，"将"才是蔺相如。当时文官武将区分并不严格，卿大夫领兵出征蔚然成风。廉颇负荆请罪时，就尊称蔺相如为"将军"："鄙贱之人，不知将军宽之至此也。"而蔺相如也确实带过兵："后四年，蔺相如将而攻齐，至平邑而罢。"就是说，蔺相如曾经作为将军，领兵攻打齐国，一直打到平邑才停下。看来不是败仗。

也就在这一年，齐国大旱，赤地千里。田单智摆火牛阵，大败骑劫统率的燕军，田齐复国；白起率领秦军，攻破楚国的鄢城；如果再把目光从史册中抬高半寸，还会发现，皮洛士和罗马军队正在进行第二次大会战。皮洛士虽然获胜，但双方的损失都极为惨重。他们以无数战士的生命作为成本，制造出一个词语："皮洛士式的胜利"。

阏与之战

制造阏与（今山西和顺西北）大捷的，并非大名鼎鼎的廉颇，而是此前名不见经传的赵奢。之所以还要提起这场战事，是因为从中可以看出廉颇的战术思想。它与长平之战，有一脉相承的关系。

前面说过，原本属于宋国的定陶，税源丰厚，日进斗金。宋国被瓜分后，定陶最终成了秦国国相穰侯魏冉的封地。魏冉得到定陶还不满足，想进攻齐国的刚邑和寿邑，以扩大领土。在秦国的驿馆坐了几年冷板凳、一直苦苦等待机会的范雎，敏锐地捕捉住这个战术错误，立即上书秦王，建议停止对齐用兵，采取"远交近攻"的策略，攻打韩魏，"以断山东之脊"。这样"得尺即王之尺"，每占领一个城邑，都能固守统治。而采用第二次世界大战时麦克阿瑟那样的"蛙跳战术"，越过韩魏攻打齐国，很像"熊瞎子掰苞米——掰一个扔一个"。

秦王从谏如流，前270年对韩国用兵，进攻阏与。阏与地处太行山山脊，东有大道通往赵都邯郸，中间只有一个要地武安（今属河北）可为屏障；向西直达韩国的上党（今山西长子县西南），地理位置十分险要。秦军攻打这里，可谓指东打西，一石三鸟。表面对韩国用兵，其实盯的却是赵国。

正因为如此，接到韩国的求援信，赵王立即召集廉颇、乐乘等大将，询问对策。这两个人的观点完全一致："道远险狭，难救。"赵王不甘心，又问赵奢，赵奢说："道远险狭，就像老鼠在洞穴中相遇。狭路相逢勇者胜！"赵王闻听很高兴，立即将兵权授予赵奢，让他领兵出征。

赵奢真是个十足的骗子，当然，也是个善意的骗子。

他说这话，完全是为了"骗取"军权，好牛刀小试，建功立业。说到这里，得先说说他的来历。

赵奢本来是个税官，可收税收到平原君家里，平原君手下的人不肯出租，有"软暴力抗税"倾向。赵奢毫不留情，一口气杀了平原君手下的九个人。打狗还得看主人，平原君贵为国相，位高爵显，赵王都得给他面子，你赵奢哪来这么大的胆子，敢在老虎嘴边拔毛？平原君决心拿赵奢的人头，挽回相国的颜面。赵奢不慌不忙地说："您若纵使下人，就会损害法律的尊严，从而削弱国力；一旦国家削弱，强敌入寇，赵国必然灭亡。到那时候，哪里还有您的荣华富贵呢？"这话靠谱。平原君不但没有为难赵奢，反倒将他推荐给赵王。"王用之治国赋，国赋大平，民富而府库实。"于是这个基层税官，一跃而成为专管财经的高官。

税官也领兵，由此可见，当时用人机制确实灵活。

为什么说他是骗子呢？这可不是戏说，都是有据可查的。却说赵奢接过兵符点齐人马，刚出邯郸三十里，就下令扎营，同时设置一道高压线作为战场纪律："谁敢妄言军事，立即杀头！"

秦军统帅中更胡阳，是白起一手培养调教出来的将领，立过无数战功。韩国弱小，韩军不会造成什么威胁，怕就怕赵国。于是他一边猛攻阏与，一边派一部人马南下，推进到武安附近，摆出一副进退自如、可攻可守的架势。这股秦兵虽然人数不多，但鼓噪进兵，制造的噪声甚大，几乎要震碎武安城内的屋瓦。有员裨将建议紧急救援武安，赵奢毫不留情，杀无赦斩立决；同时命令部队，继续修筑营垒，加固工事，摆出一副拱卫邯郸的架势。

远方战事吃紧，可赵奢这样白白耗了二十八天。

行军打仗，首先要摸清敌情。胡阳派出间谍，侦察赵军的动向。赵奢明明知道那人的身份，却毫不干涉，任他随意走动，将赵军的动向摸了个底儿朝天。胡阳接到报告，大为惊喜，随即将布置在阏与北山的部队大部撤下，仅留下少量兵力监视，准备以石头砸鸡蛋的态势，一举摧毁阏与。

可是赵奢呢？等秦军的间谍一走，立即命令部队，偃旗息鼓，迅速开进，用两天一夜的时间，绕过武安附近的秦军，开进到离阏与五十里的地方，再次立寨扎营。消息传出，胡阳大惊失色，留下部分人马继续攻击，主力开过来准备与赵军决战。这时，军士许历不顾禁令，前来建言献策："秦军没料到咱们会突然开进到这里，他们士气旺盛，您必须做好准备，加强部署，否则必败！"

说完随即请求受死。

戏演到这个份上，许历已经明白赵奢的底牌，所以才会出面劝谏。赵奢当然不会再杀人，假意表示要上报邯郸请示赵王，再做处理。许历接着说："北山地势险要，谁能首先占领，谁就能获胜！"这一点，倒与赵奢不谋而合，他立即派兵一万，前去攻打。北山秦军防御空虚，赵军一举拿下。等秦军援兵赶到，赵军已经在山上布置好防御，他们居高临下，箭如飞蝗，射得秦军人仰马翻。胡阳赶紧带领主力，前来增援。这时，赵奢也挥师赶到前线，两军随即展开决战。赵军休养生息多时，士气高涨。他们依托有利地形，擂响战鼓，发起猛攻，杀声震天，秦军的阵势立时崩溃，尸体重叠，积满山谷。胡阳见大势已去，只好收拢人马，退回秦国。

回过头来再说赵奢这个善意的"骗子"。所谓"狭路相逢勇者胜"，不过是个通常的说法，无法适合所有的情势。比如当时秦军若占据有利地形，赵军如果执意强攻，基本等于找死。在这一点上，他和廉颇、乐乘完全一致，毫不矛盾。

赵奢的巧妙，就在于他摸透了秦军的心思，于是摆出防守邯郸的态势，吸引秦军南下，然后将地形优势扭转过来；他的胆略在于敢于绕过武安的秦军，不怕他们进攻邯郸，也不怕自己被两路包围。这当然不是说他胆大，或者敢于拿国家和军队冒险，而是他认定秦军不敢孤军深入，直攻邯郸。至于被包围，那只是就战术和局部而言。放到战略和全局的背景，那两股秦军完全在赵国和韩国的汪洋大海之中。

因为阏与之战，赵奢由税官一跃成为军事将领。赵王封他为马服君，因为赵军骑兵强大，马乃军中之首。他的意思是，战马都能服从赵奢的指挥，可见其用兵如神。

长平解职

历史上的名将，基本都会留下著名的战例，彪炳史册，比如李牧的宜安之战，赵奢的阏与之战，白起的伊阙之战等，唯独廉颇没有成名战例。相反，他在长平留下的战例，基本还是个败仗。

之所以如此，可以说明两个问题。一是大凡战例，都是弱势或者总体平衡但局部弱势的一方取胜，才能留下声名。而赵国实力强大，廉颇取胜，主要以国力和军力为背景。它们强大，将军的将略随即被对比下去，显得不起眼。二是各国畏惧其名声，一般不敢来找事。这一点，很像西汉名将李广。他名声显赫，匈奴纷纷绕道避开，致使大将无功。

长平之战爆发之初，秦将王龁的对手是廉颇。廉颇的战术，跟此前的赵奢，以及之后的李牧一样，都习惯于后发制人。就像围棋的高手对决，形势不利只能忍耐，等待对手犯错误。两军在长平对峙多日，表面看，赵军连吃小亏，似乎算是失败，但从战略而言，廉颇遏制了秦军的攻势，使其大举东进的战略意图无法实现，即便不算胜利，至少也是平手，失败一说无从谈起。

于是廉颇一心防守，从不主动出击。所有的部署全部围绕着防守展开。

然而赵王等不及。道理非常简单，军粮供应，压力甚大。赵奢逗留二十八天，而廉颇整整相持了三个月。赵军粮草缺到什么程度呢？从一则传说可以约略看出端倪。

　　长平之战发生在今天的山西高平市西北。高平市的米山镇附近有个大粮山，山上有个营防岭，如今上面还保存有"廉颇屯"遗址。传说当年廉颇在此屯兵，军粮短缺，他非常着急。有一天，他到摩天岭查看地形，发现山腰间有大量的黄沙，不觉灵机一动，有了主意。随即命令士卒，用牛皮和苇席在山中修起一座座粮仓，到了夜间，士兵们就装运黄沙倒入仓中。秦军远远看去，赵军粮积如山，便不敢轻举妄动。直到战后他们前来起运粮食，这才明白究竟。于是后人便将此山称为大粮山，把摩天岭改称营防岭。

　　传说当然不能坐实，但赵军缺粮，毋庸置疑。赵王无奈，向齐国求援，但齐国不予理睬，理由是想埋头苦干，坚决不蹚外界的浑水，秦国也好赵国也罢，都不得罪。

　　这个态度，其实是偏向秦国，毕竟当时秦国强势。

　　赵王没办法，多次派人到前线，催促进军，但廉颇就是不理。

　　当时的赵王，是赵惠文王的太子、赵武灵王的孙子赵丹，所谓赵孝成王。这个人，谋略显然不及其父。言及赵国，史上众口一词，赞叹蔺相如、廉颇、赵奢，殊不知，最终成事的是赵惠文王赵何。蔺相如出身卑贱，他敢用；廉颇建议立太子，他不疑忌；赵奢拥兵不前，他不干涉。一句话，是英明的好国王。

相形之下，赵丹难免差点火候。

其实秦国更加着急。虽已占领野王，但他们的补给线依然很长，远远超过赵国。赵军基本上算是内线作战，至少也是家门口作战，有主场之利。可是廉颇坚守不出，秦军力量再强，也无法吞下这只巨大的刺猬。怎么办呢？很简单，范雎这人会使阴招，派出间谍，到邯郸大肆造谣："秦国不怕廉颇，他早晚会投降的；我们只怕马服子赵括。要是他出来带兵，秦军就麻烦了。"

来自敌方的夸奖，意味着两个极端相反的事实：要么心悦诚服，要么极度鄙视。他们对于赵括的夸奖，就属于后者。

要说赵王相信廉颇有异心，那也是瞎说。而且他也没有独断专行，还是广泛征求了意见。蔺相如不同意，说："你要是因为赵括的名气而起用他，那是典型的胶柱鼓瑟。他熟读兵书不假，但却不通临机权变。"赵括的母亲也表示反对："他父亲为将时，可以给十几个人端饭倒水，交有几百个朋友。大王和宗室的赏赐，全部分给手下，一旦领受命令，就不再过问家事。现在您任命他为将军，士兵没有敢抬头亲近他的，您赐的金帛，也全部带回家中，准备置田买地。您认为比他父亲怎么样？"赵王不听，坚决起用赵括。赵括的母亲说："那咱们'卤汤罐下挂面——有盐（言）在先'，到时候他打了败仗，我们可不承担连带责任！"赵王此时已是"王八吃秤砣——铁了心"，干脆地点头同意。

赵王为什么一定要起用赵括？原因很多。首先，赵括确实声名显赫。他曾经跟随父亲赵奢从军多年，而且熟读兵书战策，辩论起来，即便是赵奢都说他不过。因为父亲的影响，再加上自己的理论，当时军中的很多将领，都很佩服他，称他为"马服子"。请注意，这个称呼的意思可不是马服君的儿子，"子"是当时对人的尊称。孔子、孟子、荀子，都是这个意思。其次，当时李牧还没成长起来，蔺相如病重，赵奢已成古人，乐毅年龄甚大，身体也不好，田单刚来赵国不久，赵国也确实没多少人可以选择。最后，很多人都认为，廉颇适合平原作战，而长平一带，地处太行山脉，廉颇的优势无法发挥。

胡服骑射，天下闻名。它透露出一个重要的信息，那就是赵军着力发展骑兵。之所以如此，是其地形所决定的。赵国的诸多国土都处于华北平原，有骑兵纵横驰骋的广阔空间。如果以山地为主，骑兵再强又何以发挥？阏与之战前夕，赵奢之所以在邯郸三十里处停止前进，实际上也是向秦军发出一个错误信号：赵军不想放弃习惯而熟悉的地形和骑兵优势。联系到廉颇的接连小败，赵王相信他更擅长平原作战而不善于山地战，也很好理解。

还有一点一直被人忽视，但其实却有决定性的作用，那就是赵孝成王亲政不久，急于建功证明自己，而这样的年轻君主最不喜欢的，就是几朝元老。为什么？不仅仅是喜新厌旧，更主要的是总会觉得他们使唤不灵。廉颇就是个活生生的例子。屡次明令你进攻，你老是置若罔闻，什么意思？

当时的赵丹的确很年轻。赵丹生年不详，当时的确定年龄不清楚，但可以肯定岁数不大。因他于前266年即位时，还由母后赵威后摄政。这就是我们小时候学过的课文《触龙说赵太后》的背景。大事儿太后说了算。那事过后两年，赵威后病死，赵丹才亲政，用田单为相。如果太后还在，赵国大概率不会接受上党。眼下距离赵丹亲政，不过四年。力排众议、接受上党是他试图自证能力的第一个努力，打脸在即，自然要力图挽救。怎么挽救？弃用宿将廉颇，换用新锐赵括。

不管怎么说，廉颇被剥夺了兵权。他离开大军时的凄凉心情，可以想见。当地有三个村，村名都很奇怪，不叫张家庄也不叫十里铺，分别叫三甲村、徘徊村和换马村，传说都与廉颇离职有关。

传说两人交接时，廉颇苦口婆心，建议赵括萧规曹随，依然采取守势，并以"守势图"相托。然而赵括新官上任，年轻气盛，丝毫不理会老将军的这番好意，冷眼相看。老将军大怒之下，扔下帅印跨上战马，一路狂奔，要回邯郸。路过一个村子时，无数百姓跪拜，他这才发觉自己仍然头戴帅盔，身披铠甲，足蹬战靴。既然已经卸职，还要这些干吗呢？看着伤心。他于是脱下这三件装备，留在村里。于是，这个村子便得了这个名字：三甲村。

然而盔甲可以脱掉，为国事担忧的心事却无法释怀。廉颇越走越不放心。赵括血气方刚，轻敌大意，若贸然出击，必遭惨败，那时遭难的不仅是多年的袍泽，那些年轻的生命，还有整个国家。怎么办呢？是不在其位，不谋其政，一走了之，还是就此回头，再劝几句？他犹豫不决，徘徊不前，直到赵王再度发来诏书，催他回朝，这才长叹一声，惆怅离去。于是，百姓们就把这个村叫作"徘徊村"。

虽然朝廷催促，去意已定，但沿途仍有很多百姓拦路乞留。已经脱下盔甲，百姓为啥还能认出自己？想来想去，是那匹雪白高大的战马暴露了自己。廉颇无奈，只好换掉宝马良驹，改骑一匹普通的小马，于是就有了"换马村"的村名。

民间传说不是信史，但同样能看出民心向背。

毫无疑问，廉颇的策略是正确的。这不仅仅是从结果倒推得出的结论，实际上也是军事常识：敌军远来，利在速战。然而人们对于赵括的评价，却完全有失公允，专门创造出"纸上谈兵"这个成语，来羞辱一个为国捐躯的将军，极不公平。熟读兵书并非坏事，与赵括的兵败，也没有必然的因果关系。不是吗？难道一个不识字的白丁前去指挥，就能保证打过白起？

速战速决是赵王制定的战略，是政治。军事应当服从政治，这不仅是常识，更是最根本的游戏规则。其实从赵括接过帅印的那一刻起，赵军的战略就已经注定必将发生根本的改变。否则他不必也不可能接管兵权。最后的失败，其实在那一刻已经产生自己独特的逻辑轨道，并且发出越来越强大的向心力，直到最终将赵军拖入失败的终点。

客观地说，赵括失败的根本原因，不是他有多少失误，而是对手实在过于强大。美国某著名跳水运动员曾经这样感叹：作为跳水运动员，和中国的高敏生活在同一个时代，是她最大的不幸。白起所有的对手，都有类似的苦恼，赵括尤甚。那时的白起，征战一生，从无败绩，正是得心应手的成熟时期、黄金时期，摧城拔寨无数，斩将立功无数。而反观赵括，却是初出茅庐第一仗，临机决断，全靠自己年轻的脑袋。

正因为如此，秦王才下令，严格保密白起代将之事。

这场两老对两新——那一年，秦昭襄王已经整整执政四十六年，白起也是老将，而赵孝成王执政刚到第六个年头，赵括当主将更是"大姑娘上轿，头一回"——的战略决战，是秦统一六国最关键的一战。赵军确实惨败，但赵括指挥所部，给秦军造成了过半的杀伤，最终也没有苟且偷生，屈膝投降——要知道，这种情况并不鲜见，他如果放下武器，功勋绝对不失封侯——而选择了奋战到底，直至为国捐躯，将军的血性跃然纸上。这样的人，我们有什么资格、有什么理由嘲笑他？难道仅仅因为他读了很多兵书？

成王败寇的思想，见鬼去吧。

文无第一，武无第二，人人都视为顺理成章。可平心而论，世界亚军的实力，冠军是不会轻视的。轻视的只有外行，那些摇唇鼓舌之辈。

保卫邯郸

长平之战刚结束时，赵国国内一片肃杀。虽然尚未灭亡，但基本已无还手之力。道理很简单，主力被歼，无人扛枪。

如果秦军此时趁势进攻，邯郸定然指日可下。所以赵国赶紧效仿对手，也施行反间计，派名嘴苏秦的族弟名嘴苏代前往游说范雎，最终让秦国接受赵国割让六城的条件，罢兵言和。

赵国趁这个难得的喘息之机，重新征调壮丁，编练部队，修筑城池，积蓄粮草，强内政而固外交。一切准备停当，赵国决心毁约，拒绝割让那六座城池。

道理很简单，以秦国的虎狼心性，就是再给城池五十座，也满足不了其胃口。秦国的目标是吞并六国，和平脆弱而且短暂，所以不能再拿六座城池，白白资敌。

秦王大怒，决心重启攻势。然而此时白起"自尊受伤"，坚决不肯从命，秦王只好派五大夫王陵领兵。前259年正月，秦昭王派兵五十万，兵分三路，再度攻赵：左路由司马梗率军十万，进攻太原，肃清上党，牵制赵军北方主力；右路十万人马增兵南阳，监视魏楚，保障侧翼；王陵统帅中路军约三十万人，直取邯郸。

左路秦军很快就攻克太原，上党地区全部插上了秦军的黑旗。赵国精锐全失，无力组织野战，只好收缩战线，中路秦军因此得以顺利推进，很快就突破井陉关，进入河北地界。当年七月，邯郸保卫战正式打响。到八月，邯郸外围唯一可以依赖的两个战略屏障，武安和皮牢（今山西翼城东北）相继失守，赵王的宫殿，彻底暴露在秦军的飞弩威胁之下。

此时邯郸城内，又是什么样的景象呢？

此时赵国举国上下，几乎家家户户都与秦兵有仇。所以尽管幸存者老的老，小的小，但全民皆兵，同仇敌忾。蔺相如病重，平原君赵胜总柄国政，老将廉颇披挂上马。

白起让赵国人明白了一个绝望的事实：战未必胜，降必定死。与其降死，不如战死，以求一生。

可以肯定，廉颇从长平归来，不是正常的工作调动，而相当于罢黜。因为他的门客见势不妙，纷纷弃他而去。按照当时的习惯，贵族当官没有额外的工资收入，食邑便是他们的工资收入。但将军职位虽不能增加其收入，但毫无疑问能左右其政治前途。

赵括的溃败，应该改善了廉颇的处境。

到底是老将，深明大义，强敌入寇时，他不计前嫌，积极组织防御。与此同时，平原君也最大限度地发挥自身能量，游走于诸侯之间，请他们多派部队，速发援兵。

平原君的积极可以想象。往大里说，赵国灭亡也就没了他的富贵；往小里说，尽管长平之战的责任不能归咎于他，但他建议赵王火中取栗接受上党，毕竟给了秦军以口实。所以，他必须尽心尽力，挽救祖国于危难之中。

平原君活动的重点，是魏国和楚国。主攻方向，则是与其并列的另外两位公子：信陵君魏无忌，春申君黄歇。

去楚国求救，谋求签订合纵盟约之前，平原君已经打定主意：此行必须一举成功。文的不行，不惜动武，就像曹沫那样。于是他下令挑选二十名文武兼备的门客同行。可挑来选去，只找到十九个。这时一个叫毛遂的主动站出来，自我推荐。平原君不以为然地打量了他几眼，问道："先生到我门下几年了？"毛遂说："三年。"平原君说："贤能之士活在世上，好比锥子处在囊中，尖梢立即就会显现出来。先生到我门下三年，一直默默无闻，可见没什么大才，怎么能去呢？请留下吧！"毛遂说："我今天就是请求进到囊中啊。如果我早处在囊中的话，就会像禾穗的尖芒，整个锋芒都会挺露出来，可不是仅仅露出尖梢！"

不经意间，总有一个个熟悉的词语跃出书页，将我打动。比如这其中的"脱颖而出"，它不仅打动了我这个读者，也打动了平原君这个当事人。于是毛遂得以成行，然而他的那十九个同伴，都不停地互相用目光示意嘲笑。

毛遂一路上与同伴议论风生，那十九个人全部被折服。等到了楚国，平原君与楚王谈判结盟，从清早谈到中午，还没个定论。毛遂于是手握剑柄，登阶而上，对平原君说："合纵的利害关系，两句话就可以说清楚。今天太阳出来就开始谈，日到中天还不能决断，怎么回事？"楚王听说毛遂只不过是平原君的门客，立即怒斥一声，让他退下："我同你的君侯说话，你算个什么，插什么嘴？"毛遂紧紧握住剑柄，上前说道："您敢斥责我，无非依仗楚国地广人多。可如今在十步之内，楚国再人多势众也不管用，您的性命都悬在我手里。汤以七十里的地方统一天下，文王以百里的土地使诸侯称臣，难道是依仗人多势众吗？都是由于他们能够凭据自身的条件而奋发威势。现在楚国土地五千里，士卒上百万，这是霸王的基业，天下谁能抵挡？可白起不过小小的竖子，率领几万人马，竟然一战拿下鄢、郢，二战烧掉夷陵，三战侮辱大王的祖先。这是百代的仇恨，赵国都感到羞辱，而大王您却不知道羞耻。合纵是为了楚国，并非赵国。我的君侯就在眼前，您凭什么斥责我？"楚王说："是，是！先生您说得没错！那咱们就为了楚国的社稷，订立合纵盟约吧。"

毛遂的口才和决断，由此可见一斑。仅仅这段故事，就隐藏着六个成语：毛遂自荐、脱颖而出、两言可决、九鼎大吕、三寸之舌、歃血为盟。它们是历史的筋骨，撑起高峰或者折成低谷，丰盈着无数的细节。

然而毛遂的结局非常荒诞，简直就是个黑色幽默。后来赵国认定他有才，强令他领兵。毛遂这回非但不自荐，反而连续推辞，可惜无济于事。最终仓促上阵，兵败自杀，令人唏嘘感叹。

仅靠强逼当然不行。赵国奉送黄歇一块食邑，十万楚军这才出动。

搬动魏军的过程，更有戏剧性。

平原君是突破重围才去的楚国。但是跟魏国，他觉得不必要这么费劲。因为信陵君这人，本身就比黄歇贤明不说，他还是平原君的小舅子：他姐姐是平原君的夫人。所以平原君只是写信，不停地写信，从希望、祈求，直到指责。

魏王下令，派晋鄙带领十万部众，前去援救赵国。然而部队还没出国境，他就下令停止前进，暂驻邺城。名义要救赵，其实是观望。信陵君多次苦谏，也派门客游说，但魏王就是油盐不进。无奈之下，信陵君只好组织门客，召集大约一百多辆兵车，准备独自救援邯郸，以飞蛾扑火的姿态，回报朋友。信陵君出大梁城东门时，过去一个厚待有加、礼遇有加的看门人侯嬴，对他的态度非常冷淡，他心里很不是滋味。走出老远之后又掉头回来，询问究竟。

侯嬴说："公子您养士，名满天下，现在却只能以身赴难。您这样去邯郸，就像拿肉投猛虎，有什么意义呢？"信陵君赶紧施礼请教。侯嬴说："晋鄙的兵符放在魏王的卧室内，而如姬最受宠幸，有机会偷出来。我听说如姬的父亲被人杀害，如姬悬赏三年，求人报仇，但都没有成功。后来是您派门客斩了她仇人的头。要如姬为您去死她都在所不辞，不过没有机会而已。只要您一开口，她肯定会答应。等拿到虎符夺过晋鄙的军权，不就可以援救赵国打退秦军了吗？"

信陵君如梦初醒，依计而行，果然拿到了兵符。出发之前，他根据侯嬴的建议，带着隐居屠市的朱亥一同前往。等到了邺城，晋鄙合上兵符，果然还不肯相信，对信陵君说："我带领十万大军，驻扎在边境上，这是国家的重任，现在您突然单车前来取代我，怎么回事呢？"朱亥二话不说，从袖里抽出四十斤重的铁锥，锤死晋鄙，接管了军队。

信陵君召集全军，发布第一道将令："父子俱在军中的，父亲回去；兄弟俱在军中的，兄长回去；独子全部回去，奉养双亲！"号令一出，三军震动，士气高涨，最终集合起八万多精兵，迅速向北开进。

外援相继赶到，邯郸城内呢？

战况异常惨烈。

秦军以武安为基地，包围邯郸，猛烈攻打。他们在弩兵的密集火力掩护下，使用云梯登城，冲车破门。廉颇站在邯郸城头，指挥士兵用竹竿推翻云梯，用箭、沸水、滚木、礌石等一切武器，还击秦军。冷兵器时代，攻克城池本来就不容易，何况邯郸早已成为铜墙铁壁？双方相持一个多月，秦军损失两万多人，不得不转入休整。

然而廉颇不肯消停。他从来都没有消极防守，不断派出小股兵力，如敢死队般出城反击，打得秦军日夜不安，精疲力竭。

消息传到咸阳，秦王大怒，立即严令王陵，必须限期攻克。王陵无奈，当年十二月，再度冒着严寒，发起攻击。然而此时的邯郸，基本就相当于德军在的斯大林格勒。秦军攻势虽猛，但始终不能奏效。除了巨大的伤亡，没有任何结果。廉颇等秦军攻势衰竭，再度组织反击，秦军大败，被迫退兵五十里，这才在武安和邯郸之间站稳脚跟，扎下营寨。

妄兴大军，屡战屡败。这时，秦王终于想起白起，想请他出山收拾残局。他什么手段都使出来了，不惜声色俱厉地表示："如君不行，寡人恨君！"可以理解成小孩子的无赖把戏，也可以解释为君王致命的威胁恐吓。

但白起坚决不为所动："臣宁伏受重诛而死，不忍为辱军之将。"

一句话，宁死不做败军之将。

没办法，那就起用长平之战中廉颇的老对手王龁吧。让他代替王陵，与廉颇再较高下。

新官上任三把火，廉颇是感受到了这一点。王龁带来的新式攻城器具塔楼，制造了很大的麻烦。

攻城塔楼下面有巨大的四轮底座，用人力驱动。上部是一座高大的塔楼，里面设置多层盘旋云梯，外面用厚木板防护，顶端正面有可以开合的吊桥门。一句话，相当于一个木制坦克。等接近城墙，放下吊桥门，士兵随即从塔内冲出，登上城墙跟守军肉搏。

这个新式武器一度见了效果。部分秦军的战靴，终于沾上了邯郸的泥土。廉颇一见，随即指挥士兵用火箭射，用绳索吊起巨石冲击，这才将后续秦兵击退。尽管王龁依然没能得逞，但邯郸也是岌岌可危。被长期围困，粮草十分短缺。城内居民"以骨为柴，易子而食"，苦苦支撑。关键时刻，平原君赵胜毁家纾难，散尽家财，犒赏士兵，家人门客全部开到前线，甚至连姬妾都不闲着，为士兵浆洗缝补；赵王的宫廷卫士，也纷纷开上城头。

这时，秦王的王孙异人，还在邯郸做质子。愤怒的赵国人恨不得将他生吞活剥。卫国商人吕不韦得到这个消息，认为奇货可居，于是就做了一项大胆的"政治投资"。在他的资助下，异人在邯郸的生活不仅有滋有味，最后还顺利地买通赵国官员，逃之夭夭。

这对于秦王当然并不重要，重要的是他的面子，在白起和天下人跟前的面子。他不惜使用添油战术，又派范雎推荐的郑安平，率领援兵携带军粮，开赴邯郸。

就在这最后关头，魏军和楚军旗帜，隐约可见。

决战的时刻到了。

十万楚军、八万魏军突破南线秦军防御，很快就推进到了邯郸外围。平原君得到消息，随即和廉颇一起，召集三千名敢死队，组织强大的反击。三国联军协同作战，三面夹击秦军。秦军久屯坚城，师老兵疲，在联军的迅猛冲击下，很快就抵挡不住。

郑安平真是个倒霉鬼，别人偷牛，他来拔桩。刚刚到达前线，征尘未洗，寸功未立，已经被联军团团包围。

怎么办呢？战国四公子，此地有三，向他们投降，并不丢人。于是郑安平率领全军放下武器投降，最终被赵王封为武阳君，老死在赵国。

却说王龁带领的秦军主力，一路溃败，最后撤到西河地区，就是吴起曾经战斗过的地方。秦昭王无奈，杀掉白起泄愤之后，只能与三国议和：以前占领的河东归还魏国，太原归还赵国，上党归还韩国。

鄗代之战

在廉颇的军事生涯中，鄗代之战是重要的一笔。或者可以说，是他人生的制高点。

这是一场反侵略的战争，是燕国强加于赵国的战争。在此之前，廉颇经历的无数战争，除了长平之战外，赵国基本都处于强势或者平衡的一方，只有这回不是。

现在我们常将燕赵并举，当时这两个近邻，也确实有过友好互助、唇亡齿寒的时候。然而长平之战，燕国始终作壁上观，没有提供任何帮助；"弟兄们挺住"之类的鼓励也许说过，但这种无关痛痒的屁话，史书不载。长平之战后赵国又在邯郸击退秦军，眼看赵国力量还很强大，又过了几年，燕王才派栗腹送来五百金，为赵王置酒祝寿，希望再续旧好。

本来是要结好，但栗腹回去后居然要发动战争。他是这样向燕王喜汇报工作的："赵壮者皆死于长平，其孤未壮，可伐也。"姬喜是燕国的末代君主，所以没有谥号和庙号，史书上就称为燕王喜。这个家伙，还有点扩张国土的志向，然而志大才疏且鼠目寸光，只看到眼前利益，看不到长期趋势，所以听了这话，居然也动了心，赶紧召集大臣商议。

昌国君乐间说："赵善战之国，其民习兵，不可伐。"
这当然不是燕王喜要听的话。君主的所谓问计，当然希望随
声附和，三呼万岁。于是他说："我以五比一的兵力伐赵，
还不行吗？"乐间认为不行，大夫将渠也认为不行。他说："与
人通关约交，以五百金饮人之王，使者报而反攻之，不祥，
兵无成功。"

乐间是乐毅的儿子。乐毅伐齐得胜，功高震主，为保全
始终，于是离燕奔赵。从其先祖乐羊开始，乐氏家族就生活
在中山，而中山后来被赵国所灭，所以燕赵两国，都有乐家
的后代。赵国将军乐乘，和乐间便是同宗。大约因为乐毅功
高名著的缘故，燕王喜只将怒火发泄到将渠头上：吩咐将他
下狱，等凯旋后再拿他的人头祭旗。

燕王喜决定，以栗腹为主将，起兵六十万，分为三路，
攻打赵国。卿秦率领西路军攻击代，牵制北方赵军；栗腹带
领主力的东路军进攻鄗。攻克鄗、代以后，两军会师，合击
邯郸。燕王喜亲自带领中军，跟随东路军行动。

消息传到邯郸，赵孝成王不觉有些愁眉苦脸。他这个国
王当得委实窝囊，很像清朝晚期：国土不断沦丧，局势日渐
紧张。怎么办呢？此时蔺相如早已作古，平原君赵胜也于两
年前撒手西归，可以倚重的大臣不多。

好在还有廉颇和李牧，两员虎将全都赫赫有名。他们俩
仔细分析敌情，作出了相当乐观的判断：燕军虽众，但从未
经过重大战争考验，战斗力不强；栗腹、卿秦，也都是无能

139

之辈。击败他们，问题不大。

他们建议赵王紧急动员，征调全国十五岁以上的男子，编组部队，抵抗侵略。这个建议，当然马上就得到了采纳。

前251年，秦昭襄王死去；李冰出任蜀郡太守，准备修筑都江堰；在更加遥远的西方，亚加亚同盟开始沿科林斯湾的伯罗奔尼撒海扩张；而在古老的东方，燕山脚下，六十万燕军、两千乘战车也集结完毕，浩浩荡荡地向赵国杀去。

敌动我也动。廉颇、乐乘指挥紧急征召的十三万赵军，迎头抗击。

廉颇命令乐乘率军三万，北上增援代，牵制燕国西路军；自己带领十万主力，跟栗腹硬碰硬。

这时，燕军已经开始猛攻鄗。鄗即高邑，具体位置在今天河北柏乡县东北，当初赵武灵王构筑这个城池，是为了进逼中山国。信陵君窃符救赵解了邯郸之围，赵王把这里赠给信陵君，作为"汤沐邑"。表面看是洗澡的地方，其实信陵君哪里需要如此之大的澡堂，这不过是食邑的另外一种客气说法而已。因为信陵君自认有罪于魏，不愿接受封赏，于是双方只好在字眼上做文章。

鄗地守军据险死守，燕军一时难下。廉颇闻讯，迅速作出如下部署：派出小部兵力增援鄗；生力军在鄗通往邯郸的大路两侧，布下伏击线；自己带领中军，在后面策应。赵军援兵赶到鄗后，因为兵力薄弱，很快就被燕军击退。

这一下，栗腹更加得意忘形，随即指挥人马，一路向南掩杀。可他追着追着，两边突然有伏兵杀出，被打了个措手不及。燕军好不容易反应过来，整顿好队形，廉颇又带领主力，加入了战斗。

栗腹终于尝到了赵军的苦头。经过胡服骑射的赵军，战功赫赫的老将廉颇，给他上了无比生动的一堂课，只是学费过于高昂。

赵军围着栗腹的帅旗，一顿猛攻。栗腹左冲右突，付出巨大的代价之后，好不容易才摆脱包围。这时，浑身的冷汗早已浇灭那些虚妄的志向，他魂飞胆丧，转身就向宋子城（今河北赵县东北宋城村）逃去。

主帅溃逃，三军动摇。尤其要不得的是，栗腹竟然没有通知攻击鄗的部队。

廉颇可不管这些，他收拢人马，呈追击序列，紧追不舍，最终追上栗腹，将他一刀斩于马下。群龙无首，剩余的燕军顿时成了屠宰场的牲口，任人宰割。

栗腹丢了性命，活该。那么卿秦呢？他的运气一点也不比好战分子栗腹强。李牧丝毫没跟他客气，也要了他的小命。

这一下，燕王喜没咒念了。除了逃跑，别无他法。

廉颇、李牧随即展开追击，最终进入燕国纵深达五百里，消灭沿途抵抗的零星燕军后，兵锋直指燕国的国都蓟。

廉颇举兵将蓟团团包围。然而赵军并没有一口吞下燕国的实力，而且主力远征，国内空虚，随时都可能被秦国利用。赵王审时度势，接受了燕王喜的城下之盟：燕国割让五座城池，两国罢兵。当然还有个前提条件，燕国必须用将渠为相，派他前来议和。

鄗代之战结束后，赵王将尉文赐给廉颇作为食邑，封信平君，假相国。

青山依旧在，几度夕阳红。廉颇的人生历程，出现了一个 V 形的拐弯。他一定比别人更加懂得人生的真味。那些过去离开的门客，又纷纷前来依附。他十分感慨，准备拒绝他们，然而那些人竟然理直气壮，言之凿凿。他们说："夫天下以市道交，君有势，我则从君，君无势则去，此固其理也，有何怨乎？"人们交往就像做买卖，您有势力，我们就跟随您；您没了势力，我们就离开。道理本来如此，您有什么好责怪的呢？

还真有几分道理。天下都是势利眼，一味拘泥，倒显得自己不够达观开通。这帮人固然讨厌，但至少坦率。

落寞晚年

战国期间的战争当然也是战争，血流成河，尸积如山，残酷不让后代。尽管如此，它依然带着浓厚的儿童游戏色彩，因为敌我变换实在太快。

就说老将廉颇吧，刚刚还在指挥军队，攻克魏国的繁阳

（河南内黄西北），转眼之间又成了魏王的座上宾。

这是前 245 年的事情。就在这一年，孝成王赵丹病死，他的儿子赵偃继位，是为赵悼襄王。

北宋时期，宋太祖派陶谷出使吴越国。钦差莅临，吴越国自然不敢怠慢，摆出海鲜梭子蟹招待。陶谷问起梭子蟹的种类，吴越王赶紧命人端来大大小小十几种，让陶谷看个够。陶谷看后笑道："一蟹不如一蟹。"表面是说蟹子越来越小，暗讽吴越国自钱镠以来，一代不如一代。

这话完全可以移用到赵国身上。

赵武灵王是开拓之君：开疆拓土，威震天下；赵惠文王是守成之君：君臣睦，将相和，长期与齐秦周旋，不落下风；赵孝成王是维持之君：屡战屡败，国土沦丧三分之一；赵悼襄王是支撑之君：苟延残喘，支撑危局；赵王迁呢，当然更加等而下之，是亡国之君：亲佞人，远贤臣，国终不国。

赵国虽然亡在赵迁手上，但第一道裂缝早已开始于赵悼襄王时期。撬开这道裂缝的人，名叫郭开。

"国家将亡，必有妖孽。"这个妖孽，首先就是郭开，当然后面还有个韩仓。却说郭开，小人的第一个特征，就是跟正人君子天然不对付，是天敌。当时李牧守边，廉颇就成了他自然而然的攻击对象。

廉颇这个人的脾气，从跟蔺相如争夺名位时就能看出端倪：脾气暴，性子急，爱憎分明，疾恶如仇。郭开讨厌他，他自然也讨厌郭开，两人慢慢势同水火。

六十耳顺，有些人上了岁数，温和宽容，脾气消退，无可无不可，但这不适用于老将军廉颇。他是四朝元老，有大功于赵，在不成器的赵悼襄王跟前，劝谏的逆耳话，肯定少不了。

几乎没有君王能忍受这样的老人。对他们的印象，有一个词可以概括：倚老卖老。所以赵悼襄王对廉颇，谈不上什么好感。郭开在旁边稍微添油加醋几句，他就作出重大人事调整决定：派乐乘取代廉颇，统帅赵军。

请注意，这是赵偃即位的第一年。除了一朝天子一朝臣，我想不出还有什么理由，突然作出这等重大人事调整。

接到这个命令，如果不看史书，很难想象廉颇会采取这样的举动：他大怒之下，率军攻打乐乘。击退乐乘之后，既不反叛，又不带兵逃亡，只身一人，南下魏国栖身。

作为一员老将，廉颇当然不会老糊涂，他为什么要那么做？

首先当然是他个人脾气或曰修养的缘故。命令再不合理，也不该攻打友军。乐乘曾经当过他的副将，袍泽之情暂且不说，这样的举动，肯定不利于维持安定团结的大好局面。

其次也是最重要的一点，还是爱国。爱国之情过于强烈，汹涌澎湃，以至于此。为什么这么说？请想想长平之战的经历。

赵括代替他，结果全军覆没。如今他显然认为，乐乘没有统率全军的才能，国家经不起这样的折腾；正赶上当时并没有战事，所以他才敢冲冠一怒，亮出兵刃。

乐毅被疑后投奔赵国，是左右逢源的姿态，只要愿意，随时可以返回燕国；廉颇的选择跟乐毅差不多，栖身于近邻的魏国。一旦国家有事，他也随时可以重披战袍。

廉颇虽然勇猛无敌，但魏王对他心存疑虑，始终没有重用。后来，秦军多次制造麻烦，赵悼襄王这才想起他来，正好廉颇也有回归之意，只是他年事已高，到底还中不中用呢？得考察一下。赵王随即派人前去，以慰问的名义，看看廉颇的状况，以决定其进退。

这事郭开当然清楚。小人的第二个特征，就是格外清楚上头的意图，时时察言观色，以便投其所好。怎么办呢？小人没有办不到的事情，因为他不讲规则，没有底线，无所不用其极，这是他们的第三个特征。郭开立即重重地贿赂使者，让他诋毁廉颇。

这事好办，全在唇齿之间。

使者见了廉颇，嘘寒问暖，然后饮酒吃饭。廉颇吃了一斗米，十斤肉，再披甲上马，以示宝刀不老。能吃自然可以证明状态年轻，披甲上马又怎么说？貌似无甚难度。其实不是，当时没有马镫，上战马得自己跳上去，如果垂垂老矣，还真做不到。

看样子廉颇的状态还行，指挥作战不成问题。使者回去呢，也全部如实汇报，只是后面加了个括弧。

他是这么说的："廉将军虽老，尚善饭，然与臣坐，顷之三遗矢矣。"老将军饭量不错，可是我们坐在一起闲聊期间，他就大便了三次。

实在不能理解古人的逻辑，大便次数怎么能跟衰老与否联系起来。现在的男人，对小便次数倒是比较在意，似乎能坚持者，肾功能比较好，这关乎男性的面子。但是大便次数与身体年龄的逻辑联系何在呢？如果廉颇确实吃了那么多东西，上三次厕所毫不足怪。

其实这话隐含的意思非常恶毒：老将军已经大便失禁。再说白点就是，廉颇老迈，已不堪用。

赵悼襄王于是信以为真，没做进一步的工作。由此可以看出，他对廉颇的态度确实是不喜，并没有迫切起用的冲动。如果确实看好他的才能，应当进一步考察；果真老迈无用，也该请回国内，使其叶落归根，颐养天年。以堂堂赵国之大，不可能容纳不下一位有功于国的老将军。

赵悼襄王当然不肯请回廉颇。在他眼里，无用的廉颇只怕是个老不死的形象。

"凭谁问，廉颇老矣，尚能饭否？"一千多年后，南宋词人、将军、长期投闲置散的爱国志士辛弃疾，也不得不发出这等悲凉的质问。古往今来的文学家中，真有将才的，曹操算一个，高适算一个，第三个大约就能数得上辛弃疾，无论文学成就还是将略。以他在《美芹十论》中表现出来的见识，完全可以出任方面大员，结果因为他是投诚人员，始终不得重用。他与廉颇，可谓同病相怜。

回过头来还说廉颇。使者走后，他等啊等啊，望断南飞雁，也不见诏书征召。他这才明白，那回他是白白撑坏了自己的胃。正好这时楚王对他产生了兴趣，就悄悄派人，把他请了过去。

日本学者和辻哲郎写过一本书叫《风土》，书中通过对沙漠型、季风型、牧场型三种风土类型的考察，探讨人的存在方式、脾气秉性与风土的关系。这是本很有意思的书。搁到中国，搁到战国时期，赵国和楚国士兵，自然也会有很多的差异。

燕赵多慷慨悲歌之士，这当然不免有以偏概全之嫌，但其中的差异，还是让廉颇不能适应。他多次表示："我还是愿意指挥赵军！"

廉颇到底也没能在楚国立功。楚王请他过去，也许只是做个样子，随便摆个门神样的东西，以震慑四方而已。

没有人清楚廉颇在魏国和楚国待了多少年，但可以肯定，那时间不会很长。精神长期抑郁，又如何能长寿？

当然，在那种情况下，早些离开人世的扰攘，也许是个难得的解脱。至少，他不必亲眼看到他曾经为之奋战一生的祖国的覆灭。

纵观廉颇一生，他更像个无为的将军。诚如司马光所言："廉颇一身用与不用，实为赵国存亡所系。此真可以为后代用人殷鉴矣。"可惜，赵偃和赵迁，都不懂得这个道理。

我喜欢廉颇，因为他的暴脾气。

蒙恬：三代军功难救一命

导读："美人自古如名将，不许人间见白头"，屈死难道是名将的宿命吗？大帅哥子都暗箭伤人，大将军蒙恬修长城；李斯建言焚书坑儒，赵高炮制指鹿为马；名将王翦的善终，不知与其"贪财"有无直接关系，公子扶苏背后，隐藏着一段浪漫的情歌。

曾经有一天，唐太宗与臣下计议国事，说道："朕欲追师尧舜，决心不使冤案现于本朝。你们不妨说说，历朝历代的大将，谁最冤屈？"当时丞相房玄龄、谏议大夫魏徵等一干名臣都在场。有人说是白起，也有人说是伍子胥，还有人说是高颎，众说纷纭，莫衷一是。

然而唐太宗始终只是摇头。

最后他一锤定音道："在朕看来，蒙恬最冤！"

唐太宗是少有的靠谱君王，但再靠谱，评人断事，还是会从君王的根本利益（维持统治稳定）出发。他觉得蒙恬最冤，原因无非如此：白起曾经抗命不遵，伍子胥曾经咆哮朝堂，高颎性格倨傲。尤其关键的是，当时蒙恬手握重兵且远在边疆，只要愿意，他随时可以竖起反旗，而白起等人都无此便利。

能反不反，宁愿接受莫须有的罪名，这样的大将军，用起来放心，杀起来顺手，皇帝怎能不欢迎？所以给他评个冤屈状元，李世民先生毫不吝啬。

那么蒙恬究竟是怎样一个冤法？请看下文分解。

祖父蒙骜

蒙家在秦国三世为将，蒙骜、蒙武、蒙恬，都是高级将领，功高爵显。

当然蒙恬的职位绝非只在于祖宗阴德，蒙武和蒙恬的每一次提升，都得脚踏敌国土地，手提敌将头颅，拾级而上。

蒙恬本来是齐国蒙山（今山东临沂蒙阴）人。他的祖父蒙骜从齐国一路向西，投奔秦国，于是蒙家就此在关西的黄土上扎了根。蒙骜投奔秦国，是在秦昭襄王时期，那时他累积的军功，大约还换不来一项主将的帽子，所以事迹不见于史册。史书中出现他的名字，已经是秦庄襄王——也就是那个好险被邯郸人民生吞活剥的异人——执政的时代。

异人继位，吕不韦的政治投资猛赚了一票。秦庄襄王封吕不韦为丞相，赐爵文信侯，食邑洛阳十万户。当时的朝政，可以想见全都掌控在吕不韦手中。在他的策动下，秦庄襄王派蒙骜出征韩国。

洛阳向东不远，有两处战略要地：荥阳（今河南荥阳东北）与成皋（今河南荥阳汜水镇西）。它们自然是蒙骜的目标。韩国虽然号称战国七雄之一，但从来不曾雄起过，一直是二三流国家。而当时的秦国，长平之战一举吃掉近五十万赵军，国势蒸蒸日上，韩国自然不可能是对手。

蒙骜没费多少力气，就攻克了荥阳与成皋。韩王无奈，只得再割让巩（今河南巩义东北老城），这才挡住蒙骜的脚步。真是可惜了"巩"这个名称。它之所以得名，是因为位于洛水之间，四面皆山，地势险要，可谓"巩固"。然而彼时在秦国的兵锋之下，四海之内，哪里还有牢靠之处。

洛阳东部的大片河南土地划入版图后，因境内有黄河、洛河、伊河三条河流，于是秦国设置为三川郡，进行管理。这一下，不但韩国岌岌可危，魏国也感受到了秦军刀锋的凉气：此时秦国的疆界，已经抵达魏都大梁。

也就是说，国都不是国都，已成边疆。

怎么办呢？无奈之下，韩国想出了一个不是办法的办法：派水利专家郑国赴秦，帮助他们大搞农田水利基本建设，促进农业发展。当然，堂皇的虚辞背后，真实目的是想通过浩大的水利工程，消耗秦国实力，争取把秦国拖垮。

即便现在，提起陕西，依然会给人缺水的印象。当时的情况，也基本差不多。秦国到底是偏居西隅，远离当时的经济文化中心，水利设施落后，粮食亩产量低。这些状况，秦国早就想着力改变，于是双方一拍即合。

郑国主持建设的水利工程，计划西引泾河，东注洛河，利用渠水灌溉渭河北边的良田，全长超过三百里。在当时，这算是规模巨大的项目，自然非一日之功。

郑国首先在泾河上修建巨大的拦水坝，然后在泾阳、三原、富平、蒲城、白水等县，修筑渠道。随着时间的推移、投资的不断增加，阴谋终于败露。这时嬴政已经继位，也就是后来的秦始皇。他立即下令，逮捕郑国，下狱治罪，同时大规模驱逐东方六国在秦任职的官员。李斯也在黑名单上。他很不忿，就上了那道著名的《谏逐客书》，将嬴政打动，"逐客"一事这才不了了之。

郑国身为间谍证据确凿，自然是死罪。然而他辩解道："始臣为间，然渠成亦秦之利也。臣为韩延数岁之命，而为秦建万世之功。"我是间谍不错，但水渠修成，终究能造福关中。我也许延续了几年韩国的寿命，但却能为秦国建立万世受益的不朽功勋。

这话确有道理。比如隋炀帝劳民伤财开凿大运河，固然弊在当时，但泽被后世，终非虚夸。历朝历代的漕运，何曾离开过大运河？类似的工程，其实都是未来对当下的提前支取：它将原本需要均摊的时间成本，全部从当下透支。

再说如果杀掉郑国，这个半拉子工程岂不白白浪费？嬴政不是棒槌，思来想去，随即高抬贵手，让他继续组织施工。

韩王恐怕做梦也想象不到，这个阴招是搬起石头砸了自己的脚：工程竣工之后，经济、政治效益显著，《史记》《汉书》都说："渠就，用注填阅之水，溉泽卤之地四万余顷，收皆亩一钟。于是关中为沃野，无凶年，秦以富强，卒并诸侯，因命曰郑国渠。"

有了渠水的灌溉，沿线的四万顷良田，亩产量高达一钟。什么概念呢？一钟折合六石四斗，而当时在黄河中游，平均亩产一石半左右。关中因此而成为沃野，不怕荒年。秦王很高兴，将渠命名为"郑国渠"。

有学者认为，战国时期的真正分野，是"三家分晋"。在那场战争中，赵氏最后的堡垒晋阳（今山西太原西南古城营），发挥了巨大的作用。赵氏以其为屏障，将智、韩、魏联军拒之门外，最终反败为胜。可以这样说，晋阳就是赵国的发祥地，对于赵国的意义不言而喻。然而前248年，这座城池没能再续辉煌。蒙骜麾下的秦军，踏着凌乱的脚步，登上了晋阳城头。这一年，蒙骜先后拔掉赵国的三十七座城池，秦国在此设置太原郡，以晋阳为郡城。"太原"一词，从此开始见于史册。

如此一来，秦国便对魏国形成三面包围的态势。秦国以此地利之便，不断向魏压迫。蒙骜自然还是急先锋，带领人马围攻郏州（今河南郏县）。魏国欲救无力，极度狼狈。魏王无奈，只好派人去请信陵君魏无忌。

此时信陵君在哪里？还待在赵国。

信陵君窃符救赵，妄传将令不说，还锤死了晋鄙。对赵国虽有存续之功，对魏国却是欺君大罪。正因为如此，邯郸解围之后，信陵君遣回魏军，自己客居于赵长达十年，不敢回国。

此刻祖国危急，信陵君心绪大乱。不救不忍，救之不敢。尽管魏王多次派人来请，但谁知道他会不会秋后算账？没办法，信陵君只好下道禁令，以屏蔽内心的虚弱：谁敢为魏王做说客，斩！

禁令一出，门客们顿时噤若寒蝉。那些人，诚如他们对廉颇的点拨，基本都是生意人，大道正义并不重要。你不让开口，我乐得清闲。

但是毛公和薛公这两位贤者，却不能不说话。

这两位都是处士，且地位低贱：毛公赌博，薛公卖酒。不过他们素有贤名，所以信陵君一到赵国，就赶紧前去拜访他们，但他们全都避而不见，几次三番，信陵君干脆不乘车马，步行前去，这才交上朋友，相处甚欢。平原君听说后，很不屑地对夫人说："都说令弟贤明，举世无双，可他竟然胡来，跟赌徒、酒店伙计厮混，看来不过是个无知妄为的人罢了。"

这话当姐姐的自然不爱听，不管是谁，都不能随便看不起咱娘家人。她立即把这话说给信陵君听。信陵君听后的第一反应，是辞别姐姐，立即走人。理由很简单："以前我听说平原君贤德，所以应他之请，背弃魏王而救赵国。可现在才知道，他与人交往，只是自夸富贵，显示豪放，并非为了求贤取才。过去我在大梁，就常常听说毛公和薛公贤能有才，到了赵国，唯恐见不到他们。我主动攀交，还怕他们不接受，而平原君竟然把跟他们交往看作耻辱。平原君这个人，实在不值得结交！"

一句话，平原君养士，乃叶公好龙。

这个评价，基本在谱上。战国四公子，信陵君最贤，春申君最差，孟尝君和平原君居中，两人多少都有点负面新闻。

信陵君说完，随即整理行装，准备离去。这话传到平原君耳边，他愧不自胜，赶紧前来脱帽谢罪，好不容易才将信陵君留住。后来他的门客，半数转投信陵君，天下士人也纷纷云集于信陵君周围。

却说毛公和薛公，见到信陵君后，劝他道："您之所以受赵国尊重，名扬诸侯，是因为魏国的存在。现在秦军来攻，魏国危急而公子毫不顾念，假使大梁城破，您先祖的宗庙被夷平，您还有什么脸面活在世上呢？"

话音未落，信陵君脸上已经变色，赶紧吩咐套车，辞别赵王。赵王授予信陵君大将军印，让他率领十万赵军，南下驰援。

魏王也将大将军印信授予信陵君。信陵君一边行军，一边派门客到各国征调援军，协调行动。除了齐国，韩、燕、楚三国纷纷响应，五国联军迅速在信陵君麾下集结。

打仗靠的是实力——硬实力和软实力。此刻敌众我寡，蒙骜两处都不占优。经过激战，他吃了败仗，好不容易才带领残兵冲出包围。信陵君随即指挥联军，一路掩杀，直杀到函谷关前。秦军紧闭关门，不来应战。联军在函谷关前耀兵月余，这才各自撤军。

这是东方国家最后一次协调立场，联合行动。联军虽然打了胜仗，但战果甚微：秦军主力完好无损，并未遭受重创。

几年之后，蒙骜奉命进攻赵国，最终战死在太行山上。那是前240年的事情。那一年，我国史书上第一次出现有关彗星的记载。还是在那一年，阿基米德从古希腊的文化中心亚历山大城学成归来，回到了诞生地——西西里岛上的叙拉古。古希腊人首次测算出地球的周长，换句话说，当时古希腊人已经有了圆形地球的概念。而直到两千年后，天圆地方、我居中央的意识，依然牢牢统治着国人的大脑。他们因此坚信，世界各国人等，都有远道而来、下跪朝拜的义务。

然而他们等来的不是朝拜，而是枪炮。

父亲蒙武

蒙骜不断累积军功，最终被封为上卿。需要指出的是，上卿在春秋时期是官职，到了战国已经演变成爵位。蒙骜的上卿，便是这种性质。

统一天下的时代，也就是军人建功的时代。最有才华的人，会因此慢慢聚集到军界。蒙骜的儿子蒙武，也早早地披上了铠甲。

蒙武一生最重要的军功，是先后跟随李信和王翦，南下攻楚，最终将其剿灭。

灭楚并不顺利。蒙武辅佐的第一任主将，是名将李广的先祖李信。李信跟随王翦攻打燕国时，表现出了英雄的气概：他带领本部几千兵马，深入燕国腹地，一直追击到衍水。比起黄河，这条河流的名字，在历史上十分不起眼。它在哪里呢？在今天的辽宁境内，现在的名称是太子河。

衍水改名太子河是明代的事情，但起因是在李信和蒙武的时代。当时北方还有两股残余势力：燕国，以及在代地称王的赵嘉，也就是赵悼襄王先前的太子、赵王迁的兄长。赵嘉被秦军追着屁股猛打，弄得狼狈不堪，于是就给燕王喜出了一个馊主意。他说："秦军紧追不舍，都是因为您的太子姬丹派荆轲刺秦，惹恼了秦王。如果您能杀掉姬丹，献出他的首级，秦军一定会停止进攻！"

燕王喜的见识，前面咱们已经领教过，这时又表现了一番。他信以为真，立即以商议大事的名义，骗出早已隐藏起来的太子丹，将其灌醉杀掉，把首级送到秦军的大营，请求他们退兵言和，留自己一条小命。

王翦和李信会答应吗？

当然不会。

他们的目标是彻底灭掉燕国，怎会在意一个小小的太子丹。皮之不存，毛将焉附。一旦灭燕，就是有十个百个太子丹，还不是死路一条。

这个账燕王喜未必不清楚，他不过是死马当活马医。关键时刻，舍车保帅，不管儿子老子，一样牺牲。从这一点看，燕王喜几乎可以与刘邦媲美：项羽威胁刘邦，要把他父亲煮死，刘邦表示完全没意见，只请求分羹一杯；彭城（今江苏徐州）兵败，楚军追得刘邦无处躲藏，为减轻车子负重，他几次推下儿女，都被"司机"夏侯婴捡起。刘邦大怒，挥剑要砍夏侯婴，夏侯婴左躲右闪，这才捡回小命。

虎毒不食子，人毒不堪亲。也许，这就是弱小的人能战胜凶猛的老虎的根本原因。

燕王喜国灭不可耻，但这事可耻。尤其令人齿冷的是，他儿子的脑袋，根本没挡住秦军的马蹄。

李信带领麾下的数千人马，紧追不舍，一直追到衍水。燕王喜黔驴技穷，只有落荒而逃，直奔辽东而去。王翦和李信随即班师，准备灭楚——五年之后，李信还是跟随王翦的儿子王贲，北上辽东，俘虏燕王喜，灭了燕国。

两人凯旋，秦王非常高兴——燕国几乎灭亡，仇人太子丹首级已获。功劳未必很大，但正好挠到他的痒处：想当初他被荆轲追杀，挣断了袖子，绕着宫殿里的柱子，跑了不知几多来回。性命没丢，但丢了面子。

这时秦王的目光，已经穿透宫殿和咸阳，指向遥远的南方。楚这个千里大国，还不曾遭受毁灭性打击，该轮到它了。攻楚计划没有问题，问题只是派谁统兵。对于李信的孤军深入，秦王印象深刻。像他这样开疆拓土、一统天下的帝王，自然而然地会欣赏那些敢于险中求胜的少壮派。因此他先问的是李信："要灭掉楚国，你需要多少兵马？"

李信的回答非常干脆："二十万足矣！"

这种自信，很对秦王的胃口；他转头再问王翦，可王翦的要价，竟是李信的整整三倍。

这一下，秦王愈加坚信自己的判断：王翦老迈，暮气沉重；李信年轻，锐气可用。他感叹道："王将军老矣，何怯也！李将军果势壮勇，其言是也。"当下便起用李信为主将，蒙武为副将，率兵二十万，南下攻楚。

李信决定与蒙武分进合击，扫荡楚国。具体部署是，蒙武带领部队，沿汝河两岸，向陈邑（今河南淮阳）、商水（今河南商水）一线攻击前进；李信带领主力，向汝河以南迂回，经舞阳（今河南舞阳）、平舆（今河南平舆）、新蔡（今河南新蔡）进击，最后在城父会师。

城父这个地方，前面曾经提到过：此前名将伍子胥曾在此戍边，此后智囊张良将会在此诞生。

两军分兵以后，进展都很顺利。李信很快就拿下了平舆，蒙武也顺利攻克寝丘（今安徽临泉），大破楚军。随后更是一路摧城拔寨，势如破竹。

然而，危险正像雪球一般，在李信身后越滚越大。

这时，楚军统帅是名将项燕。在此之前，楚军多次被秦军击败，国势颓唐如此，项燕知道坚守一城一地，御敌于国门之外，已经毫无意义。唯一的办法就是集中兵力，收缩战线，以期给敌军迅猛一击。于是他下令，放弃被秦军攻击的沿线次要城邑，集中兵力，尾随于李信背后，寻机破敌。

项燕跟踪李信，整整三天三夜。等李信彻底放松警惕，他随即指挥所部，发起迅猛的攻击。绷紧的弓弦突然放松，迸发出无穷的力量。楚军高声呐喊，猛烈冲击，先后攻破秦军两处营寨，将七名都尉斩于马下。李信挥动令旗，竭力组织抵抗，想稳住阵脚，然而大势已去，不得不匆匆败逃。

李信一败，蒙武遂成孤军。他见势不妙，立即下令，后军变前军，前军改后军，对后方设置警戒，三十六计走为上。

秦王终于明白，王翦并非老迈无用。然而此时，他早已托病辞官，归养于老家频阳东乡（今陕西富平东北）。秦王无奈，只好亲自赶过去，请王翦出山。

王翦当然不会马上答应，总得给秦王点脸色瞧瞧。他辞谢道："老臣疲弱多病，狂妄悖乱，不能胜任，请大王另择良将！"秦王不肯，再请，王翦便顺理成章地张口要价："大王一定要用老臣，那必须给我六十万大军！"

别说六十万，就是七十万秦王也能答应。只要能灭楚，多少人马，他都在所不惜。

王翦随即点齐人马，浩浩荡荡地开出咸阳。秦王亲自送行，直到灞上（今陕西西安东）。分别之前，王翦向秦王伸手，要求良田、屋宅、园地的赏赐。秦王说："将军既已出兵，何患贫穷？"言外之意，等你立功回来，会有多少赏赐等着，还需要劳您尊口！王翦却说："给大王当将军，就是立了战功也不可能封侯，所以我想趁大王还亲近臣下，多要点良田美宅，好留给子孙。"秦王闻听大笑，立即允其所请。

出函谷关之前，王翦先后五次派使者回朝，向秦王讨封要赏。他手下的将领很不解，认为王翦的要求未免过分了点，但王翦的一席话，让他们醍醐灌顶。

王翦说："秦王性格粗暴多疑，不信任人。如今全国的兵力几乎都在我手里，他能完全放心吗？我这样求田问舍，无非是告诉他，我时时都在考虑子孙后代，没有造反的打算！"

知人能到这个份儿上，怎么可能打不了胜仗。

这时，蒙武依然是王翦的副将。楚国得知王翦出兵的消息，不敢怠慢，立即调集全部人马，准备与秦军决一死战。然而他们的这个打算，根本无法实施。因为进入楚国之后，王翦一直坚守不出，从不接战，无论楚军如何挑衅。

王翦的将令非常奇怪：让士兵每天洗澡，好好休息，同时提高伙食标准，努力改善生活条件。似乎他们不是为国出征的士兵，而是一群被喂养的猪。

这个战术我们似曾相识。不错，它一点都不新鲜，廉颇用过，赵奢用过，李牧也用过。表面看来，这似乎是年龄的产物——这几位都是老将，老成持重——但其实还是性格的原因。长平之战中的白起，同样也是员老将，但战法始终咄咄逼人，从少壮直到暮年都是如此。

很久之后，王翦似乎醒过神来，就向侍从打听，士兵们每天操练之余，都干些什么取乐？侍从答道："也没有别的，就是投掷石块，或者跳远比赛！"王翦一听，随即命令出兵。

这时项燕指挥的楚军，已经被拖垮。看来项燕还真是个急性子。按照廉颇和李牧的逻辑，项燕应该更乐意相持。然而非常不幸，还没开战，他的耐性已经输却一阵。

王翦此举，足以证明"兵无常势，水无常形"。因为他完全不顾"敌军远来，利在速战"的常识，是反其道而行之。

项燕带领人马向东，也就是楚国的腹地退去。王翦和蒙武随即指挥所部，紧随其后，一路掩杀，大破楚军。战败的楚军撒开脚丫子一顿猛跑，但跑到蕲南（今安徽宿州蕲南）时，又被秦军追上。

胜利者的短跑速度或者长跑耐力，总会超过失败者。至于为什么，这个课题值得体育界立项研究。

两军随即展开激战。这实际上是两国之间最后的决战。项燕深知其中厉害，因此亲临一线指挥。楚军坚持多时，终究气势已灭，又被秦军击败。至于项燕的结局，就像淮海战役中的黄百韬，或者孟良崮上的张灵甫，有自杀说，也有被杀说。

这时的楚国，其实已经灭亡：既无大将可倚，又缺强兵能用。没过多久，王翦和蒙武攻克楚都寿春（今安徽寿县），俘虏了楚王负刍，淮北楚地成为秦国的一个郡。楚国残余势力在江南立昌平君为楚王，一年之后，这个楚王又成了"楚亡"。

王翦此人颇为神奇，东方六国除了韩国之外，其余五国都亡在他和他儿子王贲手上。然而，似乎是为了印证"兵者凶器"的说法，他的后代很快就随着秦朝的灭亡而转势。十几年后，他的孙子王离与项燕的孙子项羽，再度在战场相遇。在那场被称为"巨鹿之战"的重要战役中，项羽为爷爷报了一箭之仇，将王翦的孙子王离活捉。

蒙武跟随王翦灭楚，是前223年的事情。这年冬天，马其顿的亚历山大大帝开始进军亚细亚。当他到达弗吉尼亚城时，听说城里有个著名的预言：几百年前，弗吉尼亚的戈迪亚斯王在牛车上系了一个复杂的绳结，宣告谁能解开，谁就会成为亚细亚王。很多国家的王子和武士都来看过这个结，试图打开，但无一成功。亚历山大大帝仔细观察许久，始终找不到绳头。正在这时，他突然拔出宝剑，对准绳结，一剑下去，将它劈成两半。

困扰人们数百年的难解之结，就这样被亚历山大大帝以自己的规则轻易解开。而他后来的成功，众所周知。

秦王嬴政，也就是后来的秦始皇，虽然残暴野蛮，但吞并六国的决心意志，跟亚历山大劈开绳结，约略相似。

蒙恬建功

秦国的残暴，源于严刑峻法。蒙恬和弟弟蒙毅，都专门学过法律，当过文书之类的刀笔吏，也干过狱官。然而两代名将的血液，汇集到一根血管里，温度与劲道终究要超过墨水。蒙恬是否曾经投笔，历史不得而知，但从戎的结局，则确定无疑。他接过两代人传下来的兵韬将略，也挥起了帅旗。

前221年，王贲率领大军进攻齐国，这是秦国的最后一个对手。"对手"二字，是对秦国的侮辱，对齐国的抬高，或许用"障碍"一词，更为贴切。

尽管长平之战，齐不援赵粮草，五国伐秦，它也拒绝参与，但覆灭的命运并未因此而有丝毫的改变。齐国只不过多延续了几年，如此而已。

问题是，苟延残喘又有什么意义呢？诚如袁中郎所言："人生不得行胸臆，纵年百岁犹为夭。"

不过拿这话去斥责齐王，又是典型的对牛弹琴。这个错误，不在牛，在人。

这一战，秦军是从北方——原来的燕国边境，一刀劈下来的。当时王贲和李信刚刚从辽东抓住燕王喜，彻底平定北方。齐军主力全都向西布置，却没想到，正北的头顶上，还悬有一柄达摩克利斯之剑。

蒙恬参加了灭齐的战争。这场战争毫无悬念，没有开始，已经结束；其间只有能写入年终总结和个人简历的提要，不可能有精彩的细节。秦王诱骗齐王建，答应给他五百里封地，齐王建，这个执政四十四年毫无建树的亡国之君，立即屁颠屁颠地跑了过去，可结果呢，是活活饿死。当然，这个结局对他而言非常公正，因为他早已透支未来，饿死的痛苦也未必足够还本付息：他执政的前四十一年，一方面有太后扶持，另一方面秦国实行"远交近攻"政策，一直太平无事，他可以纸醉金迷，日日花前常病酒。

当然，广阔的齐国故土，还是需要士兵的脚底一步步地丈量。就像伊拉克战争，无论技术多先进，电磁战、饱和轰炸多犀利，最后把军旗插上巴格达城头的，也只能是步兵。所以战后秦军回国，秦王还是得论功行赏。没有功劳有苦劳，没有苦劳也有疲劳。

蒙恬因此被任命为内史。

按照秦国官制，内史是管理都城的最高行政长官。天子脚下的一把手，古往今来都很重要，比如宋朝，开封府尹一度是太子的禁脔。蒙恬能出任此职，可见秦王的信任。

秦始皇——六国已灭，四海臣服，此时理应改口——对蒙恬的信任，不仅仅表现在这里。蒙恬的另外一项任命，也能看出端倪：独当一面，征讨匈奴。

接管了六国的土地，自然也要接管六国的责任，比如边防。燕赵两国都曾与匈奴等游牧民族接壤。名将李牧事业的第一桶金，就掘自北方。然而随着战事的升温，燕赵与秦国都不得不收缩北方的防御，倾全国之力互相搏杀，匈奴正好乘虚而入，此时兵锋已达阴山、五原（今内蒙古五原）、云中（今内蒙古托克托东北古城镇），秦国的上郡（郡治肤施，今陕西榆林东南鱼河堡）、陇西（郡治狄道，今甘肃临洮）等边郡，也经常遭遇匈奴洗劫，关中与咸阳，几乎都能听到匈奴骑兵的嗒嗒马蹄声。

这种状况，当然不能继续下去。既然内政已定，边防就成了头等大事。秦始皇将这副重担，压到了蒙恬的肩上。

在有关史料中，找不到足以表现蒙恬将略的细节。可以想象，这是由于他缺乏强大的对手。他登场时，天下基本大定，燕国和齐国的残余势力，无力掀起大浪。没有对手的激发，你自然也无法表现出气势。譬如围棋对决，名局总是在实力相当的对手之间产生。若一方棋力甚差，你怎么下都行，怎么下都能赢，又怎么能弈出漂亮的手筋，不出臭棋就是万幸。

蒙恬生活的环境，就是这样的。

这样一来，就产生了一个问题：秦始皇怎么就敢把三十万大军和边防重任，交给这样一位从未独立指挥作战的青年将军？王翦已老，但王贲和李信犹在，用他们的风险，显然要小于蒙恬。

秦始皇干吗要这样冒险？难道他生性喜欢走钢丝？

当然不是。

这正是秦始皇雄才大略的一个体现。跟他当初起用李信，道理如出一辙。统一六国的之所以是他而非别人，这也是个重要原因。人才是需要发现，也是需要培养的，所谓千里马常有，而伯乐不常有，秦始皇基本算是个眼力不错的伯乐。

因为蒙恬不负众望，打得确实漂亮。

生活在北方的游牧民族，到秦统一六国时，逐渐融合成东胡、匈奴和月氏三大民族，其中匈奴的实力最强，他们生活在蒙古高原，首领头曼单于可算一代雄主。头曼单于不断扩张，最后将东胡赶到燕山以东，月氏驱至祁连山以西，辽宁西北部、山西北部、内蒙古及宁夏一带，全部成为匈奴的牧场，尤其是水草丰茂的河套地区（黄河中上游的两岸平原）。在水草的滋养下，匈奴兵强马壮，具有强大的野战机动能力，很难对付。

在此之前，六国防御匈奴，除了李牧之外，都没有好办法，主要靠修筑长城。然而长城终究是死的，无法彻底挡住匈奴如风的战马。秦始皇决心扭转这一局面。前215年，他亲自巡视边疆，然后制定出对付匈奴的总体战略：从内地大量移民，充实边境，挤占发展空间，开发经济，为战争提供人力物力保障；修筑从内地通往边境的道路，方便大军调动和物资运输；连接燕赵长城和秦长城，作为防御依托；调兵遣将，加紧战争准备。

战略一旦制定，目标的遂行就成了蒙恬的责任。

现在才弄清楚，孟姜女哭长城，也许记错了账：命令发自秦始皇，执行却在蒙恬。修筑长城，他是第一责任人。

工程开工的基本条件，现在需要三通一平：水电路通，场地平整。蒙恬修长城，无法奢望这等条件，但至少要清场，先把工地周围的敌军肃清。为此，他制订了相应的作战计划：以大部兵力进击河套北部，一部兵力从北地郡（郡治义渠城，今甘肃宁县北部）出发，攻击河套南部。南北夹击，收复河套后，主力由河套北部渡过黄河，向高阙（今内蒙古巴彦淖尔盟杭锦后旗东北。阴山山脉至此中断，成一缺口，状如门阙，故得此名）、阴山山脉挺进；一部兵力从河套南部渡河，向贺兰山方向攻击前进。战役目标是，将河套陇西一带的匈奴，驱赶至赵长城以北。

前215年，第一次马其顿战争爆发；人类首次利用太阳能作战：阿基米德指挥叙拉古妇女，利用铜镜反射太阳，烧掉罗马海军的帆船；还是在这一年的冬天，蒙恬擂响战鼓，三十万大军正式出征。蒙恬带领主力，从陕西榆林向河套北部进发，一部兵力出萧蒹关进击河套南部。秦军动作迅速，且选择时机恰当——冬天不利于骑兵作战，给了匈奴人突然一击。

战国七雄中，骑兵最强大的是赵国。秦军有两项绝技：不要命的步兵，以及遮天蔽日的弩。蒙恬没跟匈奴人硬拼骑兵。他以步兵为核心，前面布置车兵，后方和两翼安排骑兵和弩兵策应，形成一个完整而强大的作战阵型。等匈奴人挥动弯刀紧跨战马冲杀过来，弩兵先射，然后车兵和骑兵掩护步兵发起反冲锋。

猎猎寒风中，沉闷的厮杀声汇集起来，震天动地。鲜血淌在地上，很快就凝结成冰。匈奴人习惯游牧，此前又没有集中兵力，哪里是秦军的对手！没过多久，他们就抛下无数的尸体，匆匆向北逃去。黄河南岸地区，重新回归秦国。

蒙恬趁着严冬，休整部队，调整部署。次年春天，他带领主力从五原北渡黄河，迅速推进至阴山一线；另外派出一支精兵，渡河后攻占贺兰山。匈奴人饶是勇敢善战，但在三十万秦军跟前，实力对比还是过于悬殊。遭遇连续打击之后，头曼单于深为恐惧，只好带领人马逃往北方。

就这样，秦、赵原来的失地，全部被蒙恬收复。

攻克一个地方容易，牢固防守困难。所谓创业难，守业更难。为了巩固北疆，蒙恬奏请秦始皇，在新收复的地区设置九原郡，郡城在今天的内蒙古五原，下辖四十四个县。

九原郡的设立，影响了后世的两位名将：三国名将吕布是五原人；1926 年，冯玉祥将军在五原誓师北伐，最终打到北京，推翻北洋政府，将清廷皇帝赶出紫禁城，停止优待清室的有关条款，末代皇帝溥仪由此成为难民。

肃清匈奴之后，蒙恬随即根据秦始皇的命令，不断向边疆移民，同时大量征调民工，连接秦赵长城，改善防御条件。他以高阙为中心，沿阴山山脉，加修到云中，连接上原来的赵长城；沿狼山山脉，新修了直通榆中（今内蒙古伊金霍洛旗以北）的长城。与此同时，他还责成云中、代、渔阳、右北平等郡，同时加修连接长城。就这样，西起陇西临洮（今甘肃岷县）、东至辽东（今辽宁省境内）的万里长城，第一次以完整的规模，出现在世人眼前。

要致富，先修路，这是现在的说法。秦始皇修路，则是为了江山永固，当然，也为了方便出游。这个家伙很有意思，屁股坐不住，有点旅行家的风范，总想到处跑。到处跑的目的，都说是寻找神仙和长生不老药。这目的肯定存在，但应该不是全部。巡行国土，饱览山河，肯定也是目的——毕竟他刚刚打下那么多地方。为出行方便，他下令以咸阳为中心，修筑秦驰道：路宽五十步，每隔三丈，植松树一株。

这是全国性的大工程，就是当时的高速公路，共有九条。蒙恬的任务，是修筑其中的一条，叫秦直道，全长一千八百里，断山塞谷，工程浩大。这条道路一头是九原，另外一头则连着甘泉宫。《括地志》的说法是："甘泉山有宫，秦始皇所作林光宫，周匝十余里。汉武帝元封二年于林光宫旁更作甘泉宫。"它位于今天的陕西淳化县以北五十里处，离咸阳一百五十里，是秦始皇众多的行宫之一，主要功能是避暑。道路修到这里，其作用自然不难理解。

遗憾的是，道路尚未贯通，一直期望长生不老的秦始皇已经作古，工程随即半途而废。

一首情诗

《诗经》里有这样一首情诗：

> 山有扶苏，隰有荷华；不见子都，乃见狂且。
> 山有桥松，隰有游龙；不见子充，乃见狡童。

从某种意义上来说，《诗经》不仅是文学作品，更是历史，其中的《雅》，尤其如此。《诗经》的年代离现在实在太远，这样的情诗，习惯于流行歌曲的人们，读起来更像密电码。所以必须翻译一下：

山上有枝叶茂盛的大树，池里有美艳的荷花；没见到美男子子都，偏遇见你这个小狂徒。山上有挺拔的青松，池里有丛生的水荭：没见到好男儿子充，却碰上你这个小狡童！

子都是春秋时期郑国的大夫，名叫公孙阏，字子都。他箭法出众不说，还是个超级大帅哥，《孟子》里说过："至于子都，天下莫不知其姣也。不知子都之姣者，无目者也。"话说得很重，看不出子都之貌美者，都是有眼无珠之辈。亚圣孟夫子都这么说，足见其美不虚。

不过子都这人，却是个小心眼，堪比《三国演义》中的周瑜。

春秋时期，郑庄公是第一个称霸的诸侯。他不但跟周天子刀兵相见，还射伤了周桓王本人。这就是著名的繻葛之战。这场战争在政治和军事上，都有十分重要的影响。从政治而言，它让周天子威信扫地，"礼乐征伐自天子出"的传统因此不再，是"礼崩乐坏"的最好证明；从军事上说，郑军首次采用的"鱼丽阵"，让步兵和战车互相配合的阵型更加严密、灵活，有力地推动了军事技术的变革，大大提高了战斗力。

郑庄公打败周天子，更加来劲，东征西讨不断。可有一件事，他老搁在心里放不下：讨伐宋国时，南边的小国许（今河南许昌附近）竟然不肯跟随，这怎么能行。

他决心教训教训许君。

讨伐人家，总得有个冠冕堂皇的理由，不能师出无名。旗号重要，大旗更重要。君主嘛，好大喜功在所难免，面子工程从不鲜见。郑庄公嫌讨伐宋国时的旗帜不够威风，特意安排人重新制作了一面"蝥弧"锦旗，旗杆长三丈三尺，锦方一丈二尺，旗帜上系着二十四个金铃，旗面上绣着"奉天讨罪"四个大字，用铁绾在一辆兵车上。当年五月，他在宫殿门前检阅部队，传令道："谁能举动这杆大旗，我就拜他为大将，赐给这辆兵车！"话音刚落，大夫瑕叔盈就站出来，大声道："我能！"随即单手拔起旗杆，向前走三步，再后退三步，回到原来的位置，把锦旗稳稳地插回车上，面不改色，大气不喘，军士们顿时一片喝彩。瑕叔盈十分得意，正要拉走兵车，忽听有人说道："这有什么稀罕？我能拿着大旗当枪耍！"说话的不是别人，正是大孝子颍考叔。有一回，郑庄公赐宴，上了很多肉，他却不吃，要揣起来。郑庄公很奇怪，问他原因，他说："我要带回去给母亲吃，她不能经常吃到肉！"

要知道，这位母亲对颍考叔很不好。

却说颍考叔走到兵车跟前，举起大旗左右挥舞，哗啦啦直响，大家都看得目瞪口呆。郑庄公非常高兴："你可真是虎将啊，一定当得起主将的重任！兵车归你了！"可他话音未落，又出来一位英俊漂亮的少年将军，高声喊道："这有何难，我也能行！把车子留下！"

此君便是郑庄公的侄子，公孙子都。作为贵族，他箭法出众，又生就一张漂亮脸蛋，向来骄横，哪里瞧得起小吏出身的颍考叔；颍考叔呢，是员猛将，也是员不服老的老将，拉起兵车转身就跑；公孙子都拔起长戟，紧追不舍。可等他追上大路，颍考叔早已不见人影。

子都因此怀恨在心。

七月间，郑庄公正式下令，派颍考叔为主将，瑕叔盈和子都为副将，攻打许国。郑军逼近许国都城，颍考叔奋不顾身，率先爬上城头。子都眼看颍考叔又要立大功，心里更加忌妒，二话不说，弯弓搭箭，嗖的一声射了出去。

子都的箭法确实出众。他射死了颍考叔这员神勇的老将，也射出了一个成语：暗箭伤人。

瑕叔盈连忙拾起大旗，指挥士兵继续战斗，这才把城攻破，灭掉许国。

这事后来被许多剧种搬上舞台。京剧里有出《伐子都》，是唐派戏，就是当年并称"南麒北马关外唐"的唐韵笙先生创演的。子都既然是将军，所以也就是武老生戏。

话题扯得比较远，好在主人公都是将军，收回来再说情诗。

这首诗，确切地说是民歌，源出郑国百姓。老夫子朱熹说过："郑卫之乐，皆为淫声。"王安石变法，他弟弟王安国是反对派，认为哥哥重用的都是一帮小人。于是王安石跟周围的人商议政事时，他就在旁边制造噪音，让人弹唱歌舞，好不热闹。王安石很生气，对弟弟说："停此郑声如何？"王安国则针锋相对："远此佞人如何？"

可见郑国民歌，名声确实不怎么好，至少不够健康向上，不够主旋律。可这只是后代的看法，至少秦始皇不这么看。证据是，他的郑国妻子经常唱这首歌，他不但不制止，反而将他们俩的儿子，取名为"扶苏"。

从字面上看，"扶苏"二字，是香草良木、枝叶繁茂之意。秦始皇以此给儿子取名，用意深刻。从扶苏后面的表现来看，他确实没辜负父亲的期望。如果秦始皇安排得当，扶苏能继承皇位，秦绝不至于两世而亡。

从性格脾气上看，秦始皇和扶苏可谓相辅相成，搭配得当：秦始皇性格刚猛暴烈，不乏血腥残暴，是个成功的破坏者，他用暴力顺利地打碎六国的一切，但尚未真正一统天下；扶苏呢，性格温和，仁义善良，正适合来完成这一切，不妨称为建设者。当然"建设者"三字未必最为贴切，也许还可以叫"维持者"。维持天下，最需宽仁。如果扶苏能接班，可谓绝配，于秦于民，都是幸事。

遗憾的是，秦始皇忽略了这一点。他以为用暴力得来的天下，还能用暴力统治。儿子在性格上的差异，不但没被他视为裨补，反倒被看作异端，依然摆出"顺我者昌，逆我者亡"的架势。

秦始皇下令，公子扶苏到边疆上郡出任蒙恬大军的监军。这一纸命令，彻底改变了两个人的命运，不但害了扶苏，也连累了蒙恬。

那么，扶苏到底怎么得罪父亲的呢？

正反始皇

秦始皇在国人心目中的形象，似乎不怎么好。

孟姜女哭长城，说明他暴虐，不体恤民情；滥施刑罚，动不动就刖脚——用刀刖掉脚，可不是随便踮起脚跟，在地上跺两下——割鼻子，说明他凶残，缺乏治天下、牧百姓所必需的仁厚；焚书坑儒，说明他独断，容不得百花齐放、百家争鸣。

秦始皇与扶苏最大的分歧，恰恰在于最后那个统一：焚书坑儒，统一思想。

在这个问题上，当然是扶苏的意见正确。然而秦始皇的决断虽然错误，但他有其理由，反倒是李斯的推波助澜，不可饶恕。

这事的起因，在于政权的机构设置。

天下统一之初，丞相王绾建议延续周朝的做法，采用分封制，分封秦朝宗室为诸侯，出镇燕、齐、楚等边远地方，因为天下太大，难以管理。群臣们纷纷附和，只有廷尉李斯坚决反对。他说周文王、周武王封的子弟很多，后来又怎么样呢？互相疏远，彼此为仇，战乱不断，周天子也无法禁止。现在既然天下一统，那就应该实行郡县制，否则不能长治久安。

这话秦始皇听了进去，他对此想必印象深刻，因为就源头而言，秦赵两国绝对有共同的祖先，姓氏完全相同，但到最后，还是有长平血战、邯郸之围。于是他断然决定，采纳李斯的建议，将天下分为三十六个郡，郡下设县，实行中央、郡、县三级管理。

请注意，那时的管理层级比现在少了一重，但当时人口很少，一郡的总人数，也未必抵得上当今的一县。

其实在此之前，已有郡的建制。比如吴起在魏国，曾经担任西河郡守，到楚国后又治理宛郡。郡不是新生事物，新鲜的是彻底废除分封制，不再有诸侯。因功封的侯爵，只享受食邑上的赋税，不能建国。

然而郡县全部设置完成之后，争论还没有结束。前213年，秦始皇在咸阳宫中大摆宴席，群臣纷纷称颂，博士淳于越却不合时宜地批评郡县制："殷周之所以存续千年，就是因为它把天下分封给子弟和功臣。现在天下如此之大，宗室子弟没有封地，和百姓一样，万一发生田常、六卿之变，又有谁来相救呢？不以古为师而天下能长久的，从来没听说过！"

这话确实迂腐得可以，简直能闻到其中散发的霉味。迂腐之论说说也没什么不可以，问题是秦始皇不开心。过去有"三皇"，也有"五帝"，嬴政自以为功绩超过他们，所以不满意群臣议定的尊号，一定要两样都占，直接叫皇帝。这样的君王，又在那样一个场合，你非要触逆鳞，提出批评意见，即便正确也不受欢迎，更何况还不正确呢。

秦始皇大怒，下令拿问淳于越，由丞相李斯负责审问处理。

李斯的处理意见非常富有跳跃性思维，他建议秦始皇，禁私学，焚《诗》《书》，钳制思想，实行文化专制。

民主的特征是有争论，没有标准答案；专制的特征是有标准答案，没有争论。李斯建议的核心，就是严格推行标准答案。

那么从郡县分封争论到建议禁私学，李斯又是如何得出的结论呢？他的论证过程如下。

儒生习惯于"不师今而学古"，往往以"私学"为武器，诋毁"法教"，指责当世，祸乱百姓，"入则心非，出则巷议"。一句话，他们常常厚古薄今，讥讽朝政。长此以往，必将损害皇帝和朝廷的权威，不利于"定一尊"。关于郡县制的争论，只不过是问题大海中的一滴水珠而已。

李斯建议，除了《秦记》、医药、卜筮、种树之类的书籍，六国史书、民间所藏的《诗》《书》以及百家语，统统烧毁；不能收藏《诗》《书》，也不能议论，否则一律当众处死；禁止一切私学，只能学习秦朝的法令。

李斯算是彻底摸准了秦始皇的脉。所以这些建议，秦始皇大手一挥，全部照准，中国文化史上的一次浩劫，由此上演。秦始皇毁掉了民间藏书，十几年后，项羽东归之前，一把大火又把咸阳烧了几天几夜，官府藏书也被转化为无用的热能。后世中国秦之前的史料极度匮乏，这俩家伙居功至伟。

真正有能力推行焚书的，当然是秦始皇，他应该是第一责任人，可我为什么说李斯的责任更大，更加可恨呢？因为秦始皇是皇帝，他这么做算是损人利己，固然可恨可鄙，但逻辑还算成立；而李斯是读书人出身，"定一尊"只能尊嬴政，于他毫无关系，他提出这样恶毒的建议，是典型的损人不利己，逻辑不通。

当然，这对李斯还是有点好处的：取悦于秦始皇，他可永葆富贵；禁绝私学，只尊法家，他可以在竞技开始之前就淘汰掉对手。从这个意义上说，焚书的建议跟谗害韩非，内在逻辑一脉相承。

问题是，代价如此之大，可能的收获实在太小。他这种行为，是典型的为一块牛排而出卖巴黎。

帝王这样固然可恨，读书人这样更加可恨，更加不能原谅。

空中的焦煳味尚未散尽，地上的纸页余烬未熄，次年又发生了"坑儒"事件。

确切地说，这次事件应该称作"坑术"。被活埋的四百六十多人，肯定也有儒生，但以术士为主。引爆事件的导火索是为秦始皇求长生不老仙药的侯生与卢生逃跑了。秦律规定，"不得兼方，不验，辄死"。就是一剂药方治啥要明确指向，一旦不见效果，承办人就是死路一条。可怜侯生和卢生，哪有什么本事制出长生不老药，眼看危机将临，他们只好溜之乎也。逃就逃吧，逃跑之前还攻击——确切地说，只是议论，因为所言非虚——秦始皇"贪于权势""专任狱吏""乐以刑杀为威"。这些指责是如此精准，秦始皇自然是暴跳如雷。他立即下令，全面追查诸生罪状，结果查出有四百六十多人犯禁，于是全部活埋。

可以肯定，即便按照秦朝当时的法律，这些人中也有不少是冤枉的。追查株连，告密揭发，累及无辜，在所难免。对于父亲的做法，公子扶苏很不赞成。他多次力谏："天下初定，远方黔首未集，诸生皆诵法孔子，今上皆重法绳之，臣恐天下不安。唯上察之。"

秦始皇听不得半点意见，哪怕它来自亲儿子。扶苏说得多了，惹得他雷霆震怒，一纸调令，将扶苏贬往上郡。

前213年，东方的秦朝焚书，西方的罗马打败迦太基；前212年咸阳坑儒，扶苏被贬，阿基米德被蛮横无知的罗马士兵杀死。

阿基米德死前曾悲愤地高呼："不要破坏我的圆！"当扶苏一路向北，踏着漫漫黄土，迎着猎猎北风前往边疆时，焉知他内心里不曾这样呐喊："父皇，请不要毁掉您的大秦帝国！"

沙丘之谋

蒙恬冤死的直接责任人是赵高。尽管彼时秦始皇已死，但他依然要负重要的"领导责任"。这不仅仅因为他将扶苏贬到蒙恬身边，还因为他赦免犯下死罪的赵高，留下了一颗定时炸弹。

客观地说，秦始皇将扶苏从中央下放到边疆，给蒙恬当监军，其实用心良苦。这在他心中究竟算是贬斥还是锻炼，都很难说。

当时东方六国战事已息，只有北方的匈奴偶尔还会吹出两声号角。让性格善良宽厚的扶苏去感受战火的无情，经受刀兵的洗礼，可以擦去他身上在秦始皇看来属于柔弱和妇人之仁的东西；蒙恬是秦始皇最信任的大将军，根本不需要监督，但扶苏这个见习生，却需要老师传帮带。

如果几年下来，扶苏能成长为刚毅果敢的将帅，那秦始皇的基业，不就后继有人了吗？而且皇帝和丞相同时浮出水面。只是人算不如天算，秦始皇一心追求长生不老，却没想到最终暴死于求仙的旅途——当然，也有人认为，他死于赵高与胡亥的毒害，而彼时扶苏关山阻隔，天各一方，难以托付。

沙丘那片土地，注定要被写入历史，因为它见证了两个帝王的最后时刻，两人皆非等闲之辈：胡服骑射的赵武灵王，一统天下的始皇嬴政。

前210年，秦始皇带领李斯、赵高、胡亥一干人等出游。他们从咸阳出发，出武关（今陕西丹凤东南），沿丹水、汉水流域到云梦，再沿长江东下直至会稽（今浙江绍兴市南），登会稽山祭大禹，然后刻石纪盛——类似风景区里笔迹斑驳杂乱的某某到此一游。当年七月，大队人马前呼后拥地到达平原津（今山东平原县西南），秦始皇突然患病，只好暂停巡游，迁移到沙丘（今河北广宗大平台、前后平台一带）宫颐养将息。

据记载，商纣王曾经在沙丘一带大兴土木，设苑台，养鸟兽，构筑酒池肉林，让男女裸体追逐嬉戏。后来赵武灵王又在这里设置离宫，想脱离国政，专注于军事。他宠爱吴娃，便废掉长子赵章的太子之位，将王位传给吴娃给他生的儿子赵何。此后吴娃死去，性格秉性跟赵武灵王更加接近的赵章又立有诸多战功，赵武灵王不觉心生悔意，一度打算让赵章在代郡（郡治代县，今河北蔚县东北）为王。废长立幼终于酿出祸端，赵章试图杀掉赵何，结果被赵何所杀。赵武灵王也被包围在宫中，掏空鸟窝吃尽雏鸟，直到饿死。

那些事情不过发生在秦始皇出游十多年前，一切恍如昨日。赵国土地尽归秦朝，主父宫也换了主人。然而这位新主人的运气并不比其前任好多少。自从住进宫内，秦始皇的病势就日渐沉重。眼看即将不支，他只好挣扎着写好诏书，盖上玉玺——世人普遍相信，那个玉玺是用和氏璧制作的——着公子扶苏立刻赶回咸阳，主持葬礼。

遗憾的是，诏书刚刚写好，还没来得及递发，死神的黑袍已经将他严严实实地罩住。这样诏书就落到了赵高手中。

赵高是个不完整的男人，宦官出身，身材高大，书法出众，大篆写得很漂亮，而且极善察言观色，深受秦始皇的信任，让他教授子女，后来又任命他为车府令。这是管理皇帝车马仪仗的官职，属于天子近臣。因为他是宫中的宦官，为示尊崇，其官职前面都加有"中"字，开始是"中车府令"，后来又当了所谓的"中丞相"。

赵高之所以有机会捣鬼，是因为他还有一项兼职：兼行符玺令事。诏书写好得找他盖玉玺，所谓用印，方能生效；拿今天的话说，印把子掌握在人家手中。

于是赵高拖拖拉拉，私扣诏书，不交付使者传送。鉴于皇帝死于外地，太子尚未确立，为避免政局动荡，丞相李斯下令严格封锁消息，把棺材装进辒辌车，每天还像过去那样，送饭送水，百官奏事，如同什么事都不曾发生。

辒辌车是什么样子的呢？1978年，考古工作者在秦始皇陵发掘出了一组青铜车马，就是完全按照当年形制制作的，是秦始皇出巡使用的车队。车队由八匹马和两辆豪华马车组成，第一辆叫"高车"，又称"副车"，皇帝侍从官乘坐，他负责后面车上皇帝的安全，车里配备有防御武器——五十根铜箭，还有盾牌。第二辆称为"安车"，又叫"辒辌车"，即温凉车。可能当时也有调节温度的设施，冬暖夏凉——当然都是相对的，不能与今天的空调比肩。安车比高车大且豪华，车座上彩绘有美丽的纹饰，一组组的小菱花，再加绘细如游丝的云气纹，色调艳丽。车上的伞盖也是活动的，像雨伞一样开启自如。

如今，车驾还像过去一样富丽堂皇，只是主人已经躺进棺材，国中无主，究竟应该怎么办，李斯一筹莫展。这时，赵高突然找上门来："皇上驾崩，外人不知，诏书和符玺也都在我手里。定谁为太子，全在丞相与高一句话，您看着办吧！"

作为胡亥曾经的老师，赵高与胡亥整日厮混在一起，已成狐朋狗友。扶苏"刚毅而武勇，信人而奋士"，一旦继位，未必有赵高的好果子吃，不如将胡亥这个阿斗扶上去，便于控制。赵高与胡亥计议已定，赵高随即充当急先锋，前来说服李斯。

李斯的第一反应，还有点托孤大臣的味道，义正词严，冠冕堂皇："这是亡国之言，岂是人臣所能议论的？"这些大道理吓不住赵高，他明白李斯的软肋之所在，接着问道："丞相认为，您的功劳、才能、谋略，与蒙恬相比如何？天下对您的好感强，还是对蒙恬的好感强？扶苏更信任您，还是更信任蒙恬？"

赵高虽是坏蛋，但智商应当不低。相形之下，君子的反应，往往不及小人敏捷，因为孔夫子就是这样教导的："君子欲讷于言而敏于行。"赵高这番话，正好击中李斯的心病，彻底解除了他的武装。

李斯立即决定，与赵高联手，扶持胡亥，灭掉扶苏。这一下，他把自己和扶苏，同时送上了不归路。

赵高随即伪造诏书，派人送往上郡，以"不忠不孝"的罪名，赐死扶苏和蒙恬。具体罪名来源如下：边境已定，匈奴不敢南犯，所以他们俩"无尺寸之功"，是为不忠；扶苏多次劝谏惹恼秦始皇，是为不孝。

信陵君突然手持虎符前来代将，晋鄙疑虑，不肯立即交令；使者空降诏书赐死，蒙恬自然更不会轻易相信。凭着久经战阵积累的经验，他敏锐地感觉到其中有鬼，因此力劝公子扶苏不要轻举妄动："请复请，复请而后死，未暮也。"请您先上诉，上诉不成功，再死也不晚。然而扶苏到底是仁厚君子。他没听蒙恬的劝告，长叹一声，洒泪数滴，随即引剑自刎，之后被就地葬于驻地上郡。

蒙恬坚决不肯从命，执意申诉，于是使者解除他的军权，将军队交给副将——王翦的孙子王离，把蒙恬押解到阳周（今陕西子长县北部）囚禁起来，然后回京复命。

蒙恬的申诉注定不会有结果，因为赵高灭蒙决心已定。

2005年，电影《神话》上映，成龙在剧中饰演秦朝将军蒙毅。这个蒙毅确有其人，他就是名将蒙恬的弟弟。赵高灭蒙，起因即在于与蒙毅结过梁子。

关于蒙氏兄弟，《史记》中有这样的记述："始皇甚尊宠蒙氏，信任贤之。而亲近蒙毅，位至上卿，出则参乘，入则御前。恬任外事而毅常为内谋，名为忠信，故虽诸将相莫敢与之争焉。"

身为上卿的蒙毅，"出则参乘，入则御前"，与皇帝几乎寸步不离；不仅如此，兄长蒙恬还在外握有重兵。蒙氏家族的声望，简直无法想象。

前面说过，蒙恬和蒙毅小时候都学习过狱法。有一天，赵高犯了大罪，秦始皇派蒙毅论处，蒙毅的审判结果是死刑，还要除掉宦籍。然而最后关头，平常残暴无比的秦始皇竟然良心发现，念及赵高多年事君谨慎，兢兢业业，又将他赦免。

如此一来，蒙毅就平白多了个死对头。

赵高也通狱法，对蒙毅的审判结果，应该不会有根本的异议。但小人就是小人，从那一刻起，他就在心底牢牢刻下一个名字：蒙毅。

宁得罪君子，不得罪小人；不怕贼偷，就怕贼惦记。蒙毅麻烦就麻烦在一直被赵高惦记。

蒙毅不是"出则参乘，入则御前"吗，赵高和李斯的沙丘之谋，他怎么就丝毫也没发觉？秦始皇东游，难道他没有随王伴驾？

当然不是。这种大事，怎能少了蒙毅？只是中间秦始皇生病，临时给蒙毅派了任务：祭祀名山大川，为自己祈福延寿。

所以当时蒙毅不在沙丘。如果他在，以其干练果敢，应该会是完全不同的另外一个结果吧。

一个偶然的决定，再度改变历史进程。

兄弟同死

胡亥忌惮的只是扶苏，听说扶苏已死，暂时也就放下了蒙恬。但赵高心里，可没忘这事。正好此时蒙毅回来复命，赵高立即在胡亥跟前大上眼药："我听说先帝早就想选择贤能，册立您为太子，但蒙毅老是反对。知道有贤者而反对立储，这是为人不忠，祸乱君主。这样的人，应该及早除掉！"

这话不管胡亥相信不相信，都得听。怎么说呢？赵高刚刚给他帮了那么大的忙，这点小小的面子，还能不给吗？不过，他并没有完全被赵高控制，只卖了他一半的面子，派人将蒙毅拘押起来，关进代地（今河北蔚县东北）的监狱。就这样，蒙家哥俩，昔日殿前宠臣，今日阶下囚徒；西边一个，东边一个，全都披枷戴锁。

赵高带着大队人马，星夜兼程朝咸阳赶。此时秦始皇所谓的万金不坏龙体，已经露出肉体凡胎的本来面目，臭不可闻。赵高命人买来大量的鲍鱼，以掩人耳目。等到了咸阳，将胡亥扶持上台，总算暂时进入幕间休息。

然而赵高对于远方狱中的蒙氏兄弟，依然无比"关心"。谎言重复一千遍，不是真理也成了真理。经过他持续不断的艺术加工，胡亥终于动了杀机。胡亥派出使者，分别到代和阳周，赐死蒙氏两兄弟。

使者首先给蒙毅传话："先帝要册立太子，但你总是阻挠。丞相以为你不忠，这样会连累你们整个家族，我心里很不忍，决定只赐你自杀。这已经足够宽大，你自己想想吧！"蒙毅说："要说我不懂得先帝的意图，那我怎么能从年轻时做官开始，直到先帝仙逝，一直都很顺利？要说我不了解太子的才能，那么唯有太子能陪侍先帝周游天下，其他的公子都不行，我还有什么好怀疑的？先帝册立太子，是多年深思熟虑的结果，我怎么敢胡乱插嘴？不是我想逃避死罪，只怕这会辱没先帝的声誉。希望您认真考虑考虑！"

蒙毅就是能说出花儿来，也不顶用。使者深知胡亥的意图，根本听不进去。说一千道一万，蒙毅也还是个死。

另外有使者前往阳周，逼迫蒙恬自杀："您罪过很多，而且蒙毅犯有重罪，依法要牵连到您！"蒙恬说："我们祖孙三代，都为国家立过大功。如今我带兵三十多万，即使在囚禁之中，势力也足够叛乱。然而尽管我知道必死无疑，却依然坚守节义，不敢辱没祖宗的教诲和先帝的恩宠。从前周成王刚刚即位，年龄尚小，"未离襁褓"，周公姬旦背负着他接受群臣朝见，直到平定天下。成王病情危重时，周公剪下自己的指甲沉入黄河，祈祷说：'国君年幼，我在执政。若有罪过，应该由我接受惩罚。'然后把祈祷词写下来，收藏在档案馆。等成王亲政，有奸臣造谣，说周公旦阴谋作乱，成王信以为真，大发雷霆，周公就逃到楚国。后来成王审阅档案，发现周公的祷告书，这才明白他的忠心，于是杀掉造谣生事的大臣，请回周公。所以《周书》上说：'凡事一定要多方询问，反复审察。'如今我蒙氏宗族，世世代代忠良，最终却落到这样的结局，一定有奸臣作乱，欺君罔上。周成王犯有过失而能改过振作，终于使周朝兴旺昌盛；夏桀杀死关龙逢，商纣杀死比干而不悔过，最终身死国亡。希望陛下明察！"

能反不反，基本能证实蒙恬的忠心。然而使者又有什么办法呢？他无奈地说："我的任务只是对将军施刑，不敢把您的话转达给皇上！"蒙恬闻听，重重地叹口气说："我究竟对上天做了什么孽，竟然无罪而受死？"良久之后，又长吁一口气，慢慢说道："我确实有罪当死。从临洮到辽东修筑长城，挖壕沟一万余里，中间能没有截断大地脉络之处吗？这就是我的罪过吧。"

蒙恬于是吞下毒药，含冤自杀。

富不过三代，贵也不过三代。王家将和蒙家将，无不如此。人之将死，其言也善。临终之前，白起忏悔长平之战后坑杀俘虏，蒙恬则忏悔万里长城工程浩大。挖断地脉云云，是当时人们的认知——证有容易证无难，其实现在也无法证伪；但如果说蒙氏三代为将，杀人无数，终得报应，估计会有人相信。

问题在于，他死非其罪，确有冤屈。

男人生来喜欢舞刀弄枪。我在懵懂之年，曾经看过一部电影《默默的小理河》。预告说是战斗片，但战斗并不激烈，所以我很失望，因为票价绝对值不高，相对值不菲。如今我年逾不惑，刀兵之心已息，这才约略感觉出其中真味。尤其是从史料中得知小理河与蒙恬有点关系时，不觉心里一动，仿佛在遥远的异乡，突然发现一个每日相对无言的熟人，竟然与自己有着相同的籍贯，相似的经历。只是多年已去，彼此都被岁月压迫得变形失色，激情不再，那些共同熟悉的地方，不知道还能否认出远方的游子。

蒙恬冤死之后，被部下收葬于绥德城西的大理河川，与扶苏墓遥遥相对。经年累月，墓地逐渐湮没在众多的土丘之中，漫漶难识。在它的脚下，大理河接纳小理河之后，日夜奔流不息，最后汇入无定河。

"可怜无定河边骨，犹是春闺梦里人。"多年之后，可还有闺中少妇，怀念屈死在远方的将军？

蒙恬与扶苏，是这三十万精锐秦军的主心骨，他们俩一去，三十万大军随即风流云散，再也无法捏成团，形成坚强的战斗力。没过多久，秦军主力就在巨鹿，也就是赵高他们制造阴谋的沙丘附近，被项羽歼灭，主将王离成了俘虏。

"笔祖"传说

湖笔是"文房四宝"之一。在湖笔之乡，湖州市善琏镇善琏村西头，有座蒙公祠，里面供奉着笔祖蒙恬，以及蒙恬的夫人，"笔娘娘"卜香莲。这又是怎么回事？堂堂武将，怎么与文房雅事搭上了关系？

这其中有个美丽的传说。

前223年，蒙恬带兵在外征战，要定期写战报呈送秦王。当时书写很不方便，有一天，蒙恬打猎时看见一只受伤的兔子，长长的尾巴在地上拖出血迹，蒙恬脑海里不觉灵光一现。他立刻剪下一些兔尾毛，插在竹管上，试着用它写字，可油光光的兔毛不吸墨；又试了几次，写起来还是不顺畅。蒙恬很是失望，信手一扔，那支"兔毛笔"掉进了门前的石坑。几天之后，蒙恬无意中又瞧见那支笔，再捡起来，发现湿漉漉的兔毛更加洁白。顺手试着书写，突然变得流畅无比。

原来石坑里的水含有石灰质，经碱性水的浸泡，兔毛的油脂被分离吸走，因而能吸墨，适合书写。

传说这就是毛笔的由来。

后来，蒙恬作战到了湖州，在善琏村取羊毫制笔，效果更好，于是被当地人奉为笔祖。某日，有位叫卜香莲的漂亮姑娘不慎落水，蒙恬赶紧跳入水中将其救起，最终两人结为夫妻。卜香莲在自己落水的地方，水洗夫君制造的毛笔，作为最后一道工序，结果那笔越发好用，她也就成了"笔娘娘"。相传农历三月十六和九月十六，分别是蒙恬和卜香莲的生日，每到那时，村民们都会举办庙会，供奉香火，以资纪念。

蒙恬是笔祖，并非仅仅是民间传说，文献中隐约也有痕迹。《太平御览》引《博物志》说："蒙恬造笔。"崔豹在《古今注》中也说："自蒙恬始造，即秦笔耳。以枯木为管，鹿毛为柱，羊毛为被。所谓苍毫，非兔毫竹管也。"据考证，蒙恬并非笔祖，笔早在他之前，已经存世使用，只是他对制笔工艺做过重大改进，对文化事业贡献不小。

关于这位冤屈的将军，还有更为风雅的说法：据说筝也源自他的发明。汉代应劭的《风俗通义》中，有这样的记载："谨按《礼乐记》，筝，五弦筑身也。今并、凉二州筝形如瑟，不知谁所改作也。或曰秦蒙恬所造。"后人根据这段文字，又生成这样的说法："古筝五弦，施于竹如筑。秦蒙恬改于十二弦，变形如瑟，易竹于木，唐以后加十三弦。"

写到这里，蒙恬在我眼前的形象慢慢丰富起来。他一定身材高大，眉清目秀，面容和善，举止安然，风流潇洒。最后一点尤其重要，他是儒雅的虎将，像周瑜那样知音——有歌谣道："曲有误，周郎顾"。当然，如此比拟也许看低了蒙恬，因为真实的周瑜其实将略一般，《三国志》中根本没有他独立的传记，说明当时人们并不看重他。周瑜的知名度，完全得益于《三国演义》的夸张虚构，都是罗贯中的功劳。

笔与筝是否为蒙恬发明，本身并不重要。还是那句话，民间传说无法坐实，但可以看出民心向背。如果传主是好人，那么所有有利于他的说法，都会被人传诵附会，雪球越滚越大，越滚越真；如果传主是坏蛋，那么附着在他身上的传说，无一例外都会是负面消息，好让他遗臭万年。

实际上，这也是一种生态的选择。

民众手中无刀柄，但自己的舌头，也可作为利器，发起微弱但是众多的反击。就是那句话，吐口唾沫淹死你。

而即便造笔与改筝都是善意的附会，蒙恬的风雅也基本可证：他自杀之前应对使者的那番话，有理有据，可见绝非粗人。

凶手下场

造成蒙恬冤死的，从法律的角度出发，责任大小依次当为胡亥、赵高、李斯。但从情感的角度讲，我认为应该倒个个儿：李斯、赵高、胡亥。

之所以要把李斯放在第一被告的位置，还是那个原因：他是读书人，是荀子的学生。读圣贤书，所学何事？至于赵高，本来就是去势阉竖，非完整男人，心理不正常才正常；胡亥呢，完全是个混账东西，公子哥儿。

一句话，赵高与胡亥本来就是坏蛋，而李斯应该成为好人。这样的人做坏事，尤其可恨。

好在这三个混账，都没有好下场。扶苏与蒙恬九泉之下见到他们，当能出口恶气。当然，他们彼此见面的可能性不大。地狱与天堂之间，应当别有阴阳阻隔。

还是先说他们的下场吧，让你我都能出出气。

李斯的丞相位置稳固了一段时间，但也只是一段时间而已，他很快就成了赵高的目标。

胡亥继位以后，胡作非为，滥杀无辜，首要目标就是自己的兄弟姐妹。这家伙生于前230年，就是内史腾灭韩那一年，辛未年，属羊，但他却像狼一样狠毒：杀掉大哥扶苏还不放心，对剩余的兄弟，依旧大开杀戒。他曾在咸阳的闹市区，一次性处死了十二位弟兄，所谓"弃市"；然后又在杜邮，就是白起冤死之处，将十位姐妹和六个兄弟活活碾死，刑场上哭声震天，血流满地，尸骨横叠，惨不忍睹；有三个兄弟平常无比谨慎、无比小心，再怎么罗织，也无法安上罪名，胡亥就把他们囚于宫中，逼他们自杀。

剩下一个公子高知道不会有好下场，想逃亡又担心连累家族，于是主动上书胡亥，表示愿意为父皇殉葬。胡亥闻听非常高兴，赏赐他十万钱。

这都是赵高的主意。他们的逻辑，是通过刑罚树立威信，从而让天下人服服帖帖。不但要杀宗室，还要杀大臣。一时间秦国上下刀光剑影，挥刀霍霍，空气中时时都飘荡着浓重的血腥味儿。

这时，丞相李斯又在干什么呢？他唯恐赵高专宠，自己地位失稳，于是也投其所好，上《行督责书》于胡亥，建议独断专权、酷法治民。这样的好主意，胡亥自然愉快接受。

结果证明，李斯此举，是自挖陷阱，自掘坟墓。

胡亥的残暴苛政，比起其父，有过之而无不及。滥杀无辜之余，大量征调民工，修筑阿房宫与骊山墓；征调五万人拱卫咸阳；让天下向咸阳运送粮草，但必须自带粮食，在咸阳三百里之内，不能吃咸阳的粒米根草。如此倒行逆施，激起反叛不断。李斯心里到底还有点读书人的良心，还没有完全忘记丞相的职责，因此不免忧心忡忡——所谓"秀才造反，三年不成"。这一点，正好成为赵高的突破口。

赵高经常给李斯传递假情报。每当胡亥醉酒狂歌，与众姬妾厮混，他就派人通知李斯："皇上闲着，心情不错，可以奏事。"李斯赶忙求见，想趁机劝谏。

一连几次被李斯打断兴头，胡亥非常恼怒。赵高趁机上眼药，诬陷李斯自恃拥立有功，但封赏太薄，心有不满；他的长子李由现任三川郡守，与反贼陈胜等人是同乡，所以盗贼经过，李由不积极组织攻击，致使事端越闹越大；据说李由还与反贼有书信往来。胡亥正在气头上，闻听暴跳如雷，立即派人调查。李斯这才明白中计，立即绝地反击，上书胡亥申诉冤屈，同时指出赵高"有邪佚之志，危反之行"。

狗咬狗，一嘴毛。没过几天，李斯邀右丞相冯去疾以及其子大将军冯劫，联名上奏胡亥，建议暂停阿房宫工程，减少边区戍守，以缓解民愤。这一下，彻底点着了胡亥的火药桶："这些都是先帝开创的功业，必须继续推进！我即位不过两年，就盗贼蜂起，都是因为你们失职，镇压不力！"说完立即下令，将他们交付审判，"追究刑事责任"。

将相不受辱，冯去疾父子知道在劫难逃，在狱中双双自杀。李斯素来持老鼠的生存逻辑，无比惜命，当然不肯效法。

于是等待他的，就是他自己亲自建言献策而如今由赵高主持的酷刑拷打。刑讯每日不停，周围鬼哭狼嚎。李斯被打得皮开肉绽，体无完肤，只有屈打成招。

到此时李斯还在坚持，意志倒是值得钦佩。他自恃文才口才俱佳，而且有功无过，幻想胡亥有一天能幡然醒悟，放自己一条生路。但他哪里想得到，当初他对待同学韩非的那一套，如今赵高全部搬来对付他：他与胡亥之间的联系，被彻底切断。上诉的文书全部落到赵高手中，然后当着李斯的面，付之一炬。

李斯是沙丘之谋的从犯，也是赵高之外最核心的人物。这人的生命力确实堪比老鼠，因此赵高不得不用尽手段。可以这么说，这是赵高杀害的所有人中，耗时最长、人力成本最高、最费劲的一个。为了彻底堵住他的嘴，他派亲信假扮御史（起初主要纪事，后来演变成监察官）、谒者（为国君掌管传达的官员）、侍中（往来殿内、东厢奏事的官员），轮番提审。李斯若以实情相对，张口喊冤，则严加拷打，直到他自认谋反。李斯实在被打怕了，等胡亥果真派人复查，他还以为是赵高捣鬼，就老老实实地全部认罪。

这一下全完了。尽管有沙丘之谋拥戴之功，他还是难逃一死。

前208年，即害死扶苏拥立胡亥的第二年，李斯和儿子被押上了刑场。行刑过程极度血腥：先黥面，在脸上刺字，以示羞辱；然后劓，割掉鼻子；再刖，像卞和那样砍断双脚；

继而腰斩，拦腰斩断；最后是醢，剁成肉酱。

这是当时最残忍的刑罚，所谓"具五刑"。这些刑罚的提出，估计有李斯的金点子、好主意，现在落到他和儿子头上，历史实在是会开玩笑。临死前，他曾对儿子浩叹不能东门逐兔，不知彼时，他可曾想到过蒙恬兄弟与扶苏？

具有讽刺意义的是，差不多与此同时，李斯的长子李由被项羽和刘邦的军队斩杀于阵前。

胡亥昏庸，赵高专权。赵高只手遮天到什么程度？有个成语可见一斑：指鹿为马。到了最后，刘邦的人马快打进咸阳时，胡亥才对赵高的嘴脸有所认识。为求自保，赵高赶紧派女婿阎乐带兵杀进宫中，除掉胡亥。

胡亥死前的表现令人啼笑皆非，简直就是个黑色幽默。其精彩程度，绝对超过以虚构为基础的文学作品。他首先求见赵高一面，被阎乐一口回绝；接着哭丧着脸请求道："愿得一郡为王！"这个异想天开的要求，当然也只能碰壁；他再退一步，说："万户侯也行啊！"阎乐两眼冰冷，只是摇头；胡亥绝望地叫道："只要能保全性命，我和老婆情愿当个平民，这总可以了吧？"阎乐耐心用尽，直接摊牌："丞相命令我诛杀你以谢天下。你说得再多，我也不敢转达丞相。"说完一挥手，士兵们随即蜂拥而入，刀枪与盔甲相撞，叮当直响。

胡亥无奈，只好自己结果自己二十四岁的可耻性命。

赵高杀掉胡亥，立胡亥的侄子子婴为王。子婴不肯任凭赵高摆布，登基之后，首先将赵高杀掉，满门抄斩，继任秦王46天后，开门请降，秦朝正式灭亡。

这是前207年的事情。从前221年六国统一算起，秦朝连头带尾，不过存续了十五年。

彭越：『被谋反』
——一场经典的杀功臣闹剧

导读：名将英布英雄一世，最终却在女人问题上栽了跟头，这是导致他死于非命的重要原因。英布造反，被杀；梁山好汉的开山鼻祖名将彭越没反，同样被杀。不为别的，只为他们都碰到了历史上最大最成功的流氓……

长江沿岸有一种叫彭蜞的小蟹，头胸甲略呈方形，螯足无毛，淡红色，步足有毛。穴居海边或江河泥岸，对农作物有害。也叫"蟛蜞"。

这种小蟹，与名将彭越有关。据说上面附有他的冤魂。

当年刘邦冤杀彭越后，将他的肉酱分送给各地诸侯。这不是杀鸡吓猴，而是杀猴吓鸡，因为彭越完全清白。淮南王英布吃了一口，听说是昔日战友的躯体，大为惊恐，哇地一口吐了出来，变成了蟛蜞，在长江沿线大肆繁殖。

刘邦为什么要冤杀彭越？这事得倒过头来，先从张良说起。

作为兴汉三杰之一，张良无数次为刘邦出谋划策，"下邑之谋"便是其中的重要一页。那时彭城之战刚刚结束，刘邦就像可怜的散户，坐了回过山车：挥师六十万，一举端掉项羽的老窝，随即置酒高会，瓜分财货，结果被三万楚军打了个落花流水。溃逃时仅抢渡彭城南边的泗水，损失就超过十万；逃到安徽灵璧的睢水时，又死掉十多万人，尸体重重堆叠，一度塞河断流。

汴水流，泗水流，里面都是军人头。

好容易逃到下邑（今安徽砀山），楚军鞭长莫及，大家惊魂甫定。这是楚汉相争的第一战。刘邦饱尝项羽的铁拳，不觉心灰意冷，万念俱灰。他沮丧地说："关东我也不要了。谁能立功破楚，我就把关东平分给他。你们看谁行？"这话有点无耻，关东之地本来就不属于他。不过突遭打击，大家都没了主意，大约也就没有发现其中的猫腻。

张良依旧从容不迫："九江王英布是楚军猛将，与项羽有矛盾。彭城之战，项羽令其增援，他按兵不动，项羽非常不满，多次派人谴责；项羽分封诸侯时，有战功的彭越没有获得爵位，早对项羽心怀怨恨，因此联合田荣反楚，击败楚将萧公角。这两个人可以利用。汉王手下的将领中，韩信可以独当一面，应该重用。大王如果能用好这三个人，项羽必破！"

这就是所谓的"下邑之谋"，是刘邦人才建设的基本纲领。事实证明，张良确有真知灼见，此三人是灭楚兴汉一线军事斗争中的绝对主角，为刘邦打下四百年的江山，功业彪炳。

从国家的角度出发，下邑之谋是汉初人才建设的纲领性文件；而就个人的立场而言，却无异于"录鬼簿"。因为这三员大将，都没有好下场。韩信积怨谋反被杀，英布后来造反被杀。跟他们两个相比，彭越真是比窦娥还冤。怎么说呢？英布造反真刀真枪，韩信谋反筹划细致；只有彭越，造反纯属子虚乌有。

一员从来没动过反心、既无主观故意更无客观行为的名
将，竟然被夷灭三族，他自己身受醢刑，被剁成肉酱，这样
的将军，难道还不够冤枉吗？

梁山好汉

因为《水浒传》的影响，梁山好汉天下闻名。就渊源而论，
彭越也是梁山好汉——资历最老的梁山好汉。

这可不是戏说，都是有根据的。

彭越是昌邑人。那时的昌邑，在今天山东巨野南部，靠
近金乡县的东北。秦朝至今，已经过去两千多年，不仅人事，
地形地貌的变化也是沧海桑田。彭越的时代，巨野附近有一
片广袤的水域：赫赫有名的"巨野泽"。

巨野泽是古代黄河下游的一个巨大湖泊，又名大野泽。
春秋战国时期，鲁西南的兖州一带是鲁民活动的中心区域。
黄河带来黄土高原的泥沙，在泰山西南和古济水中游一带不
断淤积，形成一片广袤的平地。鲁人西出群山后，见地貌突
变，连绵平野，大为惊奇，于是称之为"大野"。其入口处，
被称为"巨野"。大野的河流汇入东北部的一片洼地，形成
湖泽，就是所谓的"大野泽"。隋唐时期，这个湖泊的面积
依旧惊人：南北三百余里，东西一百余里，从当前的巨野县
向北，直到今日的梁山县。五代以后，黄河屡次决口，湖面
淤积，由南向北逐渐干涸，现在巨野、郓城、嘉祥等县及梁

山县南部，淤积成平地，北部残余为梁山泊。

彭越少年时代，就在巨野泽捕鱼为生，类似阮氏三兄弟的勾当。也就是说，他是"农村户口"——从谭其骧先生主编的《中国历史地图集》上可以看出，昌邑在巨野泽的西南，距离不近。彭越肯定不是"城镇户口"。他这个人，生来就有一定的领袖气质，颇有号召力，周围跟随着许多小兄弟：治世为渔民，乱世为盗贼，还是阮氏三雄的做派。陈胜、吴广在大泽乡揭竿而起，项梁杀郡守响应，天下狼烟滚滚。消息传来，那些小青年个个跃跃欲试，鼓动彭越效仿。但彭越没有轻举妄动，他还没有看清形势，于是告诫小青年们不要着急："两龙方斗，且待之。"两龙相争，还没分出胜负，先坐山观龙斗吧。

一年多后，泽中聚集了百余名热血青年，一致请求彭越领着他们大干一场。经过这一年多的观察，彭越基本看清大势走向，明白秦朝虽然实力尚存，终究气数已尽。不过他还是没有立即答应。还差最后一道火候，得跟他们进一步讨价还价，以此自重。于是说道："这是灭门大罪，我可不愿跟你们掺和。"

小青年们决心已定，一再请求。彭越看戏已做足，这才点头应允，约定翌日清晨日出集合，迟到者斩。第二天一早，彭越早早地出来，等待召集人马。小青年一个接一个地到来，但太阳已经高悬天空，还有十几个人不见踪影。最后一人更离谱，直到中午才到。

八点钟开会，九点钟到齐，岂是造反精神。

穰苴如何对待行军误期的庄贾，想必大家还有印象。彭越是个地位卑贱的渔民，再说民间典籍已经被秦始皇下令烧掉，估计他没机会看到《左传》，未必知道穰苴的故事，但这并不影响他的发挥。将略，不能完全依靠跟风，关键还是得原创。

彭越会怎么办呢？他与穰苴不谋而合。

他不动声色地下令整队集合。等队形整好，表情歉然地说："我年龄大了，本来不想找事，但你们再三恳求我当首领。既然这样，那你们就必须遵守我的号令。我跟你们约好集合时间，却有那么多人迟到。怎么办呢？不能全部杀掉，那就只好拿来得最晚的开刀。"说完，随即"令校长斩之"。

明明要起兵造反，怎么还牵扯出了"校长"？又不是教书育人办学。这个"校长"可不是今天的学校之长，而是"一校之长"。"校"本为军语，军队的编制单位，是汉军的基本战术单元。那时叫校长，后来叫校尉，"校尉羽书飞瀚海"中的校尉。

昨天还是兄弟，你好我好大家好，今天就要翻脸杀人，怎么可能？小青年们都笑着替那个倒霉鬼求情："何必呢？我们以后再也不敢了，下不为例吧。"彭越脸色一沉，不再跟他们啰唆，转身动动手指，校尉随即把那人拖出队列，手起刀落，血溅黄沙。

来得最晚，走得最早。如此一来，盗贼不再是盗贼，立即就成了军队。

队伍早已安静下来，谁也不敢出声。彭越吩咐筑起土坛，拿那颗人头祭祀上苍，严明法纪，号令徒众。仪式越庄严，部属们就越惊骇。他们这才明白，大哥已经不是昨天的大哥，再也不敢抬头看他。彭越随即指挥他们，趁着混乱，攻城略地，收罗散兵，很快就发展到一千多人。

这时"村官"刘备也已起兵，号称沛公。他带领人马北上，想攻打昌邑。彭越闻讯立即带兵跟随，结果两人忙活一通也没打下来。当时的部队，完全是散兵游勇，刚放下锄头的农民，野战攻城技艺未精，也属正常。不过这回刘邦北上山东虽然没占到多少便宜，但却在定陶大有收获：他在那里收了戚夫人，对她无比宠爱。

没过多久，章邯举兵突袭定陶，项梁战死。刘邦和项羽见势不妙，赶紧南逃彭城。从那以后，刘邦就掉转脑袋，眼睛一直盯着西部，准备进军关中。彭越呢，看局势不明，谁的宝也不押，带领万余名部下，又退回巨野泽，继续当他的草头王。

项羽在巨鹿跟秦军主力死掐，刘邦因此捡了个"皮夹子"。他取道武关，从秦国的兵力薄弱处突入，先行占领咸阳。项羽呢，击败章邯之后，也赶紧西进，以图争功。跟随他的将军们因此都讨到了出身，非王即侯，只有巨野泽中的彭越，成了被功名遗忘的人。

起兵抗楚

各路诸侯中，彭越是第一批起兵抗楚的，参加起义时间很早。

事情的起因，在于田氏后裔对齐国王位的争夺。秦末风云动荡，诸侯后人争相复国。在齐国故地，田儋首先行动，自立为齐王。后来章邯攻打魏王咎，田儋带兵去解围，遭遇章邯夜袭而死。消息传到国内，齐人又立了齐王建的弟弟田假，以田角为相，田闲为将。田儋的弟弟田荣闻听非常愤怒，随即收拾残兵打回齐国，立田儋的儿子田市为王，自己和弟弟田单分任相将；田假逃到楚国，田角和田闲则去了赵国。

后来章邯进兵定陶，势力雄壮。项梁曾经攻击章邯以支援田荣，可现在请田荣出兵策应，他却提出了先决条件：楚赵两国必须杀死田假等人。楚赵当然不同意，田荣也就没出兵，直到项梁兵败身死。

齐楚之间由此结下了深深的梁子。

考虑到田荣不曾挥兵入关，因此灭秦之后，项羽又封立过战功的田都为齐王，改封田市为胶东王。田荣当然不干。本来他已经带兵将田都赶走，但田市胆小怕事，唯恐得罪项羽，想悄悄逃亡到胶东赴任。田荣一怒之下干脆将其杀掉，自立为齐王。

人多名乱，实在难记。鲁迅先生的一句诗，足以概括："城头变幻大王旗。"

此时项羽已经放火烧掉咸阳，回到彭城。齐楚交界，田荣如此胆大妄为，霸王怎能心甘。他决意起兵，将其踏碎。正好这时张良从关中回来，给项羽带来了最新消息：刘邦已经火烧栈道，绝无反心，倒是田荣妄自尊大，不能不防。这话很对项羽的胃口，他立即起兵北上，准备解决田荣。

这是前206年秋天的事情。那时刘邦已经在汉中筑坛拜将，积极筹划重返三秦。田荣势单力薄，于是派人给彭越送去一枚将军印——那时候封官简单，随便刻枚印章就行——约他共同抵抗楚国。

生逢乱世，局势动荡，前景看不清，有奶便是娘。如果项羽早点关注彭越，先送来官帽儿，估计彭越会跟着他跑，但现在田荣抢先一步，急于要个名分的彭越，立即满口答应，接过将军印便提兵南下，出击楚军。

彭越长期在鲁西南活动，有地利之便，因此进展迅速，不断地挠项羽的胳肢窝。项羽没办法，只好派萧公角前去迎敌。然而两军接战，萧公角不是对手，被揍了个鼻青脸肿。

田荣长期穷兵黩武，不关心民间疾苦，虽然号称齐王，但不得民心。项羽大军北上，他在城阳（今山东菏泽市东北）列阵迎敌。至于结果嘛，当然不难想象。他吃了大败仗，只好转身逃跑。逃到平原时，被齐人杀掉。项羽本来可以趁机收拾民心，迅速安定齐地，但他这个人残暴起来不下暴秦，不分青红皂白，到处烧杀抢掠，已经投降的齐军士兵也一律活埋。百姓们见投降也是死，于是在田荣之弟田横的组织下，拼命抵抗。

项羽正跟田横纠缠不下，刘邦的五十六万大军已经兵分三路，浩浩荡荡地踏上东进的征途。此时彭越击败萧公角，在河南的黄河一线活动。刘邦大军经过外黄（今河南民权西北）时，彭越也带领三万多人前来归附。刘邦命令他继续袭扰梁地，以掩护汉军侧背。

彭越活动的区域，都是过去魏国的属地。当时他已经攻下十几个城邑，按照道理，应该就地分封，可考虑到魏王豹是魏国王室的后裔，有一定的品牌价值可资利用，于是刘邦就封彭越为魏国相国，执掌兵权，镇抚魏地。

楚军主力都在项羽麾下与田横较劲，彭城防卫空虚。五十六万大军兵临城下，刘邦的旗号很快就插上了城墙。这时的刘邦，小人得志，犹如癞狗长毛，以为大局已定，每天只是花天酒地，结果项羽随便一挥手，三万骑兵随即风卷残云，气吞山河。

彭越没有转投项羽，也没跟随刘邦西逃。他这人善于观察而且喜欢观察，见势不妙，立即放弃魏地的十多座城邑，率部北渡黄河，驻军河上。

局势不明，他要观察。

从那时起，彭越就被历史塑造成为第一个敌后游击司令的形象。他退居黄河北岸，跟项羽玩捉迷藏的游戏。反正刘邦吸引着项羽的主要精力，他就在魏地活动，依托大河，进退自如。

一句话，广阔天地，大有作为。

荥阳争夺

荥阳和它西面的成皋地理位置十分重要：南靠嵩山，北临黄河，西通关中，东南是广阔的平原，汜水从中间流过，就像洛阳和函谷关的钥匙。境内的敖山建有仓库，里面储存着大量的粮食。

简而言之，荥阳的重要性体现在两点：它是拱卫函谷关的战略前沿；军队能就食敖仓，没有后勤压力。刘邦和项羽都明白其重要性，所以从前205年五月起，双方在这里展开长时间的残酷争夺，整整打了两年多，从时间上看，激烈程度堪比斯大林格勒保卫战。

最早发现荥阳战略价值的是韩信。彭城之战后，他收拾败军，预先在此构筑防线，刘邦才得以稳住阵脚。正好萧何从关中征集的新兵也同时开到，依靠他们的力量，项羽的攻势终于得到初步遏制。

刘邦在荥阳安顿下来后，第一件事便是组建骑兵。刚刚过去的那些日子，实在是个噩梦。项羽的骑兵对付刘邦的步兵，根本不是战斗，而是简单的屠杀。刘邦尝到了骑兵的厉害，立即利用秦国的甲士李必和骆甲，迅速组建起自己的骑兵，由灌婴指挥。

战局初步稳定后，刘邦以荥阳为核心，构筑了持久的战略防线，并修筑甬道连接黄河，输送敖仓的粮食。就这样，项羽要攻，刘邦要守，两军在荥阳反复搏杀。刘邦一直处于劣势，打了一阵子，他无力支撑，就建议和谈，以荥阳为界，划分势力范围。

杀敌一千，自伤八百。刘邦守得吃力，项羽也攻得疲惫。部队连续作战，补给线过长，彭越又老在屁股后面捣乱，他的日子也不安生，因此心里有点松动。只是他虽有心答应，奈何范增坚决反对。亚父的意见，当然不能不考虑。

打打不赢，和和不成，刘邦非常苦恼。怎么办呢？郦食其建议分封六国后人，刘邦正是内外交困，立刻将这当作救命稻草，吩咐部下马上刻印，刻好之后就交给郦食其带着上路。郦食其还没动身，正巧张良从外地回来。刘邦一边吃饭，一边说了这事。张良听后为之急眼，夺过刘邦的筷子，就在桌子上连比带画，列举了八大弊端。

刘邦顿时醍醐灌顶，立即吩咐毁掉印信。

这就是张良"画箸阻封"的故事。刘邦不得不放弃这个饮鸩止渴的计谋，又无良策击败项羽，只好转而问计于陈平。

陈平首先分析了刘项两人的特点。他说："项羽对部下比较尊重爱护，所以很多廉洁好礼的有为之士，都投奔了他。但是他对有功的将士舍不得封爵赏赐，又导致了很多看重名利者的离去。大王您呢，正好相反，动不动就随口谩骂，对部下缺乏基本的尊重和礼貌，所以自尊心强的廉洁之士，都不愿意跟随您。同时您对功臣舍得赏赐，所以周围集聚了很多追逐名利的无耻之徒。"

刘邦说："您分析得有道理，那我又该怎么办呢？"言外之意，你扯这么老远累不累？我要的是立竿见影！

陈平不慌不忙地接着说："如果能去掉您和项羽的缺点，把长处集中到一个人身上，那他很快就能平定天下。可惜您不尊重人是老脾气，一时改不掉，短期内难以争取廉洁之士的支持。然而项羽手下，也不过范增、钟离眜、龙且、周殷等几个干将可以倚重。他们跟项羽的关系，并非无隙可乘。因为项羽心胸狭窄，耳根子软，很容易相信谗言。"

陈平建议施行反间计，刘邦觉得是个办法，立即交给他四万金，不必汇报具体用途，赶紧施行，只要能成功离间他们就好。这次如果不是范增多嘴，项羽早已言和退兵，何至于此！

陈平对刘邦的分析确实精准。刘邦这人"村官"出身，家里多少有点财产，所以出手阔绰。他明明知道陈平贪财，这四万金只怕半数要入其私囊，也不在意。却说陈平，拿到钱后赶紧行动，目标直指范增和钟离眜。

他首先派人在项羽军中散布流言，说钟离眜有大功而项羽不赏，很不高兴，打算投降刘邦，等灭了项羽，好瓜分楚国。项羽听说后将信将疑，从此不再放手重用钟离眜。钟离眜是楚军一等一的将才，项羽等于自断臂膀。

针对范增的离间活动，也在紧锣密鼓地进行中。有一天项羽派来使者，陈平让人用豪华精致的餐具，摆出上等的酒席，好生招待。等见了使者，陈平立即请他上座，一个劲地夸赞范增，并且故作神秘地附到使者耳边悄悄问道："亚父有什么吩咐？"使者莫名其妙，就说："是霸王派我来的，跟亚父没有关系啊。"陈平立即作出吃惊的神色，赶紧把使者请到另外一个寒酸简陋的房间，用破旧的餐具，上简单的饭食，随随便便将他打发掉，自己则满脸失望的样子，拂袖而去。消息传回楚营，项羽顿时心生疑虑。范增非常伤心，决心离开，于是说道："天下大势已定，我年龄大了，想回家养老。"项羽闻听态度冷淡，丝毫不加挽留。

范增侍奉项羽叔侄，勤勤恳恳，兢兢业业，从无私心。如果项羽肯听从他的计谋，别那么刚愎自用，刘邦早已玩儿完，天下早已平定。可如今范增要走，他竟然连句客气话儿都没有。范增一边走一边琢磨，越琢磨越伤心，越琢磨越生气，还没到家，半路上就气病交加，撒手西去。

虽然剪除了项羽的两只翅膀，但楚军毕竟基础雄厚，前线的实力对比不可能立时逆转，荥阳形势日渐危急。前线吃紧，刘邦却莫名其妙地关心起后方来，多次派出使者回到关中，专门慰问萧何。萧何的门客鲍生听说之后，马上提醒座主道："如今汉王在前线风餐露宿，无比艰辛，却派人慰问丞相，明显是对您不放心。您应该选出家族中年轻力壮者，押运粮饷到荥阳从军，这样才能消除汉王的疑心！"

萧何猛然醒悟，赶紧依计而行。他的子弟到了前线，刘邦传令接见，依然"关切"地问起萧何。子弟们都说："托大王洪福，丞相一切安好。只是常常念起大王栉风沐雨，驰骋沙场，恨不得亲来前线，分担劳苦，所以就派我们前来从军，供大王驱使！"刘邦闻听大悦，随即吩咐量才录用。

后来论功行赏，主将争论不休，萧何被定为第一功，封为酂侯，这事便是其功绩之一。

回过头来再说前线。前204年五月，纪信建议自己假冒刘邦出降，好让刘邦趁乱突围。刘邦儿女都能撇下，接受这样的主意，自然毫无心理障碍。他赶紧派出使者，与项羽约定东门相见，同时找来两千个女人穿上军装，分批从荥阳东门出去。四门的楚军一听，全部涌了过来。干吗呢？看美女呗。当兵满三年，母猪成貂蝉。项羽有虞姬，可以夜夜笙歌，普通士兵哪有这等美事？

正热闹呢，纪信装扮成刘邦的样子，乘坐刘邦专用的马车，上面打着黄罗伞，左边竖着那根象征权力的牦牛尾巴，大声说道："别打了别打了！我是汉王刘邦。城里缺粮，我来投降！"楚军一听高兴坏了，为什么呢？可以回家了嘛。他们哪里明白，要回家的可不是他们，而是对手刘邦。此时他趁着混乱，带领身边的几十个侍卫，悄悄溜出西门逃向成皋。

士兵们不认识刘邦，但项羽认识。他一看上当，不觉怒发冲冠，立即下令烧死纪信，然后展开猛攻。没过多久，成皋城破，刘邦像条丧家狗，好容易才逃回关中。萧何说得再好听，他也得亲眼看看。等亲自查验发现关中土地俱在，萧何未动一寸，又征集到了足够当炮灰的新兵，本想飞蛾扑火，直奔成皋，后来接受谋士袁生的建议，出武关，走宛（今河南南阳）、叶（今河南叶县南），以便减轻荥阳压力。

接到战报，项羽果然挥军南下，寻找刘邦的主力决战。刘邦知道项羽的厉害，就坚守营垒，拒不出战。项羽正在着急，后方忽然传来警报：彭越东渡睢水，已经进入楚国的后方。项羽闻听大惊，赶紧派将军项声、萧公角率军前去截击。

彭越与楚军在下邳（今江苏睢宁北）展开激战。这里与楚国的国都彭城不过咫尺之遥，可见彭越的动作之大。虽然深入敌国腹地，他依然满怀勇气，指挥部队大败楚军，击毙老对手萧公角，楚军一时后方震动，项羽不得不亲自回援。

项羽一走，荥阳汉军乘势发动反击，又将成皋夺回。项羽好容易赶走彭越，暂时安顿后方，人不解甲，马不卸鞍，立即掉头向荥阳杀去。这一次，他使出吃奶的力气，终于将荥阳攻破。城破之前，周苛担心魏王豹再生变故，先砍了他的头。

荥阳形势如此艰苦，周苛依然坚守至今，这种精神赢得了项羽的尊重。他以三万户和上将军的价码劝降周苛，但周苛大骂不从，被项羽烹杀；一同守城的韩王信，则选择了投降。

项羽此人就是这样，内心尊重的对手，反过来也能烹杀。如若不然——这是典型的"看唱本流泪"，打住。

拿下荥阳后，项羽乘胜追击，又攻克了成皋。刘邦假冒汉使驰入军营，夺韩信兵权，就在这时。他拼光本钱，只得孤注一掷。

游击司令

摊开地图就会发现，彭越活动的魏地，或者叫梁地，正好处在楚军西进荥阳的交通要道上。现在陇海线的火车，还要打那一带经过，两千多年前的秦末，道路少，能通马车的更少。项羽要向西跟刘邦争斗，怎么着也绕不开梁地。

换句话说，项羽的交通补给线，完全在彭越的威胁之下。这是成就彭越历史上第一个游击司令形象的地利之便。

刘项反复血拼荥阳，彭越再度拿下外黄。彭越在汉将刘贾的配合下，不断出击，接连攻破睢阳（今河南商丘南）、外黄等十七座城邑，并且多次截击楚军的运输车队，夺走或烧毁大量的军粮和物资。一时间，楚军后方再度吃紧。

消息传来，项羽又惊又怒。看看刘邦已经疲软，赶紧留下司马曹咎镇守成皋，自己亲自提兵回去，准备二次灭火。临走之前，他交代曹咎说："我走之后，刘邦必定会进攻。无论他们怎么进攻挑战，你都不许出战。十五天之内，我一定能击破彭越，然后回来！"

说一千道一万，舍不得分封，就难以聚拢人才。项羽简直就像诸葛亮，事必躬亲。这样的人，哪有王者风范，顶多一个将军、灭火队长的样子。他的失败，此时已露端倪。

却说项羽，一路打马飞奔，直奔后方。彭越呢，跟他打了几仗，到底敌不过力能扛鼎的霸王，刚刚夺来的城邑，得而复失。然而这无关大局，那些地方，终究还能再回来。就在他拖住项羽的那段时间里，荥阳前线再度上演惊天逆转。

项羽后军的影子还没从天边消失，刘邦的前军军旗已经飘荡在成皋城下。他命令军士高声叫骂，使劲挑战。刚开始曹咎还有定力，后来汉军的辱骂越来越难听，曹咎实在忍耐不过，决定出城拼个你死我活。

那一刻，曹咎眼前一定盘旋着许多刘邦惨败的景象。从彭城到荥阳，刘邦的这种"光辉经历"实在是举不胜举。项羽能打败他，我曹咎难道就不行？

前面说过，汜水从荥阳和成皋之间流过，所以成皋后来改名为汜水镇。刘关张三英战吕布的虎牢关，就在这里。曹咎要与刘邦决战，得先出成皋，再渡汜水。他正指挥大军渡河，还没渡到一半，刘邦已经发出进攻命令。憋闷许久的汉军，今天终于找到一个软柿子，那还不得死命地捏？没过多久，楚军的鲜血就染红了汜水。曹咎见大势已去，只好挥剑自杀。

刘邦夺回成皋，又挥军占领敖山仓库，获得了大量的军粮。

项羽呢？此时他在干吗？还在跟彭越纠缠。接到战报，他再也顾不上理会彭越，立即回师荥阳。等他赶到，汉军已经从东面将钟离眛指挥的楚军牢牢包围在荥阳城中。

项羽到底是项羽。他一到前线，随即马不停蹄地展开进攻，很快就击破汉军，为钟离眛解了围。刘邦看见老对手的旗号，不敢跟他硬拼，就在荥阳北部的广武修筑深沟高垒，以鸿沟为依托，与项羽对峙。鸿沟修建于战国的魏惠王时期，以便连接黄淮，沟通运输。

刘邦躲进营垒，就像乌龟缩进硬壳，无论如何也不肯出来。项羽急于速战速决，就把刘邦的父亲绑起来，放到高高的肉案子上，威胁刘邦出兵，否则立即动刀熬汤。刘邦从小就不热爱学习和劳动，常被父亲斥为"无赖"，说他不如哥哥会经营，估计他对父亲没多深的感情。再说子女都能抛弃，何况老父？因此刘邦面对威胁，态度风雅，气定神闲："咱们一同起兵反秦，彼此互为兄弟，我父亲就是你父亲。如果你想吃你父亲的肉，那么炖好以后，别忘了给我一碗汤！"

所谓分羹一杯。

碰上这等人，谁都没脾气。项羽无奈，又要求跟刘邦单挑；刘邦当然不干，不过理由倒比上回充分点："我只跟你斗智，不跟你斗力！"

项羽实在没办法，就派个壮士每天前来骂阵。刘邦脸皮厚，只要能得天下，别人骂得再难听也不在乎，但手下忍不住。有个神箭手悄悄弯弓搭箭，只听嗖的一声，那个壮士应声倒地。

项羽大怒，亲自披着铠甲，手持长戟，向刘邦挑战。神箭手正要瞄准，项羽瞪他一眼，那人顿时吓得两手发抖，不敢再看项羽，箭也没法射，只好灰溜溜地跑回营房。

史书上说项羽是重瞳，每只眼睛都有两个瞳孔。证据确凿的重瞳，古代还有仓颉、虞舜、李煜等。不过仓颉、虞舜都在上古时期，真伪难考，项羽与李煜才是真正的证据确凿。其中李煜的字重光，便是由此而来。难道那个弓箭手，是被项羽的四个瞳孔吓坏了吗？这当然不是司马迁的本意。

对此刘邦很是吃惊，因为那个神箭手并非胆小鬼，而是有名的楼烦勇士。刘邦估计来的肯定是项羽，到前沿一看，果然是他。两个人于是隔着宽阔的鸿沟，在阵前激烈地争论。

这就是所谓的广武对话。刘邦罗列了项羽的十大罪状，其实只有九条罪行。依次是：

负怀王之约，不让刘邦在关中为王；

假托圣命，擅杀宋义；

未经请示，破巨鹿之围后，擅自进兵关中；

火烧咸阳，掘秦始皇陵，抢夺钱财；

妄杀已经投降的子婴；

在新安采用欺骗手段，坑杀秦军二十万，却封秦将为王；

将义帝逐出彭城，又夺了韩王封地，合并梁楚，一人独吞太多；

亲信封到好地方，原来的王改封到差地方，导致新王驱逐旧王，彼此不服，再度引起混乱；

以下犯上，杀害义帝；

最后一点是前面九条的综合：以臣害主，滥杀无辜，处事不公，不守盟约，已经失去天下信赖。

刘邦由此得出结论：项羽大逆不道，为天下所不容，所以必败无疑。他说："我举义兵与各路诸侯共同反你，是为民除害，并非个人恩怨。我指挥这帮你看不起的刑余之人，就可以打败你，把你杀掉，用不着亲自跟你决斗！"

这十条罪行，多数靠谱，也有些不靠谱，比如杀宋义云云。应该承认，那是项羽起兵后作出的唯一一项正确决定。他对历史的影响，完全体现在那一点。滥杀无辜、独吞封地这样的事情，刘邦将来干得比项羽还绝。当然，口头上不能承认，要彼此心照不宣，才能维持这两千余年政治扁平体的平衡。

刘邦滔滔不绝，项羽恼羞成怒。正在这时，楚营中埋伏好的弓弩手乱箭齐发，正中刘邦前胸。那是要害部位，刘邦担心影响士气，就拍着脚大叫一声："坏了，他们射中了我的脚！"侍卫们随即上去，簇拥他离开前沿阵地。

伤势很重，刘邦无法起床。张良唯恐动摇军心，就让他竭力装出若无其事的样子，撑着起来慰问部队。这样一折腾，刘邦的情况越发严重，只好先退到成皋休养，等伤势基本痊愈，又回到关中，处理一些政事，同时调集援兵。

此时项羽在干吗，彭越又在干吗呢？他们俩都没闲着。因为荥阳前线相对稳定，游击司令这回没再袭击彭城，断项羽的粮草，而是挥师北上，打回老家去了。他一连攻占昌邑周围的二十多座城邑，缴获了十余万斛谷物，全部运给刘邦充当军粮，有力地策应了荥阳前线。

火线封王

前203年八月，项羽的耐心到达极限，只好接受刘邦的条件，以鸿沟为界，罢兵言和。从此以后，中国象棋的棋盘上，就有了"楚河"与"汉界"。

项羽放掉刘邦的父亲和妻子，匆匆带兵东归。刘邦本想回关中休息休息，但张良和陈平都不同意，他们认为此时是打败项羽的最好时机。刘邦一听，又动了心思，唾沫未干就立即毁约，东出荥阳，展开战略追击。为壮声势，他命令韩信与彭越一同出兵，合围项羽。

汉代初期，历法沿袭秦朝旧制，十月为岁首。刘邦东出荥阳，就是前202年十月的事情。不过追到阳夏（今河南太康），他就没了继续向前的底气，彭城之战的心理障碍还没消除干净。韩信没见动静，彭越则拒绝参战，理由很简单："魏地初定，尚畏楚，未可去。"

魏国刚刚到手，百姓畏惧楚军，参战时机还不成熟。

刘邦不敢打，但项羽要打。他转头杀了个漂亮的回马枪，在固陵（今河南太康南），又把刘邦打了个稀里哗啦。

刘邦躲进营垒一筹莫展，只好向张良诉苦。张良说："他们俩都立了大功，却没得到封地，怎么会前来？韩信心里很明白，你封他为齐王并不情愿；彭越攻占魏地，原先你为了照顾魏王豹，只封彭越为魏相，如今魏王豹已死，你也不转封彭越。韩信是楚人，家乡观念很重，你如果把陈（今河南淮阳）以东至海岸都封给他，把睢阳以北直到谷城（今山东平阴西南）都封给彭越，让他们都为自己的封地而战，要击败项羽，那还不是易如反掌？"

真是个金点子。刘邦迅速依计而行，增加韩信的封地，把彭越封为梁王，以定陶为都。消息一出，两人立即积极起来，旌旗迅速出现在项羽跟前，直到垓下决战，项羽自刎于乌江。

韩信与彭越在关键时刻拿了刘邦一把，尽管取得了局部胜利，达到了个人目的，但从长远看，其实得不偿失。陷君父于危难，只图禄位；任强敌自逞凶，不顾苍生。这种做法，刘邦绝对不会忘记。固陵之战他败得越惨，这个记忆就会越深刻。十几万斛谷物也好，引走项羽让汉军重夺成皋也好，到那时候，都会被抵消得一干二净。

一句话，清零。

白登之围

在彭越的命运即将水落石出之际，我必须先来一段插曲，那就是白登之围。这跟韩信、彭越，再扩大一点说，跟所有汉初异姓诸侯王的命运，都有关系。

白登之围的起因是韩信。当然不是淮阴侯韩信，而是被刘邦封为韩王的韩信。他是韩襄王的庶孙。在张良的鼓动下，项羽曾经封韩成为韩王，因为张良与刘邦关系暧昧，项羽先扣住韩王成不让他"之国"，后贬为侯，再后来干脆一刀杀掉。

刘邦赶紧乘虚而入，封韩信为韩王。封地在颍川郡，国都阳翟（今河南禹州）。因为韩国地处战略要地，刘邦担心他靠不住，就于前201年春天，以防御匈奴为名，将韩国封地迁到太原郡，都于晋阳。刘邦葫芦里卖的什么药，韩王信当然心知肚明。为了争取主动，他进一步请求，改都靠近边境的马邑（三国名将张辽的老家山西朔州）。

韩王信的点子真是背，就在他迁都马邑的那年秋天，匈奴冒顿单于就率领大军南侵。韩王信势单力薄，援军鞭长莫及。走投无路，他只好暗中遣使与匈奴议和。刘邦听说后大为光火，立即写信谴责他怀有二心，守土不能尽责，为臣不能尽忠。韩王信看到这样的话，怕得要死，因为他奉命镇守荥阳时已经有过立场不坚定的前科。那时强敌未灭，刘邦饶了他一命，现在可不好说。

一不做二不休，"搬不倒葫芦洒不了油"，这位韩王信，一气之下，彻底转变立场，干脆投降了匈奴。

如此一来，整个太原郡都暴露在匈奴骑兵的刀锋之下。刘邦决心御驾亲征——那时他刚刚控制住韩王信，当然不肯再交出兵权。他一连打了几个胜仗，然后带领先头部队进入平城（今山西大同东北）。连战连胜，刘邦顿时自大起来，听说冒顿单于就驻扎在离平城不远的代谷（今山西代县西北）一带，决心直捣黄龙，一决雌雄。

此时天寒地冻，汉军士兵不适应北方的严寒，冻伤减员很多。而且进入平城的只是先头部队，后续主力和辎重尚在开进途中。可刘邦已经进入高烧状态，对这些不利因素视而不见。当然，他也多次派出使者，探听匈奴虚实，只是冒顿单于的战术伪装实在精彩：把精锐士兵和肥壮战马全部隐藏起来，留在外边的都是老弱士卒和羸弱牲畜。

使者们本来就希望赢得皇帝欢心，于是众口一词，都说匈奴不堪一击，皇帝圣明，一战可定。只有郎中刘敬感觉其中有鬼，力谏刘邦不要贸然进兵。

此时后续部队已经越过句注山（今山西代县西北，有雁门之称）。论说在刘邦的位置上，箭在弦上，也能不发，问题是他的情绪和面子不能，他还要证实自己的神武超迈呢。因此刘邦雷霆震怒，下令将刘敬囚禁在广武（今山西代县西南），准备击败冒顿单于后，回来再算总账。

志得意满的刘邦，就这么率领着疲惫之师，向前线进发。刚刚离开平城，开到东北方向的白登山一带，匈奴的四十万大军突然从地底下冒出来，将汉军团团围住。皑皑白雪中，汉军冻得瑟瑟发抖，而匈奴骑兵身穿厚实的皮裘，手持利剑，腰悬快刀，骑着骏马，呼啸往来。更令人叫绝的是，他们西边的部队一律骑白马，东边的部队一律骑青马，再放眼北方和南方，则分别是黑色和赤黄色的马群。

又冷又饿，汉军士卒肝胆俱摧；

士气已去，猛将樊哙斗志全无；

进退失据，自信刘邦没法自信。

刘邦在包围圈里过了整整七天，那应该是他人生中难得的"黄金周"。在那个"黄金周"里，想来他会无数次地想起刚刚贬为淮阴侯的韩信。然而，可是……

　　好在陈平还能想出点馊主意。他把刘邦随身携带的宝物都要来，又叫人画好一张神态婀娜、容貌俊秀的汉族女子像，自己带着前去见冒顿单于的阏氏，告诉她说："汉朝皇帝打算与匈奴和好，将这个美女献给单于。"

　　关键时刻，"美人计"总能奏效。阏氏生怕帐幕里再出现一条饿狼，与她争宠，赶紧派人给冒顿单于吹枕边风："听说汉朝已经派出几十万援兵，很快就要赶到！"冒顿单于很吃惊："有这回事？"阏氏说："您包围了人家的皇帝，人家能不拼死救援吗？咱们即使夺了汉家的地盘，又不能在那里放牧居住，有什么用呢？再说您围困七天，汉朝皇帝还是安然无恙，可见也有神灵保佑，不能随意欺辱。还是得饶人处且饶人吧，免得将来上天降罪，给咱们带来灾祸！"

　　冒顿单于本来与韩王信的部将约好合击汉军，可他们却迟迟没有露面。怎么回事，这帮汉人，是不是已经私下媾和？冒顿单于心里直犯嘀咕，于是顺水推舟，放了刘邦一马。

　　匈奴刚刚网开一面，刘邦就想飞马逃跑。这一招，他比谁都精通。在与项羽的长期周旋中，他学到了不少本事，最最重要的就是长跑。可惜了他长跑的实力，那时没有奥运会。他快到什么程度呢？子女都能抛下。

　　却说刘邦，正要吩咐催马，却被陈平挡住。陈平交代为刘邦驾车的太仆夏侯婴作出从容不迫的样子，缓辔而行，护卫在周围的将士全部弓上弦，刀出鞘，随时准备应对突袭。

直到与后续部队会合，匈奴全军北撤，刘邦的心才放回肚子。安顿好之后，他做的第一件事，就是跟刘敬"秋后算账"：立即释放，加官晋爵，而那些劝进的使者，全部杀头，一个不留。

此役汉军损失主要在于非战斗减员：冻死饿死。尽管如此，匈奴奔驰的四色骏马，还是让汉军心存畏惧。要知道，刘邦尽管当时已经贵为天子，想找四匹颜色相同的马驾车，都不能如愿，王公大臣更是只能屈尊使用牛车。"平城之下亦诚苦，七日不食，不能彀弩。"这曲低沉忧伤的民谣，真实地反映了汉朝军民的心态。当然，对于刘邦而言，这不算什么耻辱，比这更狼狈的事情，他经历得多了。

所以就在回军的道路上，经过赵国时，他又做了一件相当出格，但就他的本性而言又相当正常的事情。那件事的结果，险些让他掉了脑袋。

回过头来继续说这个倒霉的韩王信。前196年，淮阴侯韩信丧命于长乐宫钟室之后，韩王信与匈奴联军又进兵到参合（今山西阳高南），刘邦派柴武前去御敌。他自己怎么不去呢？其中有些缘故先不忙说，此处只说韩王信：先礼后兵，柴武先派人劝降，说什么"刘邦很宽厚，诸侯虽有叛亡，但只要改正，就恢复封号，并不加害。你投降匈奴迫不得已，并无大过"云云。

韩王信当然了解刘邦，所以他没有听柴武的忽悠。柴武随即挥军强攻，最终拿下参合，韩王信人头落地。

自投罗网

韩信与彭越之死，导火索都是陈豨的反叛。

白登之围过后的前200年，刘邦封戚夫人的儿子如意为代王，因为如意年幼无法就任，他便任命陈豨以代国相国的身份统率代军。这样长期在外执掌兵权的将领，都是刘邦的怀疑对象。为了从鸡蛋里挑出骨头，他下令调查陈豨宾客违法的事情。这个敲山震虎的举动，吓着了陈豨。前197年七月，太上皇去世，刘邦召陈豨进京吊丧，陈豨以病重为由不肯奉召；当年九月，他在韩王信的强力推动下，正式起兵谋反，自立为代王。

刘邦亲自统兵平叛，他之所以派柴武抵挡韩王信，原因即在于此——分身乏术。淮阴侯韩信呢？当然还是郁闷于长安。

却说刘邦一路向北到达邯郸时，越来越感觉陈豨力量强大，不能小看。白登之围，前车之鉴。怎么办呢？韩信不来，就叫定陶的梁王彭越吧。蜉蝣虽为害虫，但彭越确是良臣。他能打，距离也近。让他跟陈豨互相消耗，无论结果如何，赢家总是他刘邦。

主意打定，刘邦立即派出使者，命令彭越迅速带领人马赶到邯郸。打仗的根本目的，是可以不打。再能打的将军，也不会喜欢老打。再说韩信的教训在先，彭越也实在不想看到刘邦那张无知又傲慢的脸。怎么办呢？还是韩信的老办法，泡病号。他声称身体有病，无法出征，只派手下将领前去邯郸应付差事。刘邦不是笨蛋，彭越的打算，远隔千里他也知道。他非常生气，又派使者过去责问彭越。

刀把儿到底在人家手中，彭越有点害怕，打算亲自前去谢罪。这时部将扈辄说："您开始不去，现在受到责备又去，到底有病没病？绝对不能去，否则定是有去无回，不如发兵反叛！"彭越既不敢反叛，又不敢去邯郸，只得继续装病。

王侯的亲随，确实必须选好选对，选出忠心耿耿之辈。刘邦的太仆夏侯婴是个好亲随，彭越的太仆就是个坏亲随。彭越的太仆犯了法，彭越要治罪，为了保住小命，他竟然不惜卖主求荣，控告彭越与部将扈辄谋反。接到这样的小报告，刘邦很高兴：哼，终于让我揪住了狐狸尾巴！当下立即派人，悄悄前去锁拿彭越。彭越不明就里，被使者拿下，随即被押送到洛阳——这说明彭越不反，充满自知之明。使者能押着他平安走出梁国，可见军民百姓对他的拥戴既非唯一，也不积极。

最终，彭越被认定谋反罪名成立。这一点，彭越应该并不意外。有罪判决的结果肯定无疑，问题只在如何量刑。刘邦会不会考虑他关键时刻吸引项羽东援，以及贡献十多万斛军粮的功绩呢？

刘邦似乎没有忘记。他高抬贵手，赦免了彭越本来就不存在的死罪，将他贬为庶民，流放到蜀郡青衣县。青衣县在哪里呢？在今天的四川雅安市名山区北，成都平原西南，东距成都九十公里，西离雅安十三公里，是南方丝绸之路的起点，在川藏线上。这个县早已撤销，但名称却通过一条河，流淌至今：青衣江。

　　彭越内心满怀抵触。他不喜欢远足旅游，更讨厌不白之冤。正好，他被押到郑县（今陕西华县。郑国最初封于此地）时，迎面碰到了吕后——冤家路窄，这话在古代绝对成立，能通车的路甚少。吕后要从长安到洛阳，去见刘邦——那时她心里也悬着不少事——其中最要紧的，就是怕刘邦废掉自己生的儿子，立戚夫人的儿子如意为太子，所以她必须尽可能地看住刘邦。

　　彭越可逮住了一根救命稻草。可怜这个堂堂的梁王，曾经叱咤风云的战将，孩子一般跪在地上，向吕后哭诉无罪，表示不想去青衣，情愿回故乡昌邑打鱼。吕后内心已恼怒，但表面却和颜悦色，大包大揽："行啊，那你就先跟我回洛阳吧。"

　　到了洛阳，吕后给夫君出了个金点子："彭越是条好汉，您把他流放到蜀地，岂不是给自己留下后患？不如杀掉，一了百了！"

　　我在另一本书中说过一对"大恩难报，不如杀之"的好夫妻，刘备和吕后，也是这样天造地设的一对。刘邦点头，吕后动手，指使彭越的家臣控告他想回昌邑谋反，然后按照严格的法律程序，由廷尉王恬开引经据典，奏请诛灭彭越家族。刘邦看看奏章，证据充分，罪行确凿，量刑得当，引用法律条文得当，准奏！于是彭越整个家族的人头，齐刷刷全都落地。刘邦将彭越杀掉还不算，还要将其剁成肉酱，传示诸侯。

这是所谓的醢刑，暴虐秦朝留下来的刑罚。刘邦以平暴的名义灭掉秦，然后再继承其酷烈。成王败寇，无非如此。

英布之死

韩信与彭越的冤死，直接责任人都是吕后，直接导火索都是陈豨。然而，这是事情的全部真相吗？

当然不是。

一切的一切，都是因为刘邦。他对诸侯王的态度，可以从"白马之盟"中约略看出端倪。异姓诸侯王全部解决——长沙王是特例——之后，他下令杀掉一匹白马，将马血涂满嘴唇，与大臣们立下誓言："非刘氏而王者，若无功上所不置而侯者，天下共诛之。"

也就是说，那些异姓王无论功劳再大，为政再清，最终也要被解决。

刘邦先后封了七个异姓诸侯王。他们的封地，大约相当于战国时期的六国。除了已经杀死的两个韩信和彭越，还有四个，他们的具体结局又如何呢？我们不妨一一说来。

彭越死后，下一个就轮到了英布。

英布是六县（今安徽六安）人，曾经受过黥刑，脸上刺过字，所以又称黥布；起初追随项梁、项羽，被封为九江王；后来反水，又从刘邦手里拿到了淮南王的官印。他与韩信、彭越功相近、爵相当，并称汉初三大名将。

英布也是平民出身，据说小时候有人给他算过命，说他受刑之后会被封王赐爵。壮年以后，他果然犯法，被处以黥刑。按照道理，这是坏事，理当沮丧，但英布欣然笑道："别人给我相面，说我受刑之后能封王，看来是真的？"

别人听后也是笑——嘲笑。

英布跟章邯，应该沾点上下级关系。英布曾经在骊山服刑，而那里的数十万人，都生活在章邯的皮鞭之下，后来又被迫跟他出关当炮灰。也就是说，英布本来有机会更早在战场上跟项羽相遇，但结果并没有。因为他广泛结交刑徒中的英雄豪杰——那里面绝对人才济济——早就结伙逃入山林海泽，以盗为生。

天下烽烟四起，英雄浑水摸鱼。英布在湖南一带投靠番君吴芮，并且娶了他的女儿。有了地头蛇的支持，他顺利召集数千人马，加入反秦的行列。这家伙确实能打仗，出手不凡：在清波（今河南新蔡西南）攻击秦军，大获全胜，随即引兵向东，投靠人多势众的项梁，成为项梁帐下最为勇敢的将军。因此，他的封爵很高，项梁立熊心为怀王后，自号武信君，封英布为当阳君。

从这个意义上讲，英布的资历比项羽还老。

《史记》对于英布，有这样的明确记载："诸侯兵皆以服属楚者，以布数以少败众也。"也就是说，英布经常以少胜多。这话确非虚夸：巨鹿之战破釜沉舟时，他率先渡河，打响攻击的第一枪；到了新安坑杀降兵，他又是急先锋；刘邦派兵封锁函谷关，项羽无法进入，还是英布抄小路攻击，杀出一条血路；就连杀义帝这样棘手的政治任务，项羽都交给英布。

因为这个原因，项羽入关后分封十八路诸侯，其中英布为九江王，定都于六县；霸王帐下的大将中，他是唯一一位王爷。考虑到项羽对印把子的吝惜程度，这一点殊为难得。

然而立国之后的英布，状态大变。项羽出兵击田荣，向英布征兵，只得到区区四千人；彭城遭遇刘邦围困，英布也托病不救。

那么勇猛的将军，怎么会这样呢？估计还是当初相面人的错。他说英布贵可为王，如今这一目标已经实现，英布自然可以故步自封了。如果说他当有天下，估计上述这些战事，他还会继续掺和。英布不肯出战，本身没多大的错误，也可以理解，但是性格中的这种先天缺陷，却注定了他最后的覆灭命运。

具体情形，且容后叙。

项羽对英布生出满肚子意见。他多次派人召英布，英布都不敢去。当时敌人太多，北边有齐赵，西边有刘邦，都是麻烦策源地。再说英布毕竟是个难得的将才，项羽尚有爱才之心，所以也就没有立即解决他。

彭城之战，刘邦惨败。退到下邑，张良提出下邑之谋，但直至撤到虞（今河南商丘虞城），还找不到合适的使者出使九江。刘邦很着急，对周围的人大发牢骚："你们这帮人，没一个管用的，实在不值得共商国是！"随何问他啥意思，他说："如果有人能出使九江，说动英布发兵叛楚，牵制项羽几个月，那我就能稳获天下。谁能承担这个任务呢？"随何说："我愿意前去试试。"随即带着二十个人，掉头南下。

可到了九江整整三天，都没能见上英布。随何于是找到淮南国太宰，希望打通关节。他说："九江王不见我，是因为楚强汉弱。这正是我出使九江的原因。请您先让我见大王，假如我说得对，那是大王所想听的；如果我说得不对，那我甘愿受死，以传达贵国背汉亲楚的决心！"

太宰原话转告，英布召见随何。随何说："您为何如此亲近楚国？"英布说："我一直臣服于项王。"随何说："您与项王同列，都是诸侯，却甘心臣服于他，定是您认为楚国强盛，可以依靠。然而项王伐齐，您只发兵四千，这难道是臣服别人的人应该做的吗？汉王攻打彭城，您虽拥有万人之军，却袖手旁观，不肯派一兵一卒。这难道是依赖他人立国者应该做的吗？您表面上臣服依靠楚，其实完全自立，我认为这样做没好处。楚军虽强，但项羽违背盟约，杀害义帝，已经天怒人怨。如今楚汉在荥阳、成皋对峙，楚与前线中间隔着梁国，项羽进兵运粮，都要深入敌国八九百里，等部队到达前线，已经疲惫不堪；汉军坚守不出，楚军就毫无办法。退一万步说，假若楚军战胜，各路诸侯人人自危，定会前来救援。所以说楚不如汉，显而易见。现在您不归附万无一失的汉，却要依靠岌岌可危的楚，我实在不能理解。我并不认为九江的军队足以灭楚，但假如大王发兵攻楚，必定能牵制项羽几个月，这样汉取天下十拿九稳，那时汉王定会划地加封您为王，何止如今区区的九江之地！"

这番唾沫星子淹住了英布。他口头答应归附，却迟迟不敢付诸行动。

这时项羽的使者也赶来九江，催促英布出兵相助。随何听说后，直接进入驿馆，大摇大摆地坐到项羽使者的上座，说："九江王已归附汉王，项羽凭什么调他出兵？"英布听后愕然失色，使者也大吃一惊，转身就溜。随何说："大王归汉已成事实，绝对不能让他跑掉！"英布立即派人杀掉项羽的使者，然后起兵攻楚。

项羽大怒，派项声和龙且攻打九江。楚军的实力大大强于英布，打了几个月，龙且得胜，攻破九江，英布只好抄小路逃走，直奔刘邦大营。

英布的资历太老名声太盛，如何驾驭，刘邦可是费了不少心思。他眼珠子骨碌一转，决定先打杀威棒，杀杀他的威风，然后再给几枚甜枣。因此听说英布求见，他故意撇着两条腿，拉开架势，坐到床上洗脚——也许还是汗脚？——同时召见。英布是谁呀，进来一看刘邦这德性，大怒。然而木已成舟，无法掉头，怎么办？急切之下，他想死的心都有了。可等进了刘邦为他准备的官舍，见陈设、饮食、随从等规格都跟刘邦相同，又大喜过望。

英布此人，就是那点出息。

从那以后，英布跟定了刘邦。他派人再去九江收拾残兵，得了几千人，调到成皋跟项羽周旋，随即受封为淮南王。当时刘邦没有给英布一寸土地，只有一枚精致的官印。农民使驴拉磨，经常蒙上驴眼，在驴头上悬包美食；驴缓步前行时，美食一抖一动，不时挨到驴嘴，但是可望可及，就是不可吃；于是它心怀美好的幻想，希望努力拉磨，最终能吃上一口。

英布就是那头驴。为名利所累者都是这样的驴。

接过淮南王的官印，英布信心十足地南下九江，为封地而战。英布到底是员猛将，再说楚军已经捉襟见肘，因此他得以连下数城，项羽的战略后方顿时局势震动。到刘邦率先毁约，东出荥阳时，英布跟刘邦的从兄刘贾一道，攻入九江，策动大司马周殷反楚，然后合兵北上，给项羽来了背后一刀。

韩信是各路诸侯的老大。他活着时，牢牢吸引着刘邦、吕后的目光，所以英布和彭越过了几年安稳日子；韩信一死，英布心里就开始打鼓。当年夏天，他正在外边打猎，彭越的肉酱又从天而降，令他内心更加焦虑。

英布再也无心围猎，匆匆赶回国都，便悄悄集结兵力，部署防御，准备应对突发事件。问题是他虽然起了小心，但发生在他身上的两件事，却很是可悲。

可悲之一：争风吃醋，葬送猛将。

英布的原配，是后来被封为长沙王的吴芮的女儿。英布反楚后，楚军攻破九江，将英布的妻子儿女全部杀掉了。即便有原配，也得讨个小，何况还没有呢？否则贵为王爷，岂非资源闲置。英布一朝富贵，自然要夜夜笙歌。他养了不少小妾，其中一个尤其得宠，这人生了病，要去就医，偏巧那医家就在中大夫贲赫对门。

这一下，贲赫可找到了巴结领导的门道：向这个女人大献殷勤，广赠厚礼，还跟她一起在医生家喝酒——联络感情呗。收了人家的礼，自然要帮人家说话。宠姬回过头来在英布跟前夸奖贲赫，说他是温厚长者。没想到英布还是个醋坛子，生怕宠姬养小白脸儿，就责问她："你怎么会认识贲赫？"宠姬感觉不妙，只能实话实说。

听说宠姬跟贲赫私下喝酒，英布脑海里随即联想了一幕又一幕。他想，自己头上肯定已有一顶贲赫扣上的帽子，绿意盎然，不觉大怒。可怜贲赫，白白耗费钱财，羊肉没吃着，白沾了一身臊——不知道这是否足以为那些想走领导后门者戒？

英布是顶头上司，这事又解释不清，贲赫无奈之下，只好泡病号——从韩信和彭越的经验看，这实在不是个好办法。英布一看，越发坚信自己的判断：贲赫肯定占了自己的便宜。

我的小妾你都敢动，大胆！这样的东西，必须逮捕法办，给他个小鞋穿穿。事已至此，贲赫只好效仿彭越的太仆，连夜乘坐递送邮件的传车，赶往长安告密。英布闻听派人追赶，还是晚了半步。

英布想，事情肯定已经泄漏，既然如此，不能重蹈彭越的覆辙，还是先下手为强吧。等朝廷派来调查的使者一到，他立即杀掉贲赫全家，提兵造反。

可悲之二：英布并不知道，丞相萧何对此并不相信，怀疑他被仇家诬陷，建议先拿下贲赫，仔细调查清楚。既然英布确实造反，这些程序随即全部省去，贲赫出狱，升为将军。

夏侯婴到底忠于刘邦，特意就此请教前楚国令尹薛公，薛公认为英布造反理所当然："英布跟韩信、彭越功劳相同，爵位相当，可谓三位一体。如今韩信、彭越相继被杀，英布自觉朝不保夕，肯定会造反。"这话靠谱。夏侯婴立即把他推荐给刘邦。

薛公指出，英布有上中下三策。上策是东取吴，西取楚，并齐取鲁，传檄燕赵，这样太行山以东，都不再是汉家天下；中策是东取吴，西取楚，并韩取魏，占据成皋与敖仓，则天下胜负难定；下策是东取吴，西取下蔡（今安徽凤台），归重于越，身归长沙，这样刘邦可以安枕高卧，天下无事。

薛公说："我估计彭越会采取下策。因为他是骊山刑徒出身，缺乏政治抱负；经过奋斗已有王爵，肯定只图自保，不会为百姓以及子孙万代考虑。"

薛公果然言中，英布确实采取下策。还是那句话，怪都怪那个相面的，没把他的运气再夸大一点。

　　刘邦大喜，立即亲提军马前去平叛。这一点又出乎英布意料。他起兵之初，曾经信心满满地说："皇上已老，打够了仗，肯定不会再来。其余的将军，我只怕韩信与彭越。如今他们已死，我还有什么好担心的？"

　　英布先击破荆，斩杀过去的战友荆王刘贾，然后又击败楚军，随即转兵向西，在蕲西（今安徽宿县南）与汉军相遇。到底曾为项羽帐下的猛将，英布排兵布阵都带着浓重的霸王痕迹，刘邦看后厌恶得要命，他远远地责问英布："你为什么要造反？"

　　"三分钱买个气球——拣大的吹"，英布的回答是："因为我想当皇帝！"

　　以局部敌全国，当然是痴心妄想。英布屡战屡败，最终只得带着一百多人，南渡长江逃命。番君吴芮当初劝进有功，被刘邦封为长沙王，他这个人没有政治野心，懂得韬光养晦，子孙也遗传了这个特征。此时吴芮已死，其子吴臣在位。英布曾经是吴臣的姐夫，此时吴臣会拉他一把吗？当然会，不过是要把他朝地狱拉。

　　吴臣派人告诉英布，自己愿意跟他一起逃向南越。英布走投无路，只能信以为真，于是跟吴臣的使者去了番阳（今江西鄱阳县东）。结果这员猛将在番阳兹乡的一个农民家中，丢了性命。

燕赵回归

前面说过，白登之围刚刚解除，刘邦随即犯了趾高气扬的老毛病，险些昂掉自己的脑袋。这是怎么回事呢？赵国有人看不过眼，打算刺杀他。

刘邦好容易逃出匈奴的包围圈，要取道赵国回长安。这时张耳已死，其子张敖继任赵王。他是刘邦的女婿，娶了鲁元公主。见到刘邦，张敖毕恭毕敬，脱下赵王的官服，从早到晚亲自侍奉刘邦饮食，完全以女婿的礼节对待岳父，十分谦卑。但是刘邦呢？大大咧咧地坐在那儿，动不动就责骂，极度傲慢无礼。

张敖不跟岳父一般见识，但是赵国的相国贯高等人，都是张耳的朋友，张敖的长辈，他们实在看不过去，就对张敖说："当初天下豪杰并起，有才能者先立为王。如今您侍奉皇帝那么恭敬，他却对您粗暴无礼，凭什么？我们愿意杀掉他，替您出气！"张敖大惊，把手指咬出血来，发誓道："你们怎能说出这等糊涂话！先父亡国，经过皇上的帮助才得以恢复，恩泽子孙。没有皇上，哪有这一切？你们千万别再说下去！"

贯高等人继续议论纷纷："把这事告诉大王，都是我们不对。大王有仁厚长者风范，不肯辜负恩德，但我们不能眼看他受辱。咱们自己动手刺杀刘邦，事成功劳归于大王，事败咱们承担责任！"

后来刘邦在东垣（今河北石家庄东）迎战韩王信后回师，贯高预计他会在柏人（今河北隆尧西）留宿，于是在驿馆中设置夹壁墙，预先埋伏武士，伺机行刺。刘邦到达后果然有心留宿，随口问道："这是什么地方？"部下回答道："柏人。"刘邦说："柏人？那就是迫人，这个名字不吉利，不在这里住！"说完随即离开。

一心算计人的人，心眼子多。幸亏有这点心眼，否则他恐怕难得善终。

后来这事被贯高的仇人捅了出去，张敖、贯高等人同时被捕，十多人争相自杀。贯高怒骂道："这事大王确实没有参与，你们争相赴死，谁替大王辩白？"

刘邦下令将赵王押送长安审讯，群臣和宾客中谁敢追随张敖，全部灭族。但贯高和宾客孟舒等十多人，不畏禁令，自己剃掉头发，披枷带锁，以张敖家奴的身份跟随。贯高遭遇严刑拷打，直至体无完肤，依然坚称张敖清白，始终不肯改口。吕后还为他说过几次人话。她说："张敖是咱们的女婿，看在鲁元公主的分上，他也不会谋反呀。"刘邦怒斥道："假如张敖得了天下，四条腿的女人没有，两条腿的女人多得是，难道他还会考虑你的女儿吗？"

无论怎么用刑，贯高始终不肯说话。刘邦被贯高的勇气打动，就派跟他有交情的中大夫泄公前去探听实情。贯高无法动弹，躺在竹床上。泄公先跟他叙旧，然后以老朋友的口气，询问谋反的事情。贯高说："爱自己的父母妻子，是人之常情。如今我的三族都因为这事被判死罪，难道张敖比我的三族还亲吗？实在是因为他的确没有参与，都是我们几个私下里的密谋！"

张敖终于得以保全。刘邦为贯高的忠贞信义所动，也将他赦免。贯高确认张敖得救，十分高兴。泄公说："皇上赞赏您的忠勇，也赦免了您！"贯高说："我之所以身受酷刑而不愿意死，就是为了还大王的清白。如今赵王已经获释，我已尽到臣子的责任，死而无憾。我身为人臣却谋杀皇上，还有什么脸面再为他服务呢？就算皇上不杀我，我心里难道就不惭愧吗？"说完随即仰起头来，切断颈动脉而死。

张敖虽然无罪开释，但赵王爵位已经被封给戚夫人的儿子如意，他因此被改封为宣平侯。

燕王臧荼不是刘邦封的，最先承认其王位的是项羽。楚汉相争之初，臧荼以地利之便，作壁上观，后来韩信一鼓作气灭掉赵代，他感觉胆寒，这才宣布臣服。然而没过多久，前202年七月，他就开始跟刘邦叫板，结果很快被灭，燕王的王冠转而落到太尉卢绾头上。

卢绾不比韩信、彭越、英布，他可是刘邦正宗的嫡系。

他与刘邦是发小，同乡而且同日生，"壮又相爱"。刘邦年轻时不正混，经常要吃点小官司，不得不躲躲藏藏，那时卢绾就跟随在他周围。等刘邦起兵，身边自然还少不了他。天下平定，大封群臣，卢绾官至太尉，封长安侯，可以出入刘邦卧内。虽然萧何、曹参等人才能出众、功劳盖世、官高爵显，但若论私下的交情和信任，谁也比不过卢绾。他的衣被、饮食、赏赐，向来是群臣中最好的。

正因为如此，灭掉臧荼后，刘邦封卢绾为王，萧何、曹参等人都没份儿。

陈豨谋反时，刘邦亲率大军征讨。他派人调彭越，彭越不听，但卢绾则主动出击，从东北方向攻击陈豨。陈豨向匈奴求救，卢绾则建议匈奴，别蹚这道浑水。然而他的使者，要么太笨，要么就是太聪明，结果自作聪明，坏了大事。

此人名叫张胜，他在匈奴正好碰到臧荼的儿子臧衍，臧衍说："燕王之所以重用您，是因为您熟悉匈奴的情况；而燕之所以能够存续至今，是因为其他诸侯屡屡造反。如果陈豨此时被灭，下一个难道不就该轮到燕国了吗？您和您的主上，很快就会成为刘邦刀板上的鱼肉。您为何不能暂且放过陈豨，并且和匈奴联合呢？这样局势缓和，燕就能够长存；即使朝廷逼迫，燕也多了个盟友。"

这话忽悠住了张胜。他不经请示，就擅自改变外交政策：掉转枪口，劝匈奴帮助陈豨攻打燕国。这样卢绾就有了撤军的借口，以便保存实力。然而卢绾直到此刻，还是刘邦的亲密战友，哪里知道这些？突然遭遇攻击，他怀疑张胜已经投降匈奴，于是上书刘邦请求族灭张胜；等张胜回来，详细解释了原因，卢绾恍然大悟，只得自己打自己的嘴巴，再为张胜开脱。

问题随之而来：卢绾与刘邦关系如此密切，为什么反倒连韩信都不如？面对巧舌如簧的蒯通，韩信都能坚守信义，卢绾怎么就不行？

答案只有一个：正因为他们是发小，关系亲密，卢绾才更加了解刘邦的为人。要知道，当时韩信尚在，彭越和英布也还没被冤杀。

卢绾先派张胜离间刘邦与匈奴的关系，然后又派人联系陈豨，表示支持。陈豨兵败之后，卢绾建议他逃往匈奴，以便长期周旋。等叛乱平定，陈豨的降将向刘邦报告此事，刘邦将信将疑，派人召卢绾来长安对质。卢绾心里有鬼，怎么敢去？只好借口身体原因，不肯前往。大是大非，刘邦当然不能忽视，就派人来燕国调查。卢绾更加恐慌，闭门谢客，私下里说："现在不姓刘而为王的，只有我和长沙王。去年春天朝廷族灭韩信，夏天杀了彭越，都是吕后的主意。现在皇帝有病，吕后操纵权柄，她一直想找借口诛杀异姓诸王和功臣。我麻烦大了！"

使者探知此话，随即报告刘邦。没过多久，匈奴又传来消息，张胜在那里频繁活动，身份是燕国使者。刘邦闻听，愤怒至极，大呼小叫："卢绾果然也反了！"立即派樊哙以相国的身份，领兵攻击。樊哙走后没多久，有人诬告他有一次参加宫廷宴会时，打算带人杀掉戚夫人和赵王如意。刘邦不辨真假，又派陈平和周勃驰入军中，陈平负责将樊哙就地正法，周勃负责统兵征讨。

樊哙战功赫赫，又是吕后的妹夫，陈平担心刘邦事后后悔，就没有动手，只把他押回了长安。这边呢，周勃连战连胜，卢绾无力抵挡，带着家属、亲信等几千人马，一直败退到长城脚下。他在那里盘桓许久，一直心怀幻想：如果刘邦病愈，也许会一时高兴，念及两人过去的情谊，而赦免他的死罪；那时他再亲自去长安谢罪，也许还能保住荣华富贵。然而没过多久，杀人如麻的刘邦一命呜呼，卢绾彻底断掉念想，只好投降匈奴。冒顿单于虽然封他为东胡王，但心里并不尊重，卢绾常常遭受欺凌，一年多后抑郁而终。

　　至此，在定陶的泗水北岸，依照张良的鼓动，上表劝进刘邦为皇帝的七个异姓王，只剩下一个长沙王吴芮。这一支实力最弱，只有两万五千户，总是小心谨慎，获得善终：吴氏子嗣不旺、缺乏继承人，最后自然终结。贾谊受命出任长沙王太傅时，侍奉的就是最后一任长沙王吴著。吴著没有后代，身死国灭。后来汉文帝又将宗室封到长沙，是所谓"刘氏长沙国"。

　　如今，吴氏长沙国留给世人最强烈的印象之一，来自一位美女——长沙国丞相利苍的妻子辛追。1972 年出土的马王堆一号汉墓中，辛追的遗体虽然历经两千一百多年，依然形体完整，全身润泽，皮肤齐备，毛发尚在，指趾纹路清晰，肌肉尚有弹性，部分关节还可以活动，与新鲜尸体毫无二致。这是世界上保存最好的湿尸。

大风歌者

在中国文学史上，确实没什么文化的皇帝刘邦，也曾经留下一个歪歪斜斜的脚印：

> 大风起兮云飞扬，
> 威加海内兮归故乡，
> 安得猛士兮守四方！

说刘邦没文化，绝非贬低。他从小就不爱学习，长大后又看不起读书人，典型的政治暴发户。项羽也不喜欢读书，不爱练习武艺。但他希望学习"万人敌"的技艺，所以写诗也比刘邦强点，至少要多一句。

> 力拔山兮气盖世，
> 时不利兮骓不逝，
> 骓不逝兮可奈何？
> 虞兮虞兮奈若何？

当然不能因为比《大风歌》多一句，就得出项羽比刘邦更有文化的结论，那不过是笑谈而已。祖咏应试，规定写六句，他只写了四句便交卷，因为"意尽"，再写便是画蛇添足；

刘邦这样的人，又怎么可能多写以凑数？

《大风歌》的背景非常有意思。灭掉英布后，刘邦回师长安，路过家乡，就把昔日的朋友、尊长、晚辈都招来，欢饮达旦，历时十几天，衣锦荣归嘛。有一天喝得高兴，他一面击筑，一面吟诵这首即兴而成的《大风歌》，不觉"慷慨伤怀，泣数行下"。

难怪他要慨叹没有勇士可以守边，韩信、彭越、英布，这样天下无双的猛将，全都丧命于他的屠刀之下，猛士再多，又怎能躲得过他的猜疑？

然而，刚刚打了胜仗的刘邦，为什么要"慷慨伤怀，泣数行下"？一味地道德批判固然痛快，但没有意义；简单指责这是鳄鱼的眼泪，也于事无补。那一刻，刘邦一定是真诚的。恶人也有良心发现的时候。这人眼力不错，也有手腕，他爱才。上述三人都是将才，他比谁都清楚。他此时的眼泪，与得知韩信被灭族之后的反应，可以互为表里：且喜且怜之。

一句话，他杀掉三将，决断过程并非斩钉截铁，其中多有反复掂量的犹疑矛盾。

刘邦虽然开创了汉家基业，但确实算不得好皇帝。他开了个好头：平民治理天下。在此之前，这是贵族的事情，他们学习"六艺"，以求通经致用。刘邦以及萧何、曹参等人，都是泥腿子出身，治理国家对于他们而言，都是全新的挑战，然而他们没有失败。

问题是刘邦还开了个坏头：滥杀功臣。秦始皇号称暴虐，其屠刀尚且有未到之处，刘邦却能不留死角，犄角旮旯全部砍到。《史记》上说，"所诛大臣多吕后力"，这是典型的转移视线，为尊者讳——当然，在司马迁的时代，也是无奈之举。

吕后哪来的本事，谁给她的权力？

刘邦对读书人的蔑视，发自内心，直抵骨髓，不惜耍赖。项羽死后，刘邦请大臣喝酒，席间不承认随何的功劳，说他不过是一介腐儒，不懂治理天下。随何问道："当年陛下从彭城归来、项羽未去齐地时，您派步卒五万、骑兵五千，能攻下淮南吗？"刘邦说："不能。"随何说："陛下派我带领二十人出使淮南，最终完全达到您的心意。也就是说，我的功劳超过五万步兵外加五千骑兵，您为什么还骂我是腐儒，说我不懂治理天下呢？"刘邦被堵了个严严实实，这才不得不改口。

傲慢无礼、蔑视文化者，竟然能取得天下，岂非咄咄怪事？正是这一点，令人悲哀。这个真相洞穿人性的根本局限，从古代延续很久很久。

据说股市里散户数量居多，但战果很惨，七赔两平一赚。之所以如此，是因为他们有两大弱点——贪婪与恐惧。刘邦得天下，其实也得益于此。他不惜官印，利用的正是人类的贪婪；他对百姓有所谓的仁，成功的基点无非是人类的恐惧。

还是陈平总结得好：廉洁重礼之士，投奔项羽；贪求名利之辈，追随刘邦。一句话：刘邦身边藏污纳垢。

所以毛泽东的《沁园春》里，夸赞的是秦皇汉武、唐宗宋祖，外加成吉思汗，刘邦根本不在伟人的视线之内。

周亚夫：倔强之臣 VS 刻薄之君

　　导读：从周勃到周亚夫，父子两代出将入相，可谓登峰造极。然而周勃到底是忠厚元勋，还是无为庸臣？《史记》和《汉书》背后隐藏的文字，多年来一直未被人发觉；汉文帝细柳劳军，周亚夫不开营门，究竟是履职尽责，还是精心策划的"亮相"行为？

很少能看到像周亚夫那样倔强的将军。

这人倔强到了什么程度呢？直接跟皇帝叫板，驳他的面子，而且不止一次。

周亚夫此人，注定只能领兵御敌，在战场上纵横驰骋，而不适合高居朝堂引经据典，侃侃而谈，平衡关系。电视剧《汉武大帝》中有这么一个情节：周亚夫当丞相时，多日不奏一本，百官议事也很少发言，汉景帝很不满意，于是就问他："全国每年要审理判决的大小案子，一共有多少件？"

口气相当于老师提问，意味颇深。周亚夫一愣，只好低下头说不知道；景帝接着又问："那么全国上下每年总收入和总支出，又是多少？"周亚夫的回答当然还只能是："Sorry, I don't know！"

景帝于是转而问窦婴。窦婴虽然也说不出数据，却知道答案："这些事情分别有专人负责。审理案子的事情，应当问廷尉；钱粮收支，应当问治粟内史！"

这事有点意思，也有史实出处，只是已被编剧移花接木：其真正的主角儿，分别是文帝、周勃和陈平。当时陈平是左相，而周勃是右相。这事还隐藏着一个成语——汗流浃背。当然是在周勃面对皇帝的第二个问题依然张口结舌的时候。

周亚夫和他的父亲周勃，有不少相似之处：他们都有赫赫战功、出将入相，都被诬为谋反，因而下狱。不同的是，周亚夫相对其父，各方面都是雏凤清于老凤声，尤其是为人。他性格耿直，段位已经达到倔强的程度。所以周勃能平安出狱，而周亚夫则绝食抗议而死。

周亚夫到底有多倔强？还得从他父亲的生平开始探讨。没办法，每个人都有来历出处。

父亲一生

周勃也是沛县人，跟刘邦是同乡，就汉朝而言，算是第一批追随刘邦的老将。刘邦是"村官"出身，家里多少还有点地，周勃的境遇比这还不如。他的第一职业是卷蚕箔，卖给人养蚕用；第二职业则是吹鼓手，碰上红白喜事，就去给吹吹箫，混点零用钱。

这倒没什么，英雄不问出身，反正周勃后来功高爵显，足以盖住所有的缺点。或者说，起步阶段越是不堪，越能反衬出其伟大与荣耀。按照《史记》《汉书》等典籍的说法，周勃一生替汉家打了两回天下：第一回是打敌人，跟项羽以及各路诸侯斗；第二回是打自己人，跟诸吕斗。

作为首批追随刘邦的老将，周勃几乎参加了所有的战斗。然而韩信光芒万丈，无情地屏蔽了别人的全部辉煌，周勃的经历在史书中基本都是流水账。这些事情既然司马迁都没有精细勾画的耐心，那我也大可不必试图与太史公叫板，我可不想佛头着粪。所以还是看看周勃人生档案中的简单履历。

前209年七月至前208年九月，随同刘邦攻打胡陵（今山东鱼台东南）、丰邑（今江苏徐州丰县）、砀郡（今河南永城东北）。攻克砀郡郡城下邑时，他率先登城，获得五大夫爵位；攻取蒙邑（今河南商丘北）、虞县（今河南商丘虞城北），平定魏地；攻克啮桑（今江苏沛县西南），率先登城；在谷城大破秦军，追击至濮阳，攻下甄城（今山东菏泽鄄城北）；攻打都关（今山东郓城西）、定陶，袭取宛朐（今山东曹县西北），活捉单父（今山东单县）县令；夜袭临济（今河南封丘东），拿下卷县（今河南原阳西）。在这一年两个月的时间内，表现非常出色：经常第一个到达攻击位置，第一个登上敌方城墙。

前207年十月至前206年十月，以虎贲令的身份，跟随刘邦再度平定魏地；在城武（今山东成武）击破秦朝的东郡尉；击败名将王翦的孙子王离；第一个登上长社（今河南长葛东北）城头；攻陷颍阳（今河南登封西南）、缑氏（今河南偃师东南），占领黄河渡口；在偃师与秦将赵贲作战；攻击南阳，击败郡守齮，破武关、峣关；在蓝田大破秦军。

前206年二月至前205年六月，受封为威武侯，作为韩信帐下的将军，潜出故道，攻入关中。他先攻槐里（今陕西兴平东南）、好畤（今陕西乾县东好畤村），然后挥师北上，与赵贲、内史保激战于咸阳；与章平、姚昂作战；西定汧（今陕西陇县南），攻克郿（今陕西眉县东）与频阳；围困章邯于废丘（今陕西兴平东南）；向西攻击益已的部队；攻上邽（今甘肃天水），守峣关；出朝歌，经定陶、胡陵、萧县，攻击彭城；防守敖仓。

在刘邦的事业草创阶段，周勃鞍前马后，战功无数。根据《周礼》中的说法，多人一起分享军功时，上等军功为"最"，下等军功为"殿"，自己独享战功为"多"。《史记·绛侯周勃世家》中，连续三次出现"最"，"多"与"殿"也不乏其例，其功绩可见一斑。

然而这不过是个开始。后来追击项羽时，周勃率军攻取泗水、东海两郡，拿下二十二县；平定燕王臧荼反叛，周勃又是首功。前201年，刘邦赐予周勃列侯爵位，分封剖符世代不绝，享有绛县八千一百八十户的食邑，号称"绛侯"。

卸磨杀驴，最大的敌人项羽已死，刘邦的注意力逐渐转移到异姓诸侯王身上。那时节诸侯王主动被动的反叛不断。世间不容韩信，刘邦重用周勃；绛侯随即成为平乱主将。

韩王信叛乱，有匈奴骑兵助阵。周勃有力地阻击了匈奴铁骑，并且攻克霍人县（今山西繁峙县东圣水村东）、晋阳县，以及太原郡的六座城池。在硰石（今山西娄烦县西北）击败叛军后，北追八十里，回军途中又"搂草打兔子"，拿下楼烦三城。

陈豨自立为代王时，周勃先是活捉叛将宋最、雁门（郡治善无，今山西右玉县南）郡守圂、云中郡守遬、丞相箕肆以及叛将勋，平定雁门郡十七县、云中郡十二县、代郡九县，最后全歼叛军，斩杀陈豨，俘虏其丞相程纵、将军陈武、都尉高肆。

燕王卢绾起事时，刘邦临阵走马换将，令周勃取代樊哙统兵攻蓟，最终俘虏叛军大将抵、丞相偃、郡守陉、太尉弱以及御史大夫施，平定七十九县。

最后司马迁为周勃算了总账：跟随刘邦作战，共计俘虏相国一人，丞相两人，将军与二千石官吏各三人；单独打垮两支敌军，攻下三座城池，平定五郡七十九县，活捉丞相、大将各一人。

这份漂亮的成绩单，为周勃赢得了高居朝堂的资格：他被任命为太尉。秦时丞相、太尉和御史大夫号称"三公"，太尉主管军政；东汉时以太尉、司徒、司空为"三公"，其中太尉管军事，司徒管民政，司空管监察。周勃的这个太尉，也是最高军职，有点总司令的性质。

但是后来，这个总司令却无法接近部队，进不了南北二军。

汉朝的军制与秦略有不同，军队分为京师之兵和郡国之兵两种，兵种都分四类：轻车（车兵）、材官（步兵）、骑士（骑兵）和楼船（水兵）；服役年限与现在相同：每个成年男子应役期间，都要服役满两年。京师之兵共有南军和北军两支。南军由各郡抽调的卫士组成，由卫尉统率，负责守卫未央、长乐、建章、甘泉等皇家宫殿，以及护卫皇帝出入。他们分散驻守，没有固定的营垒，总人数约两千名；北军主要是来自三辅地区的材官和骑士，驻扎在未央宫北边，由中尉统率，负责警戒京师，总兵力可达数万。吕后控制朝政时，南军北军将领通通姓吕，周勃空有太尉之名，却无法调动一兵一卒。

却说刘邦，刚刚除掉异姓诸侯王，自己也很快就伸了腿儿，等于给吕后当了回清道夫。吕后一连四天秘不发丧，暗自磨刀霍霍，准备杀功臣。理由非常简单：刘邦在时，诸将就不肯屈居臣下；如今少主继位，他们必定会作乱。不杀掉他们，天下势必不得安宁。

这个理由当然非常可笑，好比菜刀能杀人，因此就禁止国人使用那样。吕后跟功臣争夺的是朝廷的控制权，所以怎么黑都不算出格。这事究竟行不行或者如何行，吕后跟审食其日夜密谋。

审食其是谁？吕后的情人。

审食其也是沛县人。刘邦起兵后，留下审食其照顾家人，这对孤男寡女大约日久生情。刘邦耐不住寂寞，在定陶收了戚夫人，吕后自然也不肯闲着；既然无法发展"外向型经济"，于是就地取材，内部挖潜，优势互补。正巧后来两人同时被项羽俘虏，又朝夕相处将近三年，多少有点患难夫妻的底子。刘邦在世，两人不敢放肆，如今他已见鬼，阻力大大减小。

关键时刻，郦商得到消息，提醒审食其道："灌婴带兵十万驻扎在荥阳，周勃在燕代作战，手下也有雄兵二十万。一旦他们得知诸将被杀，岂能善罢甘休？那时他们进攻关中，大臣内叛，猛将外反，你们难道会有好果子吃吗？"郦商是高阳酒徒郦食其的弟弟，看问题有点眼界。吕后听说这话，无可奈何，这才暂时放下屠刀。

刘邦咽气儿时，陈平不在长安，依然在执行刘邦带血的遗命：杀死樊哙。陈平向来鬼点子多，这回没杀樊哙，又押对了宝。半路上得到刘邦见鬼的消息，他赶紧先留下押解樊哙的囚车，自己飞马直奔长安，准备向吕后解释。还没赶到，对面又飞来一道遗命：与灌婴一起，统兵十万镇守荥阳。这个命令也没能挡住陈平朝首都飞奔的脚步。到了刘邦灵前，陈平扑通一声跪倒在地，哭着说："您令我就地处决樊哙，可我哪敢轻易处置大臣，已经把他押解回来，想让您亲自决定！"谁都明白，这话表面上是开脱自己违背诏令的罪责，其实是说给活人听的。吕后很是感动，吩咐陈平先回家休息，留在长安工作，不必去荥阳。

吕后掌控朝局后，刘氏自然要受到压制，姓吕的异军突起，甚至违背"白马之盟"而封王。对此刘氏自然心有不甘。他们的第一次反抗，缘起于喝酒：吕氏有人"酒风不正"，结果被当场处决。

齐王刘肥的儿子刘章娶了吕禄的女儿，受封朱虚侯，在宫中宿卫。有次他当值，正好赶上宫中宴饮，受令为酒史，就是民间俗话中的"酒司令"。刘章请求以军法行酒令，得到吕后批准。喝到中间，有个姓吕的喝得酩酊大醉，实在没了肚量，就想避席逃酒。刘章呢，逮到机会就拿鸡毛当令箭，二话不说追上去拔剑就砍，然后堂而皇之地回来缴令："有人避酒逃席，我已按军法处斩！"诸吕闻言大惊。

借着酒劲诛杀吕氏，只是刘氏强力反弹的起点。吕后内心当然明白，于是临死之前，封赵王吕禄为上将军，统领北军；吕产为相国，掌管南军。同时告诫他们，不要出去送葬，要随时控制皇宫。

前180年八月，刘章策动哥哥齐王刘襄起兵讨伐诸吕。吕产派灌婴率军抵挡，但灌婴却在荥阳按兵不动，并且联络齐王，准备协调立场。此时周勃在长安想要动手，苦于没有兵符帅印，无法进入军营。怎么办呢？他跟陈平商议，决定先拿吕禄开刀。吕禄跟郦商的儿子郦寄关系密切，周勃他们随即胁迫郦商，迫使郦寄出面，劝说吕禄交出帅印。诸吕对此意见不一，内忧外困，他们也不敢轻举妄动；只有吕禄深信不疑，照常跟郦寄一同打猎行乐。

当年九月，吕产得知灌婴已与齐王联合，决心立即进入皇宫，控制局势。千钧一发之际，周勃得到符节令纪通的帮助，持节假传圣旨，进入北军。与此同时，他又让郦寄欺骗吕禄，假说皇上命令太尉进驻北军，让吕禄迅速交出帅印，以免祸患。吕禄不知是计，交出帅印，周勃这才得以掌握北军。

周勃拿到帅印，随即集合队伍，发布命令："支持吕氏者，脱掉右侧的衣服；支持刘氏者，脱掉左侧的衣服！"号令一出，只见全军将士都露出左臂。周勃心里顿时有了谱。

控制住北军，但南军还在吕产手中。南军负责皇宫警卫，更为关键。周勃安排刘章监视南军，同时命令未央宫卫尉，拒绝吕产入内。此时吕产并不知道北军已失，更不知道周勃等人已经行动。他要进入大殿，结果被拒之门外，正在徘徊时，周勃和刘章已经率领千余人冲来。吕产见势不妙，转身就逃；刘章健步如飞，紧追不舍，最后在厕所中追上吕产，将他杀掉。

就这样，周勃完全控制住军权，最终铲除吕氏集团。幸亏此时勇将樊哙已死，否则只怕覆巢之下，他也没有好下场：他的老婆和儿子，全部被杀，其中他老婆的死法很惨——笞死，就是用鞭子活活抽死；周勃等人先用少帝的名义杀掉诸吕，后来考虑到少帝也是吕氏血脉，就迎立与吕氏没有血缘关系的代王刘恒为帝。

铲除诸吕、匡扶汉室，周勃功居首位——究竟应该如何评价这些功劳，回头再说。文帝即位后，犒赏功臣，提拔周勃为右相，赐金五千，食邑增加到万户。

然而周勃这个人，到底是吹鼓手出身，胸有韬略而无点墨，实在不适合担当重任。本文开头的那一幕，就发生在这个时期。幸亏左相陈平计谋多端，应对得当，也算从侧面给他解了围。当时文帝接着问陈平："既然各司其职，那么你的职责是什么？"陈平连连谢罪："陛下不知道我才智低劣，让我担任丞相。丞相的职责是对上辅佐天子，调理阴阳，顺应四时；对下创造万物生长的条件；对外镇抚四方夷狄诸侯；对内使百姓归附，让百官各安其心，各负其责！”

陈平滔滔不绝的口才，折服了文帝，也折服了周勃。出了宫殿，他责备陈平说："你平时怎么不教我怎样回答呢！"陈平笑笑道："你身居相位，怎么能不知道自己的职责？假如陛下问起长安城中盗贼的数目，你难道也想勉强回答？"周勃深切地感觉到才干确实不如陈平，这事不是能教会的。正好此时有人劝他急流勇退："您诛灭诸吕，迎立皇帝，威震天下。如今皇帝信任，赏赐丰厚，您的地位也很尊贵，可是只怕这一切不能长久，您最终会大祸临头！"周勃觉得言之有理，随即辞去相位；陈平去世后，文帝又短暂起用过周勃。当时多数诸侯都滞留长安，钱粮要从食邑运来，劳民伤财。为此文帝下令列侯全部就国，离开长安。

首都终究是首都，大家都恋恋不舍，因此阻力重重。文帝就对周勃说："我下令列侯全部回到封地，可有些人迟迟不走。我一直很信任器重您，希望您能带个头！"

文帝这个说法有点奇怪，因为担任朝职或者有诏令特许的，只需长子就国。然而更为奇怪的事情还在后面：周勃二度去相归国后，"岁余，每河东守尉行县至绛，绛侯勃自畏恐诛，常被甲，令家人持兵以见之。其后人有上书告勃欲反，下廷尉"。

周勃的封地绛县归河东郡管辖。奇怪的是，每到年末，河东太守或者郡尉前来例行巡视辖区，周勃害怕被杀，因此身披铠甲，同行的家奴也是全副武装。太守是一郡长官，郡尉是其副手，主管军事。二者的俸禄都是二千石，级别比起曾经担任相国的周勃，那可真是"戴草帽亲嘴——差一大截"。人家不过例行公事，周勃为什么会如此恐惧？他难道犯有弥天大罪？他又因何被捕下狱？其实原因都隐藏在前面的故事中，谜底下文再去揭开，现在还是先来看看他的结局。

按照《史记》中刘邦的说法，周勃这个人"重厚少文"，看来口才还就是不行，不懂得如何回答，不管提问者是皇帝还是法官。他老这样结结巴巴，没反也像造了反。时间一长，监狱的阴暗逐渐隐去他身上侯爵军功的光环，狱吏也开始欺凌侮辱他。周勃无奈，只好行贿：送给狱吏千金，狱吏便在"牍背"——公文板的背面——写了这么几个字，以为点拨：以公主为证。周勃顿时如梦初醒。他的长子娶了公主，明摆着是一条很好的路，他竟然不懂得走，徒耗时日，靡费钱财。于是赶紧派人把平日皇帝的赏赐全部送给国舅薄昭，让他到薄太后跟前说情。薄太后本来是魏王豹的宠妾，后来魏王豹被韩信击败，薄姬作为俘虏被发配到织布房织布。刘邦偶见她有几分姿色，便纳入后宫——在女人的问题上，刘邦真可谓"泰山不让土壤，故能成其大"：我的就是我的，你的也是我的。

薄太后知道周勃并无反心，等文帝前来朝见时，便拿"冒絮"——头巾的一种——扔向文帝说："周勃诛诸吕时，身上挂着皇帝的玉玺，统率整个禁军。他那时不反，难道会在一个小县里谋反？"文帝早已看到周勃的供词，闻听赶紧向太后道歉："底下的官员们正在查清这事，准备释放他呀！"说完立即传令赦免周勃。

周勃出狱之后，曾经发出过真诚的感慨："吾尝将百万军，然安知狱吏之贵乎！"心多不平。那狱吏也是胆大，周勃有这等背景，他还敢收他的钱。不过周勃有个问题没想明白：他统帅百万军队时，所有的威风都来自那枚小小的帅印，也就是权力，没有那些权力，他什么都不是。想当初要控制北军，他也只有拿到权力的象征——符节和帅印——之后，方能如愿。

一句话，在被威权扭曲的环境下，是人是狗都无所谓，权力才是唯一的决定性要素。

细柳扬名

之所以在周勃身上浪费许多笔墨，是因为周亚夫后来建功与周勃的一个失误有关。简直可以这么说：正是周勃的失误，才造就了周亚夫的成功。具体原因嘛，且容我慢慢说来。

周亚夫是周勃的次子，他的经历也很传奇。

"白马之盟"说得很清楚，不姓刘不能封王，没有功不能封侯。周勃的爵位按照惯例由长子周胜之继承，周亚夫应该不会有封侯的可能，但最终还是被封为条侯，个中原因，很有意思。

周亚夫在河内郡——黄河以北为河内，郡治在今河南武陟西南——当主官儿时，有个叫许负的老巫婆，相面很有名气，于是周亚夫就把她请来为自己看相。许负搭眼一瞧，就对他说："您的命相比较尊贵，三年封侯，再八年拜相，地位非常显贵。但您再过九年，就会因饥饿而死！"

真是一派胡言，周亚夫没法相信："这怎么可能呢？哥哥已经继承父亲的侯爵，他死了也只能传给侄子，哪里能轮得到我？再说既然我地位尊贵，又怎么可能会饿死呢？"

但许负坚持自己的说法：这是周勃相貌上携带的信息，并非她的加工杜撰。她指着周亚夫的嘴角说："您这里有条竖直纹，这就是一种会饿死的面相。"

后来那个老巫婆的预言果然得到应验：周胜之犯罪丧命，封爵被夺。文帝念及周勃功劳盖世，又下令从其子中挑选出最为贤良的继承爵位。结果周亚夫脱颖而出，被封为条侯。

周亚夫最初扬名，是因为细柳（今陕西咸阳西南渭河北岸）阅兵；而阅兵的背景，则是匈奴犯边。

那几年里匈奴经常滋事。刘邦死后，冒顿单于甚至还写信给吕后，大搞性骚扰："你死了丈夫，我死了老婆。两主不乐，无以自虞，愿以所有，易其所无。"

这是什么话。刘邦的死并不影响吕后的私生活质量，她有审食其嘛。当然冒顿单于对这些问题并不感兴趣。他无非是利用匈奴人哥哥死掉弟弟可以去娶嫂子的风俗，挑衅而已。见大姨姐受到这般挑逗，樊哙大怒："臣愿得十万众，横行匈奴中！"各位将军都顺着吕后的心意面子，一个劲地起哄叫好。只有季布说了难听的实话："樊哙可斩也！夫高帝将兵四十余万众，困于平城，今哙奈何以十万众横行匈奴中，面欺！"

这一下揭了樊哙的伤疤。白登之围他可是亲历者，而非目击者。因此吕后再也没法提出兵之事，最后强压怒火，平心静气地回信说："我已年老色衰，发脱齿落，行动不便，您还是挑选美女去吧。"然后赠予车马。匈奴自愧失礼，遣使认错，免却了一场战火。

有一年，北部边境烽烟再起，文帝赶紧调兵遣将，前来拱卫京师：宗正（掌君主宗室亲族事务之官，九卿之一）刘礼驻军霸上（今陕西西安东），祝兹侯徐厉扎营棘门（今陕西咸阳东北），河内太守周亚夫则屯兵细柳。

大战在即，要鼓舞士气，做战前动员。文帝决定亲往三处军营犒劳慰问。这三处军营，分别从东、西、北三个方向拱卫长安，呈环形防御。以当时的交通条件而言，距离绝对不能算近，文帝能一一前去，可见其重视程度。

文帝一行先到霸上，再到棘门。到了大营门口，军士看见御驾，全都主动放行，而且主将全部下马迎送到门口，惊师动众。这时文帝应该还没发现问题。两位主将的表现，他一定认为是理所当然。他是天子嘛。可到了细柳，周亚夫给他上了结结实实的一堂课：军士们刀出鞘，箭上弦，弓拉满，警戒庄严。前边开道的车驾见大营紧闭，估计有点生气，于是大声叫道："皇上驾到！"

然而守卫营门的都尉根本不吃这套，他说："将军有令，军中只听将军号令，不听天子诏令！"没过多久，文帝车驾到达，营门依然不开。文帝只好派使者持天子符节进去通报："天子劳军，请开营门！"周亚夫这才下令，只开一道寨门，放行天子车驾。御者正要打马扬鞭，军士们又发出严正警告："将军有令，军营中不许车马急驰！"御者闻听，只好缓缓驾车开入军营。到了中军帐前，周亚夫一身戎装出来迎接。他手持兵器，只是拱手施礼，并不跪拜："介胄之士不拜，请陛下允许臣下行军中之礼！"

仪式感是极其重要的东西。它往往能散发出许多信息。这一刻，周亚夫的仪式感就打动了文帝。他闻听动容，欠身扶着车前的横木——苏轼之轼——向将士答礼，以示慰问："皇帝敬劳将军！"礼仪达成，随即引车离去，并不逗留，以免耽搁军务。

群臣见此阵势，无不震惊，周亚夫随即一举成名。"忽过新丰市，还归细柳营"，从此以后，"细柳营"便作为名将的指代，频频进入诗词歌赋。中学时期我曾读过《李自成》，当时甚是喜欢。如今年深月久，对该书只有两个模糊的印象，一是书中的李自成；二便是其中的这副对联：

柳营春试马，虎帐夜谈兵。

现在看来，这一联远远不算工整，因为"柳营"有实指，而"虎帐"只是泛称。尽管如此，其形象还是能超越三十年岁月风尘之蒙蔽，可见当时的印象之深刻。

《史记》中这个细节甚为精彩，周亚夫此人确有心计，或曰脾气。

没错，周亚夫此举费尽心机，有作秀之嫌。"军士吏被甲，锐兵刃，彀弓弩，持满。"全副武装，保持警戒，都可以理解，但是箭上弦还要拉满弓，却不合常理。如果是见了皇帝车驾而采取的临时性预防措施，那只能说明侦察工作大有疏漏，所以将长安方向来的车队，当作了敌军；如果不是临时的预防措施，那就只能说明是他刻意为之。

道理很简单，即便一级战备，你也不能让士兵们打开枪支的保险。

弓一直拉满，用不了多久就会丧失弹性，所谓张弛有道。

当然，周亚夫这个作秀，是积极的作秀，于己有利而于国无害。或者更进一步说，利己的同时也利国利军：他通过这种方式突出自己、自我推荐，国家因此而获得一位栋梁之材，各方面都不坏。

周亚夫的聪明与心计瞒过了整部历史，包括司马迁本人，文帝更是不在话下。劳军结束皇帝回宫，出营门时感慨万千："这才是真正的将军啊！霸上和棘门的军队，简直如同儿戏。假如敌军来偷袭，恐怕他们的将军都要当俘虏，只有周亚夫凛然不可侵犯！"

从那以后，周亚夫这个名字，就深深地刻入文帝的脑海。周亚夫能被封为条侯，肯定与之大有关系。估计群臣一报上这个名字，文帝眼前马上就蹦出那个不肯跪拜的将军形象，当下不用废话，立即照准所请。事情过去一个月后，匈奴兵退，文帝诏令三路人马各自撤回原防，却将周亚夫"扣留"于长安：任命他为中尉，掌管北军，负责警卫京师。

周勃费尽心机才得到的兵权，他儿子周亚夫几乎是唾手而得。

从河东郡守到首都卫戍最高长官，就是瞎子也能看出其中的重用。周亚夫的锦绣前程，就此起步。后来文帝病重，弥留之际嘱咐太子刘启，也就是后来的景帝："关键时刻可以重用周亚夫。这个将军，靠谱！"景帝是个听话的好孩子，一上台就拜周亚夫为骠骑将军。

需要说明的是，在此之前的"将军"二字，都为俗称。不管是谁，只要带兵，就可以称为"将军"，完全是词语的本意；从西汉开始，将军成为正式的官职名称，有各种各样的将军，最著名的骠骑将军还不是周亚夫，而是之后的霍去病。

周勃真相

说刘邦是"村官"，不仅仅是因为对他的厌恶。他的某些见识确实落后，比如在郡县制还是分封制的问题上，他就不如李斯。

历史证明，李斯在此问题上可谓正确。他反对分封，认为靠亲情培植势力以为外援，完全是饮鸩止渴。刘邦好不容易马上打来天下，觉得秦朝灭亡太快，与没有诸侯保护不无关系，因此继续沿袭项羽的那一套，每灭除一个异姓诸侯王，就把他的地盘转封给宗室。

就这样，到景帝时期，全国五十四个郡，诸侯王占据三十九个，中央直接控制的只有十五个，不足三分之一。诸侯国如此强大，就像人已患病，小腿粗如腰，指头粗如腿，不可能屈伸自如。而且齐楚各国已传给子孙二三代，与皇家血缘关系日渐疏远，感情淡薄，更兼与朝廷存在利益之争，矛盾重重，叛乱只是时间问题。

最早发现身下火山的，是奇人贾谊。

贾谊（前200—前168），洛阳人，西汉著名的政治家，也是文学家。他十八岁即有才名，经河南郡守推荐，刚刚二十出头就被文帝召为博士。这是个六百石的官职，负责保管文献档案、编撰著述、掌古通今、传授学问、培养人才。虽然职位不高，俸禄微薄，但有机会接触皇帝。正如赵胜所言，锥入囊中，很快就能崭露头角，贾谊便是如此。他有学问有见识又有激情，什么话都敢说，深受文帝赏识，不到一年，就被提拔为太中大夫。他提过很多建议，其中比较著名的是《论积贮疏》，指出弃农经商是"背本趋末"，主张重农抑商，大力发展农业，加强粮食贮备，以备灾荒。这个建议，被汉文帝全盘采纳。当时列侯多居长安，远离食邑，造成"吏卒给输费苦"，增加运输成本，劳民伤财。贾谊建议令列侯"就国"，全部回到封邑，在朝廷任职以及有诏令特许留长安的，要将长子送回封邑，其他人等，全部扫地出门。这个建议，也被文帝采纳。

然而当时列侯都不愿意离开繁华的首都。这个建议动了周勃、灌婴等一干权贵的奶酪，招致了他们的强烈不满。

周勃、灌婴等人与贾谊，可谓截然相反：年轻对年老，渊深对浅薄。尤其是周勃，"重厚少文"是史书上刘邦对他的评价，"少文"者，说得好听点叫质朴，说得直白点就是没文化。"勃不好文学，每召诸生说士，东乡坐而责之：趣为我语。"

让读书人别引经据典绕弯子，直来直去痛快点说，要求不算过分。问题是其"重厚"二字，或者"木强敦厚"中的"敦厚"二字，只恐难当。他这个人，似乎天生跟有学问的读书人不对付。陈平刚来投奔时，官封都尉，被刘邦留作参乘——就是蒙毅曾经充当的角色，并且担当监护三军将校的重要职责。周勃看不过眼，于是伙同灌婴，在刘邦跟前上他的眼药。

史书上有这样的记载：

> 绛侯、灌婴等咸谗陈平曰："平虽美丈夫，如冠玉耳，其中未必有也。臣闻平居家时，盗其嫂；事魏不容，亡归楚；归楚不中，又亡归汉。今日大王尊官之，令护军。臣闻平受诸将金，金多者得善处，金少者得恶处。平，

反覆乱臣也，愿王察之。"

说陈平"昧金"确有实据，但"盗嫂"则纯属人身攻击。幸亏他口才出众，自辩突围，否则刘邦必然要损失这个重要人才。他是这么应对的："同样一件有用的东西，在不同的人手里作用不同。我侍奉魏王而魏王不用，所以离开他去帮助霸王；得不到霸王的信任，这才转而归附大王。我虽然还是我，但用我的人大不相同。我早就听说大王善于慧眼识人，所以才不远千里慕名来投。我走得匆忙，什么也没带，来到这儿也就一无所有。没有钱，我无法生活，也就办不了事，这才接受人家的礼物。如果大王听信谗言，不肯用我，那么那些礼物原封未动，我可以全部交出，请大王给我一条生路，让我辞职回家，老死故乡。"

这话有自我辩解的成分，但基本属实。他是逃亡而来的，天擦黑时逃到黄河边，请船夫渡他过河。刚上船，突然看见船舱里又出来一个人，不觉心里一咯噔：这两个人很可能是强盗，干彭越发迹之前的勾当。怎么办呢？陈平灵机一动，顺手脱掉上衣朝船上一扔，光着上身来帮船夫划船。船夫看他腰间空无一物，衣服掉在船上也没出声，知道他身上并无硬通货，彼此因此相安无事。

周勃与灌婴伤不了陈平，但伤害贾谊绰绰有余。听说文帝还要提拔重用，他们随即联络一大帮功臣勋戚轮流攻击，不停地对文帝说："洛阳之人，年少初学，专欲擅权，纷乱诸事。"这帮人地位高影响大，文帝实在招架不住，就将贾谊贬出长安，出任长沙王太傅。

长沙是什么地方？"但令归有日，不敢恨长沙。"这是唐朝诗人宋之问被贬时的真实心声。可见直到唐朝，那里还是一片蛮荒，何况西汉。正因为如此，对贾谊造成了巨大的打击。同病相怜，贾谊自然而然地想到了屈原，这位怀沙自沉的诗人，也是遭到佞臣权贵的谗毁，被贬出都城，最终魂归汨罗江。等贾谊到达湘江，只见眼前江水滔滔，屈原的形象仿佛正随着波涛跃动，令他浮想联翩，产生了强烈的书写激情，于是中国文学史上就有了著名的《吊屈原赋》；文章是对大诗人的崇敬，更是悲愤的自我抒发。

悲愤与忧郁从此就成了贾谊心情的主旋律。这位才干超群的文学家、政治家之所以仅享年三十三岁，心情不畅应当是重要原因。从这个意义上说，周勃等人对贾谊的短寿，负有历史责任。

至少从《史记》的《绛侯周勃世家》中，无法看出传主"重厚"或者"敦厚"的印象。倒是在别人的相关传记里，能看出此人其实并不咋地。不像君子，更像小人，如果一定要概括的话。前面说过，他身为丞相，竟然说不出自己的职责所在，可谓尸位素餐。但尽管如此，他还是非常得意："绛侯为丞相，朝罢趋出，意得甚。上礼之恭，常自送之。"此举遭到了大臣袁盎的非议。面对批评，周勃又是什么反应呢？他这么对袁盎说："吾与而兄善，今儿廷毁我！"我跟你哥哥关系很好，你怎么能当庭批评我，拆我的台！脑子里只有私谊而无公心，哪有半点丞相风度，依然是吹鼓手的见识。

英布刚刚造反时，周勃的表现也很令人失望："先黥布反时，高祖尝病甚，恶见人，卧禁中，诏户者无得入群臣。群臣绛、灌等莫敢入。十余日，哙乃排闼直入，大臣随之。"藩王谋反，军情紧急，刘邦生病，不见群臣。事关国家安危，周勃身为太尉，竟然不敢出面，最后还是樊哙当了先锋，推门进去慷慨陈词，将刘邦说动。那时周勃的"重厚"与"敦厚"又在何处？明眼人看到的只有处心积虑、明哲保身。

《淮阴侯列传》中有句话，非常有意思："信由此日夜怨望，居常鞅鞅，羞与绛、灌等列。"韩信为何如此看不起自己手下的这两个战将？尽管后面还有"生乃与哙等为伍"的感慨，但这话毕竟是从樊哙家里出来后说的。也就是说，韩信最看不起的还是周勃和灌婴。

这绝对不是简单的巧合。

前面说过周勃劳苦功高，现在不妨具体分析分析，那些功劳究竟算不算出众。

司马迁此人笔法甚巧，对于不喜欢或者看不上的人，战功多用数据表达；而碰上喜欢的传主，则往往会有神来之笔。这个差别，在卫青、霍去病与李广的传记中，对比最为明显。在刘邦和项羽身上，也有此倾向。项羽非帝王，他的传记却入"本纪"，但又不叫《霸王本纪》，而称《项羽本纪》，且在刘邦之前。按照成王败寇的潜规则，汉朝的年号早已从楚汉争霸时开始，司马迁身为人臣，完全可以顺水推舟，可他非要如此安排项羽的传记，当然大有深意。不仅如此，项羽的传记非常传神，即便在他日暮途穷的最后时刻。而对于刘邦做的那些破事，则以春秋笔法，暗寓褒贬。周勃前期的功劳，都是流水账。比较大的数据，都发生在项羽死后，比如平定泗水、东海两郡。山中已无虎，胜之亦何武？平定燕王叛乱时数据更加惊人，但谁都知道，卢绾不过是颗软柿子。

也就是说，在打江山的过程中，周勃确实有功，这一点不容抹杀。在那个年代他又处于那个位置，想不立功都没办法。换句话说，他想保留一双干净的、不沾血迹的双手，哪有可能？但是周勃的功绩并不算突出。

前期战绩平平，那么后期又如何呢？他平定诸吕，迎立代王，素有"周勃安刘"之说，功绩不可谓不大；然而细究起来，这个说法其实是个不折不扣的历史骗局。

史家往往讲究正统，这个"正"字，基准线是统治者，这一点很是靠不住。即便吕后临朝称制，是篡夺刘氏江山，那也不过是场政变；江山就在那里，刘项能夺，吕后为何不能？问题只在于谁的统治更加清明，谁的政策更符合多数人的利益。而至少从目前看，我们得不出吕后统治更加黑暗的结论。江山姓吕还是姓刘，对老百姓而言无所谓。我讨厌吕后，是因为她越过了善良的底线，更何况她又冤杀了彭越。

其实在冒顿单于"信骚扰"的问题上，吕后倒是表现出了政治家的气量和手腕。如果史书中关于她起初打算杀尽功臣的记载并非篡改抹黑的话，那也终究只是打算，并没有实施。她杀赵王如意、残害戚夫人，不可谓不狠毒，但却是通常的狠毒——政权利益争斗中，这些都是通常招法、普通应对，算不上手筋。当然吕后的儿子惠帝刘盈对此大约会有不同意见：他见了戚夫人的惨相，不觉放声大哭，精神深受刺激，从此酗酒淫乐、不问朝政，没过几年便忧愤而死。之所以如此，当然可以证明刘盈良心尚存，但从另外一个角度出发，只怕也是少见多怪。到刘盈的时代，有实据可考的历史虽然也有将近两千年，但那时讲究礼仪，暴君尚少，且暴行多是小儿科。从那以后，人类全方位进步发展，自然也包括暴行，这些手段慢慢也就算不得新鲜。想想武则天，为了陷害竞争对手，亲生闺女她都能活活掐死，吕后比起她，还不是自愧不如？再说周勃与陈平将樊哙的老婆吕媭活活抽死，算不算狠毒？

除了赵王如意，还有两位诸侯王也死于吕后时期，一般认为与她有关。但是清朝史学家赵翼早已指出，"赵王友之幽死，梁王恢之自杀，则皆以与妃吕氏不谐之故"。他们奉命娶了吕氏的女儿，但是两口子搞不好。

史书记载，吕后临死之前，这样对吕产、吕禄交代后事："高帝已定天下，与大臣约，曰'非刘氏王者，天下共击之'。今吕氏王，大臣弗平。我即崩，帝年少，大臣恐为变。必据兵卫宫，慎毋送丧，毋为人所制。"完全是防御姿态，并无大开杀戒的打算——当然情势也不容许。

吕思勉先生说得很到位："吕氏之败，正由其本无翦灭宗室、功臣之计。"

即便吕氏确有诛杀功臣、宗室的计划，即便后来的政变完全具有合法性，首功也根本不是周勃，而是齐王一系：齐王之弟朱虚侯刘章，就是那个巧拿鸡毛当令箭的酒司令，"以吕禄女为妇，知其谋，乃使人阴出告其兄齐王，欲令发兵西，朱虚侯、东牟侯为内应，以诛诸吕，因立齐王为帝"。齐王闻讯立即发兵西进，形成外部压迫；周勃掌握北军后，依然缩手缩脚，仅仅吩咐卫尉、平阳侯曹窋，将相国吕产挡在未央宫外，对刘章也不敢交底："太尉尚恐不胜诸吕，未敢讼言诛之，乃遣朱虚侯谓曰：'急入宫卫帝。'"刘章立刻带一千多名北军士兵入宫，杀死吕产和长乐卫尉吕更始。此时吕氏大势已去，周勃这才来劲："太尉起，拜贺朱虚侯曰：'所患独吕产，今已诛，天下定矣。'遂遣人分部悉捕诸吕男女，无少长皆斩之。"

白纸黑字清清楚楚，政变的主谋是刘章，急先锋也是刘章兄弟。既然如此，怎么又有所谓"周勃安刘"的说法呢？说起来这还是政治阴谋。

由于少帝身上依然流着吕氏的血液，又是吕后所立，一旦长大，只恐生变。怎么办？周勃等人决心斩草除根，另立新君。杀诸吕夺政权，齐王一系有首功，但功臣们担心齐王势力太大，难以驾驭，经过一系列的权衡抉择、讨价还价，最终决定迎立代王刘恒为帝。理由是"代王母家薄氏，君子长者；且代王又亲高帝子，于今见在，且最为长。以子则顺，以善人则大臣安"。

天上掉馅饼的好事，代王刘恒实在不敢相信。他的郎中令张武指出："汉大臣皆故高帝时大将，习兵，多谋诈，此其属意非止此也……今已诛诸吕，新啑血京师，此以迎代王为名，实不可信。"然而中尉宋昌认为，周勃等人虽然心怀鬼胎，但客观形势逼迫他们也只能如此："今大臣虽欲为变，百姓弗为使，其党宁能专一邪？方今内有朱虚、东牟之亲，外畏吴、楚、淮南、琅邪、齐、代之强。"一句话，内有刘章，外有藩王，周勃等人远没有一言堂的实力。

代王找人算卦的结果是吉利，于是派舅舅薄昭去跟周勃接头，同时令宋昌先到长安看情形观局势，最后一切似乎都很正常，这才决定进长安摘桃子。他曾经这样表达自己当时的心情："会吕氏之乱，功臣宗室共不羞耻，误居正位，常战战栗栗，恐事之不终。"也就是说，他对周勃等人，并不敢掉以轻心。

既然如此，怎么就有了"周勃安刘"的说法呢？因为刘恒继位后，首先杀掉少帝，然后尽力压制齐王一系——他们是竞争对手。"始诛诸吕时，朱虚侯章功尤大，大臣许尽以赵地王章，尽以梁地王兴居（东牟侯刘兴居）。及文帝立，闻朱虚、东牟之初欲立齐王，故黜其功。"就是说，本来大臣们答应封朱虚侯刘章为赵王，封东牟侯刘兴居为梁王，但文帝得知最初打算迎立齐王，立即翻脸不认。

封建帝王向来讲究血统，刘恒不是长子，只是刘邦的四子，本来没有资格继承大位，为了尽力掩饰这个先天不足，并且压制竞争对手齐王一系，只能大肆包装"周勃安刘"。体育号称游戏，宫廷斗争其实就很像体育。利益像大球，十几二十几个人拼命争抢；风险则像小球，你推我挡谁都拒之门外。"周勃安刘"这事，对于文帝而言就是个典型的小球。如果不能成功地把周勃包装为大功臣，那么刘恒一脉如何证明其占据政权的基本合法性？不是他们自己要求，只是应功臣们的一再拥立：可见顺乎天意民心。

为了达到这个目的，他们甚至不惜篡改销毁历史资料。朱东润先生仔细对照研究《史记》功臣表和《汉书》功臣表后认为，《史记》功臣表是吕后时期的原始档案，而《汉书》的功臣表则是所谓"洁本"。司马迁写《史记》时有些开国功臣事迹不详，但功臣表中却有记载，可见当时史料已经经过官方"整理"；吕后掌握政权后，为了笼络功臣，下令重修功臣表，刻在高庙上，司马迁直接将其抄进了《史记》。

现在就回到了本文开头的问题，周勃为什么会有那样过激的反应？

周勃迎立刘恒固然有功，但是对于妄言废立的大臣，任何一个君主都不会不提防。因此文帝对周勃，也是爱恨交加，既拉又打。一方面"上礼之恭，常自送之"，一方面又冷不防提问他丞相职责，令他"汗流浃背"；一方面给他高官厚禄，一方面又令他"就国"。

可以这样说，文帝对周勃未必就没有动过杀心。这句话太过突兀，肯定有很多人不信。这没关系，回头等你看到南朝名将檀道济的故事，你就会明白这个推测是合理的，并非戏说。

皇帝的心思，周勃一定清楚，所谓心照不宣。因此河东守尉例行公事的巡视，都会被他解读为末日来临，不惜采取全副武装的预防措施。巧的是，贾谊和周勃是前后脚离开的长安。贾谊被贬到长沙没多久，周勃也失去相位。文人较之政客，善良到底多些。贾谊听说周勃蒙冤入狱、遭受耻辱，愤愤不平地上表文帝，指出君主应该以廉耻礼义对待大臣。文帝照准所请，此后大臣如果确实有罪，都让他自杀，免得入狱挨打受辱。

这是题外话。周勃一死，文帝的心事大去，为了安抚其他功臣，也为了显示自己的仁德，于是又封周亚夫为条侯。

关于周勃的话题，看似扯得远了点，但其实都与周亚夫有关。"木强敦厚"这个评价，完全用错了地方。"木强"二字，放在周亚夫身上倒比较合适。虚的不说，只说实际，正是因为周勃、灌婴等人跟佞臣邓通左右夹攻，撵走了贾谊，削藩之事被无限推迟，至少没了外部推动力，所以才有了将周亚夫推到历史舞台中央的"七国之乱"。

七国之乱

前154年，肿如粗腿的指头们终于按捺不住，起兵造反。

吴王刘濞为主谋，本来联络了八个诸侯国，加上自己一共有九国。后来齐王临时退出，济北王被部下劫持没法出兵，实际参与的有七个诸侯国，所以叫作"七国之乱"。

周勃去相之后的前173年，贾谊终于稍稍出头，被文帝从偏远的长沙召回。贾谊忧心国事，回到首都就上了著名的《治安策》，也叫《陈政事疏》。文章一开头，他就大声疾呼："臣窃惟事势，可为痛哭者一，可为流涕者二，可为长太息者六，若其他背理而伤道者，难遍以疏举。"看看天下形势，一个问题令人痛哭，两个问题叫人流泪，六个问题让人长叹息，其他违法悖理的事更多，不胜枚举。

《治安策》的核心思想，是藩王势力太大，影响中央安全。他强烈建议"众建诸侯以少其力"，就是诸侯王死后，将封地分割给子孙，"割地定制""地尽而止"。文帝没有立即采纳，直到前164年齐王刘则死，无子嗣位，才将最大的齐国一分为六，又封淮南王刘长的三子刘安、刘勃、刘赐为王，将原属英布的淮南国分为三份。

但贾谊有个建议，为最终平定"七国之乱"产生了重要作用。

贾谊回到长安时，虽然周勃已去、灌婴已死，但佞臣邓通仍在文帝周围，所以还是未得重用，被转封为梁怀王太傅。梁怀王年幼，入朝时骑马摔死，贾谊因此而深深自责。梁怀王没有子嗣，按照道理应该撤销封国，贾谊认为这对局势不利，建议顺势加强文帝的两个儿子——淮阳王刘武和代王刘参——的地位：将代王刘参迁到梁国，扩大梁国和淮阳国的封地，使彼此连成一片，北到黄河南接长江。这样一旦有事，梁国足御齐赵，淮阳可控吴楚，山东无忧。文帝深以为然，但因代王要防御匈奴，就没有动他，而迁淮阳王刘武为梁王，迁城阳王刘喜为淮南王。

后来的情势发展表明，贾谊此举可谓深谋远虑。需要指出的是，这个"深"和"远"都是相对而言。封建梁王本身仍是逆流，与撤藩大局矛盾；执行抑商重农的政策，时间越长，流弊越深，早已为历史无数次证明。

景帝上台后，他的老师晁错受重用，为御史大夫。这人也是个削藩主义者，他明确指出，"今削之亦反，不削亦反。削之，其反亟，祸小；不削，其反迟，祸大"。景帝纳谏，下令削藩，不断以各种鸡毛蒜皮的理由找碴，动不动就削去诸侯的几个县一个郡，终于点燃了叛乱的导火索。其中的主谋刘濞，也有点传奇色彩。他是跟随刘邦征战的功臣，荆王刘贾死于英布之乱，刘邦考虑到吴、会稽一带民风剽悍难驯，需要勇敢健壮的人镇守，于是立刘濞为吴王，统辖三郡五十三城。分封授印过后，他将刘濞叫到跟前，仔细看看他的相貌，看出他脸上似乎带着反相，不觉有些后悔。但是金口玉言，木已成舟，无从更改，只好拍拍刘濞的后背说："五十年后东南有人叛乱，难道会是你吗？天下同姓为一家，千万别造反！"刘濞还能说什么？跪下连连磕头道："不敢！不敢！"

刘濞之所以会举起叛乱的大旗，其中一个原因是：他与景帝刘启有杀子之仇。刘启为太子时，吴国太子入朝，刘启跟他下棋。琴棋书画本为雅事，这两位太子下着下着竟然下出了人命：因为棋路的争执，刘启抓起棋盘就朝吴太子砸去。他肯定没想到自己的准头如此之好，竟能一招毙敌。

　　消息传到吴国，刘濞见朝廷并无真诚道歉之意，既恨且痛，大为光火。等儿子的尸体运回来，他愤怒地说："天下一宗，死长安即葬长安，何必来葬？"又将灵柩运回首都。其中之意，不言自明。从那以后，刘濞称疾不朝。茶几和手杖向来为尊敬优待老年人的象征，文帝干脆赐刘濞几杖，特许他不必上朝，免得大家都别扭。

　　当时朝廷准备削除吴国的会稽、豫章两郡。刘濞接到诏书后，立即下令杀掉朝廷派来的两千石（大体相当于郡级）的官员，以"清君侧、诛晁错"为名，起兵造反。他亲率吴楚联军二十多万，准备进攻长安；胶东、胶西、济南、淄川四国合围忠于朝廷的齐国；赵国则暗中勾结匈奴。一时间黑云压城，举国震动。长安城中的高利贷者，竟然都不肯给随军从征的列侯公子提供贷款，怕新政府上台后打了水漂。

　　关键时刻，景帝想起父亲的临终嘱托，立即起用周亚夫为太尉——在此之前，太尉这个官职已经废除二十多年——令他带领三十六位将军、三十万人马，东进平叛；派糊弄吕禄有功的曲周侯郦寄北上攻赵，将军栾布率兵援齐，大将军窦婴驻守荥阳，看守敖仓军粮以及洛阳武器库，以为后援。

这是前 154 年正月的事情。那一年，西方的罗马和西班牙也爆发了战争。

虽然已经做了开战部署，但局势的严重程度还是超出了景帝和晁错的想象。景帝问策，晁错主张御驾亲征，他自己留守长安。这让景帝很不高兴，这不是要陷君父于危难嘛。亲冒矢石本是做臣下的职责，怎么反倒要我上前线？

这个建议让晁错的一只脚踏进了地狱之门。他这个人，有才能有见识，也有为国的忠心，然而为人"峭直刻深"，就是非常直率刻薄，因此树敌甚多。比如他跟袁盎就是天敌，从来坐不到一起，一个见了另外一个必然起身就走，更不要说一起议事。典型的一个槽拴不下俩驴。

此时晁错偏偏又想治袁盎的死罪。袁盎曾经在吴国为相，接受过吴王的贿赂，回来报告说刘濞不会谋反。这桩案子晁错曾经审过，要判罪，最终景帝从宽发落，将袁盎削职为民。如今局势危急，晁错旧事重提，准备揪住不放，理由是袁盎知道吴王会反却不报。袁盎闻听万分惊恐，此时再要追究，他必定难逃一死。怎么办呢？先下手为强。他赶紧请求面见景帝。当时景帝正与晁错筹划调拨军粮，他问袁盎道："你曾经当过吴相，现在吴楚叛乱，你怎么看？"袁盎说："不必担忧，吴楚必破！"景帝说："吴王采铜铸钱，煮水制盐，招引天下豪杰，头发已白还起兵反叛，如果不是策划周密，会这么做吗？你有什么根据说他必败？"袁盎说："吴王铸钱、煮盐确实可以取利，但哪里有豪杰可供引诱？果真得到豪杰，一定会帮他做正当之事，肯定不会叛乱。吴王招引的都是无赖亡命徒，所以才互相勾结，作乱国家。"这时晁错插话道："你说得好听，拿个好办法出来！"景帝也问袁盎有何对策，袁盎说："请陛下屏退左右。"周围的闲人随即退下，但晁错还是不走。袁盎当然不会开口，他想屏退的，其实只是晁错一人。真是该走的不走，该留的没留。袁盎进一步说道："我所讲的话，臣下都不该知道。"晁错只好恨恨地退下。

袁盎趁机说道："吴楚所恨的，只是晁错擅自抓住诸侯的小过错就削夺封地，因此以反为名，要杀掉他；等杀掉他恢复封地，就会罢兵。当今之计，只有斩晁错，派使者宣布赦免吴楚七国，恢复被削夺的封地，那样才能不动刀兵而恢复稳定。"

这话完全落在刘濞"清君侧、诛晁错"的套路之中。景帝未必不曾识破，但是畏惧叛军势大，于是沉默良久，然后说："顾诚何如，吾不爱一人以谢天下。"意思是说，假如真像你说的那样，为天下苍生考虑，我不会爱惜某一个人。于是封袁盎为太常，要他秘密整治行装，出使吴国。

十多天后，丞相陶青、廷尉张欧、中尉陈嘉随即联名弹劾晁错，指责他要景帝亲征而自己留守长安，建议战争初期放弃一些地方，"无臣子之礼，大逆不道"。当然，这都是景帝的暗中授意。

晁错被杀完全没走法定程序，简直就是恐怖袭击。景帝心里多少还有点廉耻良心，因此无颜面对老师：他派中尉到晁错府上，假说皇帝令他上朝议事，晁错闻讯立即穿好朝服，跟着中尉上了马车。经过长安东市时，中尉忽然停车宣诏将晁错腰斩，然后灭族。

这个忠心耿耿为皇帝操劳的带着书生本色的政治家，竟然身着官服而受腰斩。这大约是历史上唯一的例子，是个十足的政治悲剧。

更大的悲剧在于，晁错的冤死，丝毫没能阻挡住叛军的进攻步伐。刘濞根本不见袁盎。宗正要宣读诏书，刘濞狂妄地说："我已为东帝，哪里还有什么诏书？"景帝这才明白，冤杀晁错不过是"内杜忠臣之口，外为诸侯报仇"。然而第一皇帝永远是对的，第二当皇帝犯错误时，参看第一条。所以晁错死了也就死了，如同石子入池，波纹转瞬即逝。

大将建功

除了战争，已经没有别的办法可以消灭战争。此时叛军正猛攻梁国，但周亚夫并不打算直接救援。他审时度势，提出了自己的战略构想："楚军素来剽悍，战斗力很强。直接与之正面作战，难以取胜。我想暂时放弃梁国，让它拖住叛军，再想法切断叛军的粮道。等它们兵疲粮尽，再寻机决战，定能一举平叛！"

这个构想得到了景帝的支持。但是后来梁国不断求援，景帝的立场也随之改变。那时周亚夫又会怎么办呢？

后事暂且放下，只说眼前。周亚夫拿到兵符将令，随即挥师东进。刚出长安到达霸上时，赵涉忽然挡住道路。他说："将军此去，关系国家安危，能听听我的建议吗？"周亚夫立即下车请教。赵涉说："吴王刘濞多年来一直在搜罗亡命之徒。他知道您即将东出函谷关，一定会在崤山、渑池之间的险要处，布置刺客，安排伏兵。您为何不从这里右拐南下，经蓝田、武关迂回洛阳呢？那样不过增加一两天的行军时间，您就能直接进入洛阳的武器库，然后敲响战鼓攻击前进。等叛军发现将军的旌旗，一定会惊讶不已，认为是神兵天降，正好出其不意！"周亚夫依计而行，顺利到达洛阳后，派兵回头搜索崤山和渑池一带，果然抓获了吴王派出的小股伏兵。周亚夫高兴地说："七国叛乱、战事蜂起，想不到我还能乘坐驿车安全到达这里！"当下立即拜赵涉为护军。

大军到达淮阳时，过去周勃的门客邓都尉又给周亚夫出了个主意："吴兵锐甚，难与争锋。楚兵轻，不能久。方今为将军计，莫若引兵东北壁昌邑，以梁委吴，吴必尽锐攻之。将军深沟高垒，使轻兵绝淮泗口，塞吴饷道。彼吴梁相疲而粮食竭，乃以全强制其疲极，破吴必矣。"

这个建议的核心思想与周亚夫不谋而合，自然获得首肯。周亚夫随即带领主力，又向东北拐了个弯儿，到达彭越的老家昌邑，随即坚守不出。

那一年吴王刘濞六十一岁，所以他下了道无耻的命令：

国中所有十二岁到六十二岁之间的男人，全部披挂上阵，可谓倾巢而出。然而正是这一点，说明他败象已露：如此不得民心的穷兵黩武若能取胜，岂不奇怪？出兵之前，刘濞曾经召集亲信商议计策。这时大将军田禄伯说："请给我五万兵马，我沿着长江淮河，攻占淮南和长沙，然后入武关直捣长安！"造了反的人，大约对人都会留个心眼，因此这个建议没被刘濞采纳。他害怕五万大军突然失去控制，像断了线的风筝一样飞掉，当然他嘴上不能这么说。见吴王不同意，桓将军又出个主意："咱们步兵多，可以在险要地形上作战；汉军骑兵和车兵多，只能在平原地带逞威。咱们应该快速西进，绕过沿途的小城市，直接抢占洛阳的军械库和敖山的粮库。这样凭借洛阳、荥阳之险，会合诸侯，即使不能马上攻占长安，也占据了争夺天下的有利态势！"

　　幸亏这个建议也被刘濞拒绝，否则周亚夫的历史必然被改写。刘濞从都城广陵（今江苏扬州西北）起兵二十万，北渡淮河，会合楚军，进攻梁国。梁王刘武是景帝的弟弟，梁国地处中原，国力雄厚。得到叛军进攻的消息，刘武立即调集梁军迎敌。两军在棘壁（今河南柘城县西北）相遇，爆发激战。结果可想而知。一般而言，在战争初期，总是进攻的一方占据主动，因为他们有精心准备，而且兵力占优。这场战役也是如此，叛军大获全胜，几乎将出战的梁军全部歼灭。初战告捷，刘濞兴高采烈，立即挥师西进，包围了梁国的国都睢阳，试图泰山压顶，一举拿下。

梁王几乎天天都要派人求援，但周亚夫始终不肯发兵相救。没办法，梁王只好给皇帝哥哥写信。多数人的耳朵根子都不那么硬，容易人云亦云。此时景帝早已忘记当初核准周亚夫的战略构想，下诏要他立即派兵援梁。

梁王无权调动周亚夫，但皇帝的命令不是命令，而是圣旨，周亚夫按理不能无动于衷，然而这位将军向来倔强，从细柳阅兵时便可见出端倪：起初军士们全副武装，不让御驾进门，都好理解，免得为匈奴所乘；可是先见了天子符节，又见了皇帝本人，已经验明正身，这家伙竟然还是不肯跪拜迎接。这等倔强，岂是一般人所能？

有多大的本事，就有多大的脾气。李白若无天纵之才，又岂敢"凤歌笑孔丘""天子呼来不上船"？

将在外，不由帅。周亚夫对发自天子的诏令，同样不予理睬。当然，他并不像奉命援救巨鹿的宋义那样，置酒高会，消极等待。在此期间，他按照预定计划，派弓高侯韩颓当率领轻骑，出击淮泗口，抄吴楚联军的后路，断绝其粮道。

梁王刘武迟迟得不到援助，非常愤怒。他知道梁国和梁军已无退路，只有跟叛军纠缠下去，因此命令中大夫韩安国与张羽为将军，韩安国守城，张羽出战，与叛军长期周旋。

一鼓作气，再而衰，三而竭。大军久屯坚城之下，兵家所忌。刘濞在睢阳城下屡屡碰壁，锐气渐失。张羽率领梁军不时出战，给叛军制造了不少麻烦。也就是说，战争初期一边倒的局势已经彻底成为过去，叛军与梁军只能在此相持。

周亚夫和刘濞都看出了情势的变化，因此双方都调整了部署：周亚夫引兵下西南，进驻下邑——多年前其父周勃曾经在此建功，率先登上城头，从而获得一份爵位——形成随时包围叛军的态势；刘濞只好搁下睢阳，回头再来攻击汉军。这个架势，很像"熊瞎子掰苞米——掰一个扔一个"。

仗打到这个份上，满是老弱兵丁的叛军疲惫不堪，更兼粮道被断，已有饥饿的威胁；而汉军呢？长时间休养生息，个个精锐。尽管如此，周亚夫依然不肯出战。还是一个字，守。

有天晚上，汉营突然出现混乱，嘈杂声不绝于耳，周亚夫在中军大帐里听得清清楚楚，但他始终高枕安卧，若无其事。没过多久，混乱自动平息。几天之后，叛军大举进攻汉军的东南角，周亚夫闻听却发布了一道奇怪的将令：立即加强西北的防御。果然不久之后，西北方向遭遇叛军主力攻击。由于汉军早有防备，这次攻击最终演变成了头撞南墙的闹剧。

兵疲粮尽，失败难免。刘濞顾不上通知楚王，先行撤退。这就是叛军之间的内部关系。第二天，周亚夫见叛军大势已去，立即挥师追击。汉军如同猛虎下山，吴军十二岁的少年和六十二岁的老汉，哪里还有斗志！稍一接触，就纷纷放下武器，当了俘虏。最终刘濞仅带领身边的几千人马，退守丹徒（今江苏镇江市郊），然后又逃到东越，在那里收集残兵，联络东越，企图东山再起。汉军慢慢收复失地，同时悬赏千金以求刘濞的脑袋，过了一个多月，那颗白发苍苍的脑袋，果然被东越人呈到周亚夫的帐下。

刘濞败退的同时，楚王刘戊已经识相地自杀。叛军主力全部瓦解。剩下的五国实力相对弱小，不过是跟风起哄，想捞个便宜，如今大树已倒，下面的乘凉者自然难逃一死，通通都得被压死。景帝刘启对于造反的各个诸侯王已有诏书："王其自图"，即自行了断，彼此好看。赵、胶西等叛王无奈，最终也只有自杀。

声势浩大的七国之乱，仅仅三个月就被周亚夫粉碎。这个功劳确实不小。景帝不会忘记，梁王更不会忘记。

刘武是景帝的弟弟，深受窦太后喜爱。只要有机会，他肯定不会少说周亚夫的坏话。这对细柳名将的最终结局，不能说毫无关系。

丞相倔强

前152年，丞相陶青因病退职，这个位置轮到了战功赫赫的大将军周亚夫。然而无论对于景帝还是对于周亚夫，这都不是明智的选择。景帝很快就发现，这个丞相不懂朝堂规矩，丝毫都不知道看领导眼色——要想得到提拔永葆富贵，等待被阉不行，你得主动自宫；周亚夫则会发现，上司和同僚比敌人复杂得多，也危险得多。战场上只有一个对手，还在明处；但是在朝堂，你对手无数不说，还不知道其方位。

不能知彼，这个仗无论哪位将军都打不好。

周亚夫不给皇帝面子自有传统，远非一日——从细柳阅兵，直到不奉诏令救援梁国——但那都是在战场，皇威不至，将令通行。上了朝堂之后，他的思路还没有转变过来，屡屡拂逆上意。其中第一件事，就是关于太子的废立问题。

俗话说皇帝的长子，百姓的幺儿。但窦太后有点特别，很喜欢小儿子刘武，一直希望景帝死后，能让小儿子也过过皇帝瘾。景帝有次酒后失言，也随口答应了这事。这个做法当然不靠谱，包括吴王阖闾在内的诸多帝王的经历已经证明。

景帝娶奶奶薄姬的外孙女为皇后，是典型的包办婚姻、政治婚姻，因此两人感情淡漠、关系一般，薄皇后也就没能生出太子。景帝最宠爱的栗姬抢先一步，生出长子刘荣，后来被立为太子，所谓"栗太子"。不是皇后亲子，只能算"庶出"，有点遗憾，不算完满。但景帝还是希望快点断绝弟弟的念想：无论是谁，太子不能长期空缺。

不过刘荣的太子没能坐稳。主要因素有两点：外有强敌，内有疏忽。

内有疏忽，主要来自栗姬。人一旦得宠，享有了资源，占据了有利位置，不肯相让很正常，不正常的是，脾气也往往随着增长。栗姬就有类似倾向。景帝的姐姐长公主——皇帝的女儿叫公主，姐妹称长公主——刘嫖甚得母亲窦太后欢心，出入宫廷畅通无阻，后宫佳丽因此经常走长公主的后门，希望她向天子引荐。长公主收了礼，自然也乐得做点人情，何况推荐的美人如果能让皇帝满意，也算是大功，于是经常成人之美。问题是这对于谁都是美事，唯独对于栗姬不是。

栗姬得宠，长公主在窦太后跟前也得宠，如果强强联合，双方应该都能得益——垄断出利润嘛，于是长公主就想攀个高枝儿，把女儿陈阿娇许配给刘荣。

没想到栗姬一口回绝。

长公主是谁？你敢不给我面子？那好，咱们走着瞧！

此时宫中第二得宠的就是王美人。就在景帝登基那年，王美人生出一位皇子，被认为是登基吉祥的证明。这位皇子就是后来的汉武帝刘彻，本名是"彘"。看来拿猫啊狗啊给孩子取贱名求长寿，历史确实悠久。当时的人名，也委实奇怪：刘嫖、刘肥、韩颓当。现代人看了都要皱眉头。

这个且不去说，只说汉武帝。这家伙据说天生聪颖过人，慧悟洞彻。《汉孝武故事》有这样的记载："至三岁，景帝抱于膝上，抚念之……试问儿：'乐为天子否？'对曰：'由天不由儿，愿每日居宫垣，在陛下前戏弄。'"这话出自三岁小儿之口，委实令人惊奇。更令人惊奇的是，小家伙记忆力也相当出众："讼伏羲以来群圣，所录阴阳诊候龙图龟册数万言，无一字遗落。"当然，后人附会的成分居多，不可完全当真。不过无论如何，这个小家伙一定比刘荣聪明，会来事，上话儿快，因此深得帝心。景帝给他改名为"彻"：彻者，透彻也。满怀智慧，已达圣德。

从这里我们已能隐约看出太子废立的苗头。

却说刘嫖，在栗姬跟前跌了份，回头又来找王美人。少你那颗芝麻，难道我就榨不出油来？王美人机敏圆滑，自然乐得援引长公主为帮手。她不顾阿娇比刘彻大四岁，满口应允，只是景帝不太满意。长公主听说后，带着阿娇入宫，当面向景帝求亲。她抱起刘彻说："你愿意成亲吗？"刘彻笑而不答。长公主指着周围的宫女说："叫她们给你当老婆好不好？"刘彻说："不要！"长公主说："那你愿不愿意要阿娇？"刘彻高兴地说："如果能娶阿娇，我一定造座金屋，把她藏起来！"

此言一出，世上便有了"金屋藏娇"之说，这门亲事也随即敲定。从那以后，长公主就和王美人结成同盟，共同对付栗姬。栗姬此人缺乏心计，对皇上偶尔临幸召见的妃子，不是吐唾沫就是暗自辱骂，这些细节都被长公主收集起来，一一汇报给景帝。

后宫争斗景帝当然清楚。有一天他生了病，心情不好，就试探着托付栗姬，让她等自己死后，妥善照顾诸位皇子。景帝这么说，主要是考虑到了戚夫人和赵王如意的悲惨遭遇：刘邦死后，戚夫人被弄哑嗓子，砍去四肢，扔进大缸，号称"人彘"；赵王如意也被害死。景帝这么托付栗姬，暗含将来让她入主后宫之意，一般智商的人都会顺水推舟，先应承下来再说，偏偏栗姬一听让她照顾那些个妃子们生的皇子，满肚子不高兴，半天不吭气。景帝再问一句，她随即扔出一块硬邦邦的石头：他们都有母亲，我又不是保姆，怎么照顾得了？

这是前151年的事情。同年九月，皇后薄氏因无嗣被废，王美人知道栗姬失宠，又给了她最后一击：她让人向皇帝进言，建议立栗姬为皇后，理由是"母以子贵"。那人也是个棒槌，以为王美人给自己指了条金光大道，不知轻重地开了口。景帝闻听大怒，以为是栗姬的策动，马上下令将那个倒霉蛋斩首："这事是你能议论的吗？"从此再也不见栗姬。没过多久，刘荣就被废掉了。

景帝此举争议很大，周亚夫和窦婴都强烈反对。他们的态度可以理解，因为刘荣是长子。然而臣下道理再多，也抵不住皇帝一句话。再加上梁王一有机会，就在窦太后跟前上周亚夫的眼药，景帝对他慢慢也就有了看法。

后来周亚夫又在两件事情上跟皇帝闹别扭。事情的核心都与"白马之盟"的精神相违背。首先是皇后——也就是刘彻的母亲王美人——的哥哥封侯的动议。事情是窦太后提出来的，她说文帝在世时，没封自己的哥哥为侯，后来虽然封了侄子，但她心里总觉得对不起哥哥。母命难违，景帝虽不愿意，也只好与大臣商量；然而丞相周亚夫依然强烈反对：祖宗誓约，怎能违背？理由如此充分，论据如此强大，景帝只有"默然而止"，一句话都没有说。

后来匈奴王徐卢等五人归顺，景帝非常高兴，想封他们为侯，周亚夫还是投反对票，而且理由比上回更加充分。他说："如果把这些叛国者封侯，那么以后我们又如何处罚不守节的大臣呢？"

想想丁固的遭遇，这话似有道理，其实大谬。因为彼时项羽已灭，而此时匈奴正盛。他们来投降，便可算作立功，就像随何的功劳可以类比五万五千甲士；如果封侯能鼓励其他人来降，则更是有功于国。正因为如此，这一回周亚夫没能倔强到点子上。景帝斥责道："丞相这话迂腐不可用！"坚决将五人封侯。周亚夫非常失落，托病辞职，景帝立即照准。

周勃、周亚夫父子都立有大功。对于这样的功臣，如果重用，皇帝担心骄悍难制、侵犯君主威权；彻底废置，又怕给天下造成君主无情的印象。尤其是周亚夫，领兵打仗很有一套，景帝还是希望为我所用，因此后来又面试了一回：他招来周亚夫，赐宴于宫中，但特意嘱咐侍者给他一块没有切开的肉，却不预备筷子。周亚夫看看肉是大块囫囵个的，又没有筷子，很是生气，就开口向管事的讨要。景帝笑着说："难道这还不能让你满意吗？"周亚夫又羞又怒，虽然下跪谢罪，表情却极不情愿。景帝刚说了个"起"，他马上站起来，不等景帝发话，便转身扬长而去。

景帝为何不给周亚夫预备筷子？毫无疑问，这是个巨大的隐喻。肉虽已摆到跟前，但你能不能吃进嘴里，那还是得由我说了算。生杀予夺，转眼之间。可以说，周亚夫案前的肉，依旧是禁脔。那不是食物，而是拟议中的起用，或曰官印。但倔强的将军显然没有品出弦外之音。或者说，不肯承认这种格局，至少在皇帝眼中如此，因而开口讨要。皇帝笑着质问时，周亚夫原本还有机会缓和，却又在谢罪之后扬长而去。你说说，能将穿着朝服的老师当街腰斩的皇帝，心里会高兴吗？

看着战将昂然而去的背影，景帝叹息道："此怏怏者非少主臣也！"

这话令人不寒而栗，周亚夫最终冤死，实在与之关系密切。

没过多久，周亚夫就犯到了景帝手里。事情的起因，是他儿子私买禁品。这位公子满怀孝心，见父亲已老，就偷偷买来五百副甲盾，准备以后给周亚夫发丧。然而甲盾是违禁品，朝廷禁止个人买卖。周公子实在太抠门，要求的工期紧、价格低不说，还要拖欠，结果佣工们愤愤不平，向官方告发他私买禁品图谋不轨。景帝闻听，立即派人追查。

这事无论如何，总是周家理亏，周亚夫应该暂时低下高贵的头颅，小心解释吧？然而这位在万军之中纵横驰骋的将军，死也不改本色。负责调查的官员叫周亚夫来对质，询问原因，结果"亚夫不对"。有人解释说，周亚夫不清楚儿子的所作所为，因此不知道如何回答，这个说法实在经不起推敲。根据《史记》和《汉书》中的上下文关系，他还就是在赌气，以为皇帝故意找碴儿，要给他穿小鞋。

景帝接到报告，非常气愤："吾不用也！"死了张屠夫，就吃带毛猪？你本事再大，如今也没了用场！随即下令，将周亚夫交给廷尉处理。廷尉是最高执法官员，案件移交到这里，必然是情节恶劣后果严重。廷尉将周亚夫提来问道："君侯为什么要谋反？"周亚夫说："儿子买的都是丧葬品，怎么能说是谋反呢？"廷尉讥讽道："你就是不在地上谋反，恐怕也要到地下谋反吧！"

将相不受辱。周亚夫这样的大将军，怎能忍受这等无礼。

刚被捕时他就准备自杀，是夫人拦住的，如今再受这等冷言风语，他自然更不甘心，立即绝食抗议，五天后吐血身亡。

周亚夫死得委实蹊跷。汉代的酷吏多出在武帝之后，因为执政理念的改变。因而如果没有上意，廷尉好端端的，应当不会说出那样无理的话。毕竟第一位酷吏郅都已被剥夺中尉职务，外放雁门郡守后又被窦太后诛杀。仅仅从发黄的史书上解读廷尉此言，还可以视为调侃，但周亚夫显然并不这么认为，否则一定会辩驳。因而他绝食而死的结局，总让人想起景帝的这个论断："此快快者非少主臣也！"越想越觉得毛骨悚然。这话委实含义深刻，进可攻退可守，可做无限多的解释。他未必一定要置周亚夫于死地，但是从政治上彻底摧毁他，让他远离今后的少主，肯定符合景帝当时的根本利益。

无论如何合理解释，无论"文景之治"如何享誉历史，我们总不能忘记晁错的经历。景帝竟然来不及扒下老师的官服，就把他匆匆腰斩于市，心肠之狠毒，完全可作帝王之典范。更何况还有这话："吾不用也。"鸟尽弓藏，兔死狗烹，此乃古训。当然，后来景帝又将周勃的另外一个儿子封侯，可谓皇恩浩荡。反正再踢死狗一脚它也不会疼痛，聪明人此时都会流下两滴鳄鱼眼泪以示善良，我们没有理由污蔑刘启的智商。

李广：百战名将不封侯

导读：作为战将，李广可谓威名赫赫、光耀历史，但他为何总是不能建功？因为他未能像卫青、霍去病那样，开创性地使用骑兵冲锋战术。卫青是汉武帝的舅子，霍去病是卫青的外甥，他们俩大受重用，权倾朝野，到底是因为才干突出，还是因为裙带关系？霍去病功勋盖世，为何要放冷箭射死李广的儿子李敢？"李广难封"其实一点都不冤……

国人之中，不知道白起、李牧者大有人在，但不知道飞将军李广的，肯定不多见。

　　林暗草惊风，将军夜引弓。
　　平明寻白羽，没在石棱中。

在古诗文中，不时可以闻到李广的侠骨之香："君不见沙场征战苦，至今犹忆李将军。""但使龙城飞将在，不教胡马度阴山。"不过流传最广的，大约是上面这首卢纶的《塞下曲》，只要您上过小学，就一定学过。据说其中的主人公便是飞将军李广。李广浑身上下都是传奇，箭术一直是其看家本领。《水浒传》里的好汉花荣，因为箭法出众，所以江湖上人称"小李广"，是为明证。

李广这个人，确实如同史书中的记载，很是"数奇"，运气不好，一生点子背。身负盛名，平生与匈奴经历大小七十余战，竟然无一次建功立业，马上封侯。而同样的战争场数，白起则跻身武安君。

李广为何如此"数奇"？有人说汉武帝暗中偏袒，卫青私下嫉妒，关键时刻不让他立功。这主要指李广戎马生涯的最后一次出征，卫青按照汉武帝的意思，临时命令身为前将军的李广，与右将军赵食其会合出东路；也有人说，李广完全得益于司马迁寄予深切同情后的虚言美化，纯属浪得虚名，并无将才，理由是他的部队纪律松散，文牍往来很不规范，而且曾经抛弃部队，独自率领百骑追杀匈奴的神箭手。

这些说法的来源，都是《史记·李将军列传》与《汉书·李广苏建传》。刘知幾认为，治史学需要具备"才、学、识"，后来章学诚又增加了一条"德"。对同样材料的不同解读和利用，体现的正是作者的"识"，也就是其见识到底如何。放到李广身上，上述两条都难以服众。汉武帝雄才大略，要对国家负责，所以多出将才符合其根本利益；至于卫青，很大程度上跟曾国藩具有相似性，深知自己身份特殊，因而老成持重、谦恭谨慎，从无压制下属之前科。说到第二点，则更不靠谱。因为李广成名甚早，彼时司马迁尚未出道，何从美化？而且《史记》并非严格的官方历史，司马迁修史时身份已非太史令，而是中书令，也就是说修史乃个人行为，在当时完全谈不上影响深远，其盛名纯粹来自后代。他虽然深切同情李广的遭遇，但《史记》中对李广擅杀霸陵尉的有失风度之举，也并未"隐恶"。一味美化之说，显非事实。

那么造成"冯唐易老，李广难封"的根本原因，到底何在呢？答案很简单，汉武帝、卫青没错，司马迁和李广也没错，出错的是当时的军功标准。它严格，但是不尽合理。

这个答案能不能令人信服，我们还是得细读《史记》与《汉书》。

名门之后

李广也是"关西出将"的有力论据。他是陇西成纪人。陇西者，陇山（今六盘山南段）之西也。至于成纪，得单独说说。

西汉的成纪县治，在今天甘肃静宁县西南治平乡刘河村。成纪县因地震等原因，至少迁移过三次，但大方位没有改变，基本都在今天的天水与平凉交界处。那里是中国大姓李氏的发祥地。据统计，成纪李氏的后裔中，先后出过帝王二十五人、宰相二十九人、大将军五十二人、王公侯五百一十多人；影响较大的文学家、画家、音乐家将近二十位，太守、刺史、知府、进士、举人等不胜枚举，被正史立传者超过六百人。

成纪李氏的辉煌，开始于李崇。先秦时他曾任陇西郡守，李氏从此与陇上结缘。李崇的孙子李信担任秦国将军时，单兵追击燕太子丹，以勇气而见重于秦始皇，后被封为陇西侯。李信的玄孙李尚曾经担任成纪令，在成纪孕育出名将李广。从那以后，李氏家族以成纪为根据地，迅速繁衍壮大，到南北朝时已成举国望族。成纪李氏最有代表性的人物首推李广，身经百战，所谓"飞将军"；其次是西凉王李暠，称雄西凉，割据一方，李氏因此越发兴旺；第三是李渊、李世民父子，他们缔造的唐朝国力强盛、疆域广阔，使长安成为国际大都会，历史影响深远。文学家则首推李白，其贡献怎么说都是浮笔浪墨，显得累赘多余，"李白"二字便可统冠全局，通行世界。

白起的后人中出了白居易，李广的后人中则有李白。白起爵位高，李白影响大，可谓相映成趣。李白死于安徽马鞍山当涂，由其族叔李阳冰安葬。李阳冰收集整理李白的作品编成《草堂集》，序文中说："李白，字太白，陇西成纪人，凉武昭王暠九世孙。"李白在《赠张相镐》中更是直接这样表白："本家陇西人，先为汉边将。功略盖天地，名飞青云上。苦战竟不侯，当年颇惆怅。"直接指认李广为先祖。

当然，诗人的话不能全信。在他笔下，诗与信史界限未免模糊。他的真正意图，恐怕也是"言在此而意在彼"，想跟唐朝皇帝认本家套近乎。

陇西向来是李氏郡望，所谓"望出陇西"，但这并不能表明，李白就是李广的后代。这种可能性很小。问题的关键不在于可能性，而在于这种行为本身：李白为何一定要认李广为先祖？即便跟皇帝攀亲，也有众多李姓显赫人士可供选择，并非只有李广。

这一点与本文可谓不谋而合。

李广的事迹第一次见诸史册，是汉文帝十四年，即前166年。这一年里，匈奴大举攻入长安北边的重要关隘萧关，李广以良家子弟的身份从军，加入抗击匈奴的洪流。他箭法神奇，杀死和俘虏了不少敌军，因功升为中郎，被选来侍卫皇帝。跟随文帝射猎时，他多次格杀猛兽，文帝因此大为惊叹："惜乎，子不遇时！如令子当高帝时，万户侯何足道哉！"

小伙子，你生不逢时啊。要是生在高帝刘邦手下，万户侯那还不是手到擒来吗？

大概就是这句话，引发了李广的无限遐想。从那以后，马上封侯就成了他毕生的焦虑。

景帝即位后，李广在老家当官——陇西都尉。就是陇西郡的郡尉，主管该郡军事。景帝时将原来的郡尉改称郡都尉，并且独立设署办公，分治一方。不久，李广又改任骑郎将，专门统帅骑郎。七国之乱时，他以骁骑都尉的身份，效力于周亚夫军前，在昌邑城下一战扬名：激战中他奋不顾身，一举夺下叛军帅旗。梁王刘武为笼络人心，要授予他将军印。当时李广还不是将军，因此这颗印信对他充满了诱惑。他一时把持不住，忘记了双方的身份——他是朝廷军官，而梁王一直觊觎大位，景帝对此颇为警觉——接了下来。因此缘故，平叛之后论功行赏，他功过相当，一无所获。这是李广第一次与侯爵失之交臂，也开始了他"数奇"的一生，否则至少可以弄个关内侯当当。

几年之后，李广出任上谷太守。从专掌军事的郡尉到全面负责的郡守，虽然俸禄不过从比二千石（每月一百斛）升为二千石（每月一百二十斛），但性质完全不同，这一点想必人人都能理解。上谷的郡城在哪里呢？距今天河北怀来县东南的大古城村不过两里路。如今那里还残存着部分遗址，有大小两城，彼此相连，所谓沮阳，也称造阳。上谷郡是燕国北长城的起点，自然也就成了汉军与匈奴争夺的前线，李广与侵略者动不动就要较回劲。典属国公孙昆邪因此上书景帝："李广才气，天下无双。自负其能，数与虏敌战。这样下去，恐怕他不能长久！"

公孙昆邪这个建议看似猫抓耗子，其实基本也可算分内职责。因为典属国这个二千石的官职主要负责外交。当然按照当时的情势，应该叫作管理少数民族事务。与李广作战的匈奴，就归他管理——管到管不到、别人服管不服管另说。上边一听，觉得有几分道理，就将李广调任为上郡太守。从那以后，陇西、北地、雁门、代郡、云中等所有与匈奴接壤的边郡，都留有李广的足迹。

后来匈奴入侵上郡，景帝派中贵人即宠信的宦官前往前线，跟随李广实习兼督军。有一天，那宦官带领几十名骑兵出猎，路遇三个匈奴人。这个不知深浅的家伙，欺负对方人少，想顺手捞一把，回去也好看，就下令攻击。结果呢，汉军虽然人多，但近不了身：那三个匈奴人张弓搭箭，将宦官的随从骑士全部射死。此时中贵人才明白打仗这事不好玩儿，赶紧转身逃命。虽是如此，他还是中了一箭，所幸小命没丢。

李广得到消息，不觉雄心大振。他判断那三人定是匈奴的神箭手，你是神箭手，我也是神箭手，不分个高低，你怎么能走！于是立即召集一百骑兵，展开追击。

那三个匈奴骑士没有战马，只能步行，因此李广追出几十里后，便将目标锁定。他下令骑兵张开左右两翼，但并不依仗人多势众，而是自己出马单挑。几番你来我往，李广射死两个、活捉一个；刚把俘虏捆上战马准备回军，忽见远处尘烟阵阵，搭眼一瞧，数千匈奴骑兵正从远处开来。

这是场典型的遭遇战，彼此都没有心理准备。李广身边不过百人，而对方有数千大军。匈奴人看见李广，也很吃惊，以为是前来诱敌的汉军疑兵，立即在山上摆开阵势，准备接战。

敌众我寡，大家的本能反应都是逃命，李广却不，否则他也就不成其为李广。他镇定自若地说："吾去大军数十里，今如此以百骑走，匈奴追射我立尽。今我留，匈奴必以我为大军之诱，必不敢击我。"一句话，绝对不能露底。不露底，"麻秆打狼，两头害怕"；一旦露底，结局只能是匈奴大军的泰山压顶。李广随即带领部队列好阵型，缓缓向前。等走到离对方军阵两里左右——在弓箭的射程之外的地方，吩咐士兵下马解鞍。

这个潇洒玩得有点过分。李广手下的骑兵，估计全在打哆嗦。大家都说："敌军人多，距离又近。他们一旦进攻，怎么办？"李广格外胸有成竹："咱们解下马鞍，好让他们确信咱们不会走，一定要引诱他们上钩！"

李广这么一弄，还真忽悠住了匈奴人，他们始终不敢轻举妄动。这时一个白马将军走出军阵，巡视整理队伍，李广见状骑上马，带着十几个骑兵疾驰上前，将白马将军一箭射死，然后重新归队，再度下马解鞍。

此时天色已晚，日光渐西，匈奴骑兵越发不安：如此有恃无恐，附近一定埋伏着汉军主力。于是半夜时分，他们悄悄后撤，不战而退。

李广的这次表现，怎么看怎么眼熟。没错，就是空城计的翻版——不对，应该称为原版。所不同者，西城再小，终究有四面城墙围挡，可以让司马懿保持短暂的好奇与不解；而李广身处草原，无法遮挡视线。他的表情举止略有不对，马上就会露馅。

应该指出，身为主将，不交代清楚就擅离部队，确非大将之所为。那一刻，李广不再是独当一面的郡守与将军，而只是个神箭手，类似刘项手下的楼烦勇士，他作为将军的责任心，完全被好胜心所淹没，这当然不算得体。从将军的角度而言，其表现只能得零分；然而遭遇匈奴大军后，其气度胆略，则大大超乎寻常，完全可以打一百二十分。

一句话，李广不是谨小慎微之辈，他用兵的方略一定也异乎寻常。虽然是好是坏得另说，但年轻气盛、血气方刚的汉武帝很是赏识。两人之间的秉性脾气有某种相通之处，至少刚开始如此。

前141年，汉武帝即位。那时李广的名气已经很大，其勇敢善战被群臣公认。武帝随即下令将他调到身边，担任未央宫卫尉。要知道，未央宫可是皇宫。这时程不识任长乐宫卫尉，负责警卫后宫。他与李广都曾担任边帅，但统兵之法截然不同：李广的部队行军时队形混乱，建制不清；一旦靠近水丰草茂处扎营，军士们人人自便，既不打更，也不巡逻；案牍往来、文字材料，李广更是不当回事。程不识呢，带兵严谨，治军严格，部队时刻保持完整的编制、队列和阵式，夜间敲刁斗巡逻更是不在话下；即便宿了营，士兵们还是有一摊子这事那事，很长时间得不到休息。

士兵们更喜欢谁？当然是李广。

程不识这样评价彼此的差别："李广军极简易，然虏卒犯之，无以禁也；而其士卒亦佚乐，咸乐为之死。我军虽烦扰，然虏亦不得犯我。"暗含对李广的委婉批评。这很好理解，行军不保持队形，宿营不派人巡逻，这哪里是军队，分明是草寇嘛。但是别忘了还有关键的前提：李广行军"然亦远斥候，未尝遇害"。也就是说，李广特别重视侦察，侦察兵都派出老远，早已掌握周边态势。一句话，他是以牺牲局部利益——几十几百个侦察兵不能休息——为代价，换取全局利益——全军可以随意行动，人人自便，因而大幅度减轻劳苦。

李广跟赵奢一样，受到赏赐就分给部下。他做了四十多年俸禄二千石的官，家里始终没有余财，更谈不上购置家产。他爱兵如子，凡事都能身先士卒，与士兵同吃同饮。士兵没有全部喝到水，他绝不靠近水边；士兵不全部吃上饭，他绝对不端碗。对士兵的态度更是和蔼宽厚，从不苛责，因此士兵爱戴，乐意效命。

这样一个与士兵同吃同住而且身先士卒的将军，带出来的部队怎么可能不是虎狼之师？他宽得有办法，也宽得是地方。这一点，绝对不能作为他缺乏将略的证据。还是那句话，"杀猪杀尾巴——各有各的杀法"，再说得专业些，就是《孙子兵法》上的话："兵无常势，水无常形；能因敌变化而取胜者，谓之神。"

马邑之谋

白登之围让汉朝尝到了匈奴的厉害，因此从吕后、文帝直到景帝，对匈奴一直采取守势。即便受到单于的"信骚扰"，吕后也只能忍气吞声，大事化小。那些年汉朝对匈奴的外交政策，主要依靠女人：随便选点宗室的女子，封为公主，前去和亲。

当时那样无可厚非，因为饱经战乱，民不聊生，无法支撑大规模的战争。而到了汉武帝的年代，经过几十年休养生息，国家实力大幅度增强，仓库中穿铜钱的绳子很多都已朽烂，铜钱撒满一地，无法计数。人也好国家也好，彼此之间的关系从来都是实力对比的外化。以人为例吧，不说别人，就说李绅，"谁知盘中餐，粒粒皆辛苦"，国人谁不知晓？但就是这样一位诗人，在《太平广记》上却有这等不良记录：

"李元将评事及弟仲将，尝侨寓江都。李公（李绅）羁旅之年，每止于元将之馆，而叔呼之。荣达之后，元将称弟称侄，皆不悦也。及为孙子，方似相容。"李绅曾经以侄子的礼节侍奉李元将，在他家里混吃混喝；可一旦发达，立即变脸：李元将自称弟、侄，李绅都不高兴，直到他以孙、子自称，"方似相容"。辈分由侄子一跃至爷爷，连升三级。

人如此，国更如此。汉武帝当然愿意当爷爷，不愿意当孙子。无论如何，他至少不想继续难为女人，去完成原本应该由男人承担的任务。他决定雄起，最初的尝试，便是"马邑之谋"。

马邑这个地方，死去的韩王信肯定记忆深刻，因为那里曾经做过他的国都。马邑就是今天的山西朔州，靠近汉匈边境。

前135年，匈奴军臣单于要求和亲，汉武帝拿不定主意，便召集群臣商议。大行（掌迎四方宾客之礼，与外交、出使之职）王恢是燕人，长期在边境任职，对匈奴情况比较了解。他认为和亲效果无法持久，过不了几年匈奴就会犯边，不如用兵；大司农韩安国则认为出兵千里攻击匈奴，人困马乏，难以奏效。多数人附议韩安国，汉武帝只好答应和亲，维持和平。

次年，马邑豪绅聂壹建议王恢上奏汉武帝，利用和亲带来的短暂和平，利诱匈奴而击之。汉武帝随即再度召集廷议。韩安国依旧主和，王恢则强烈主战，他坚信汉朝只要使出百分之一的力量就足以取胜，更何况还是诱敌前来，伏兵突袭。

这个计谋终于将刘彻打动。前133年六月，他派御史大夫韩安国为护军将军，统帅三十万汉军出击；卫尉李广为骁骑将军，太仆公孙贺——建议调动李广工作的公孙昆邪之子——为轻车将军，大行王恢为将屯将军，太中大夫李息为材官将军，各带一支人马，埋伏在马邑附近的山谷，张网以待。

此时聂壹早已逃到匈奴，给军臣单于下套："吾能斩马邑令丞吏，以城降，财物可尽得。"鱼若不吃钩，永远不会成为盘中餐。军臣单于被诱饵打动，决心亲自领兵前往。聂壹回到马邑，斩掉一个死刑犯，将其首级悬挂于城楼，继续做戏。匈奴使者以为大事已成，立刻回去报告："马邑长吏已死，可急来。"军臣单于的十万人马，随即浩浩荡荡地开入武州塞（今山西左云至大同市西一带）。

到目前为止，一切进展顺利，可惜汉军后面的戏演过了头。

为了把诱饵做大做香，他们命令马邑民众，将牛、马、羊等牲畜散放于野，于是匈奴军队离马邑还有百里之遥，便开始收获。然而到处只有牛羊却不见牧人，军臣单于不是白痴，不觉暗生疑心。他立即下令停止前进，挥兵进攻附近的烽火台。说来也巧，雁门郡尉史一人出来，半路上碰到敌军，临时藏在其中。烽火台的任务只是守望传信而非作战，因此匈奴骑兵轻易得手，尉史成了俘虏。尉史贪生怕死，于是竹筒倒豆子，将实情一一供述。军臣单于闻听，带领全军掉头就跑，等退出塞外，这才抹抹额头上的汗珠叹道："吾得尉史，乃天意也！"

鱼已脱钩而去，局势完全出乎汉军意料。等反应过来开始追击，匈奴骑兵已经扬长而去。这时唯一的战机落在王恢身上：他带领三万多人，任务是截击匈奴辎重。在得到匈奴已经退兵的消息之后，依然缩手缩脚，担心碰上的是匈奴精锐，不敢动手，眼睁睁地看着他们溜掉。

　　三十万大军竟然就这样做了一回边境游，刘彻脸上不觉热辣辣的。这事当然得有人负责，否则难以向天下交代。怎么办呢？只有拿王恢开刀：他是最大的主战派，可是面对匈奴辎重却不敢攻击。

　　王恢下狱后，他的家人送千金与丞相田蚡，希望疏通关节。田蚡虽然是刘彻的舅舅，但还是明白其中的利害，不敢直接开口，只好找到姐姐，就是陷害栗姬的王美人，现在的太后，意图曲线救人。但是汉武帝并没给母亲面子："我听从王恢的建议，调动三十万大军伏击匈奴，竟然无功而返。如果他按照预定计划截击匈奴辎重，一定能获得可观的战果，鼓舞士气，可他竟然无所作为。这种人不杀，何以谢天下？"

　　将相不受辱，王恢知道汉武帝态度坚决，便在狱中自杀。

　　平心而论，王恢之死毫不冤屈，并非什么"替罪羊"。仔细检讨，首先是汉武帝的责任，用人不当："七国之乱"时，韩安国在梁王帐下为将，一战成名，但是他不主张对匈奴开战。此时任命他为统帅，典型的南辕北辙、张冠李戴。谁都能统兵，唯独他不能。其次的责任则是韩安国。身为统帅，计划不周：如此高度机密的计划，竟然对尉史那样的底层军官都不保密,这个仗还怎么打?不过如此庞大的计划,也许韩安国并无能力左右,毕竟雁门郡属于地方政府,是否听从韩安国号令,史书上无明确记载,这牵扯到汉朝的整个军制与官制体系,也许还要汉武帝负领导责任。第三是雁门郡尉,这种机密,下属不当与闻,他是泄密事件的直接责任人。至于王恢,身为将军,错失战机,死罪并不过分。

天降卫青

马邑之谋虽然落空,汉匈还是撕破了面皮。汉武帝醒悟不该重用韩安国,于是处心积虑培养新人为大将。他的目光落在小舅子卫青身上。

说起来卫青也是个苦命人,典型的苦出身。他是河东平阳(今山西临汾西南)人,生父郑季是个县吏,奉派到平阳公主家做事时,和婢女私通,生下了卫青。那婢女夫家姓卫,所以被称作卫媪。卫媪丈夫已死,独自一人带好几个孩子,压力很大,于是就把卫青送到郑家。作为私生子,卫青在郑家的童年可以想见备受歧视与冷漠,整天放羊。长大后,他不愿再受郑家的奴役,便回到母亲身边,做了平阳公主的骑奴,改作卫姓。

卫青跟随平阳公主到甘泉宫时,有个服役的囚徒看到他的相貌后说:"你现在穷困,但将来定为贵人,可以封侯。"这话英布相信,从小受苦的卫青可不信。他笑道:"我身为人奴，每天不受笞骂已是万幸，哪里还敢奢望封侯？"

后来卫青同母异父的姐姐卫子夫被汉武帝看上，选入宫中，卫青也被召到建章宫当差，他的命运随即拐了一个大弯。不过不是一帆风顺，开始还是担惊受怕：卫子夫怀孕后，"金屋藏娇"的主角儿皇后陈阿娇大为恼怒，因为她自己一直没能生子。怎么办呢？卫子夫不能动，那就动她的弟弟，杀鸡吓猴，敲山震虎。于是她随便找个借口抓住卫青准备杀掉。卫青为人不错，交到了好朋友公孙敖。关键时刻，身为骑郎的公孙敖找来几个帮手抢出卫青，这才保住这位未来的名将。动卫青是什么意思，汉武帝当然清楚。他虽然恼怒，却也无可奈何，毕竟那边是集岳母、姑母于一身的馆陶大长公主刘嫖，以及自己的老婆陈阿娇。而卫青此番遇险，完全是因为职位卑微。这个好办，汉武帝将他升职为建章宫监、侍中，让他整天在自己身边活动，后来又提拔他为太中大夫，在他身体外边挂了厚厚的装甲，常人奈何不得。

前129年，匈奴大举入侵上谷，掠牛羊，抢人口，杀边军。汉武帝立即下令，全面回击。

汉武帝的总体部署是四路出兵，分段截击：车骑将军卫青直出上谷，骑将军公孙敖出代郡，轻车将军公孙贺出云中，骁骑将军李广出雁门，四位将军互不统属，分别带兵一万。这四人中，李广、公孙贺是沙场老将，公孙敖少年从军，也经历过战火洗礼，只有卫青是"大姑娘上轿，头一回"。毫无疑问，汉武帝的安排有任人唯亲之嫌，四位将军有两个半与卫家沾亲带故：卫青不说，太仆公孙贺是汉武帝的连襟，他娶了卫青同母异父的大姐卫君孺；公孙敖冒死搭救卫青，利人利己，等于在跌停板上抢了个涨停板，"由此益贵"。皇帝一开恩，确实浩荡，就连小姨子的情人都能照顾到：卫青的二姐卫少儿是陈平的曾孙陈掌的老相好，等汉武帝与卫子夫成就好事，"上召贵掌"：从某种意义上说，两人也算是连襟。当然后面正式连了襟。

卫青这样平步青云，当然是汉武帝的私心。不过刘彻心里肯定做过一定程度的掂量，看出卫青某种程度的才能，方作出这等部署。他那样的帝王，不会平白无故地胡乱委派。最终的结果证明，这个部署基本没错：公孙贺出击云中，没碰到匈奴军队，原样回师；公孙敖吃了败仗，损失将近七千；卫青非常幸运，上谷之敌非匈奴主力，被摧枯拉朽地击溃，他一路追击，直捣匈奴人祭祀天地祖先的圣地龙城，斩首七百多人。当然这次卫青究竟有没有打到龙城，尚有争议。因为一般认为龙城在今蒙古国境内鄂尔浑河西侧的和硕柴达木湖附近，距离大大超出当时汉军通常的作战半径。

这个且不说，只说李广。他真是个倒霉鬼，一出塞就碰到单于带领的主力。敌军势众，是汉军的数倍，李广陷入团团包围。他虽然拼命抵抗，但寡不敌众，全军覆没。幸亏单于久仰其威名，下令"得李广必生致之"，要活捉他，他这才捡条性命，当了俘虏。

已经受伤的李广无法骑马，匈奴骑兵便将他搁在绳子结成的网袋上，用两匹马在旁边拽着，像吊床那样。怎么办呢？琢磨来琢磨去，李广决定躺平装死，寻机逃脱。时间一长，匈奴人渐渐失去警觉。走出十多里后，过来一个匈奴少年，胯下有匹好马。李广突然一跃，跳上他的战马，抢过他的弓箭，顺手将他推下去，随即策马扬鞭向南疾驰。煮熟的鸭子要飞，那怎么能行！数百匈奴骑兵紧追不舍。李广一边奔逃一边回头放箭，最终逃脱追击，收集余部撤回长安。

论功行赏，论过处罚。对于卫青的表现，汉武帝甚是满意，但考虑到其斩首数量不足千级，达不到封侯条件，只赐爵关内侯。所谓封侯，是指封为彻侯，因为避刘彻的讳，又改为列侯，或者通侯。关内侯比列侯还差一级，没有食邑，或者只有象征性的食邑，但没有侯国；李广兵败被俘，部队伤亡惨重，应当斩首，汉武帝爱才，下令他用钱赎罪，贬为平民。公孙敖也被褫夺了将军印。

有损英名

前面说过，李广虽然长期为官，且俸禄不低，有二千石，但素来不置家产，所以家无余财，那笔保命的罚金迟迟凑不足数。据说还是卫青暗中资助，这才得以解围。拿钱赎命是当时的通常做法，司马迁也是定了死罪，但家贫，财货不足以自赎，最终受了屈辱的腐刑。

李广身材高大、臂长如猿，骑射很有天赋。包括其子孙

314

在内的很多人跟他学射，但无一人后来居上。他不善言辞，闲居时也以射箭赌酒为乐。可以说，他平生的乐趣都是骑射。去职之后，闲居无事，经常跟灌婴的孙子灌强一块儿到蓝田南山射猎。有天晚上，他带着一个随从，外出赴酒场——飞将军名声显赫，想来乐意请酒者甚多——酒这玩意儿，一旦喝上就很难刹车，因此回来时已经更深，结果在霸陵碰到麻烦：霸陵县尉——县之佐官，职掌军事、治安事宜——也多喝了两杯，因此借着酒劲上前呵斥，不让李广通行。随从赶紧上来打圆场："这是前任的李将军。"言外之意，您不看僧面看佛面，还是高抬贵手吧。但这个县尉丝毫不给面子，一定要秉公执法："就是现任将军，夜间也不能通行，何况前任将军！"到底扣留住他们，次日早上才放行。

难怪霸陵县尉不给面子，因为李广他们经过的地方格外重要，是汉文帝的陵寝重地。也就是说，他对李广是秉公执法，并未刻意刁难。

回头再说匈奴，上回被卫青捣了龙城圣地，自然不肯善罢甘休，第二年他们就卷土重来，先攻辽西（郡治阳乐，今辽宁义县西），杀掠两千多人，斩杀辽西郡守，然后继续向西，猛攻渔阳（郡治渔阳，今北京密云西南）。驻守渔阳的是老将韩安国，他几乎全军覆没，只好龟缩在城内，等待援兵。匈奴横扫辽西、渔阳之后，进一步侵扰雁门，杀掠千人以上。

边境烽烟四起，长安已经不安。关键时刻，汉武帝想到的还是两个人：李广和卫青。他任用李广为右北平（郡治

315

平刚,今内蒙古宁城西南)太守,安定边境;令卫青统兵三万,直出雁门,正面迎击;材官将军李息出代郡,策应卫青行动。卫青一到前线即与匈奴展开激战,最终匈奴惨败,留下数千具尸体。卫青两次出征全部获胜,更兼背景特殊,因此声名鹊起,立即成为与匈奴周旋的主帅。

而李广呢,非常不幸:他名气实在太大,匈奴人称为"汉之飞将军",听说他镇守右北平,因此纷纷绕道,好几年都不来打扰。这对于军民而言当然是幸事,但对李广却未必,因为这意味着他没有立功封侯的机会。

李广为右北平带来了短暂的和平,因为没有战乱,他主要干了两件事,一先一后,一好一坏。先说好事。

这事要从本文开头的那首诗说起。李广这人还真是喜欢射虎,一听到哪里有虎,就赶紧过去围猎。有次出猎,他看到草丛中的一块石头,误以为是老虎,赶紧张弓而射,当然是一射命中,整个箭镞全部射进了石头。可等到发现那不是老虎,再怎么射也无法射进去——可见人体的应激反应之强烈。李广镇守右北平期间,有次射猎碰上恶虎,猛烈反扑,将李广扑伤。李广带伤与老虎周旋,最终还是将其成功射杀。

拿现在的观点看,这事也算不得好事,李广得承受刑事责任;说这是好事,主要是相对下面这事而言。这件事实在有伤将军名声,尽管汉武帝并未处罚。

事情的缘由还在于霸陵县尉不给面子。李广被重新起用为右北平太守时,请求调霸陵县尉随军。这点小事,皇帝当然要玉成。接到命令的霸陵县尉估计心里就在打哆嗦，但他怎么也想不到，一进大营，人生随即走到终点。李广立即将他开刀问斩，然后上表谢罪。此时汉武帝是何反应呢？他说："将军是国家的爪牙。《司马法》上说：登车不必抚车前横木向人致敬，碰上丧事不必穿丧服，统一全军之心，协同将士之力，提兵兴师，征伐不顺，方能一怒而千里惊惧，号令一出万人振奋，声名威势震动蛮夷邻国。报仇除害正是我对将军的期待，您若叩头请罪，岂不令朕失望！请您迅速挥兵东进，到白檀县（今河北滦平东北兴州河南岸）稍事休整，预备抵御匈奴对右北平的秋季攻势。"

这事发生在李广到达右北平之前，汉武帝确实没当回事。一个小小的县尉，价值怎能抵得过守边御敌的大将。尽管皇帝不怪罪，但李广在这件事上确实大大失分，显得气量确实狭小，胸襟不够豁达。我们不妨对比一下韩安国的风度。

刚刚在渔阳惨败的前御史大夫韩安国曾经身陷牢狱之灾，受尽狱吏田甲的侮辱。韩安国实在受不过，就威胁道："你就不怕我死灰复燃？"田甲的回答则是更进一步的侮辱："你能复燃？那我一泡尿再把你浇灭！"后来韩安国不仅死灰复燃，还燃起熊熊大火，被拜为梁国内史。田甲得到消息，准备溜之乎也。韩安国放出话说："他不逃走，我就不杀他；如果敢逃，我一定灭他九族！"田甲不敢逃跑，找到韩安国赔礼道歉。韩安国见了过去的仇人，笑道："你撒泡尿给我看看！"最后不但没有为难，反而有所善待。

韩安国当时到底身为阶下囚，韩信彼时也吃不上饭，相似性不够强烈，而唐朝时吕元膺夜间丢了面子的反应，则与此可有一比，我们不妨看看。这事出自《唐国史补》，原文如下：

> 吕元膺为鄂岳都团练使，夜登城，女墙已锁，守陴者曰："军法，夜不可开。"乃告言中丞自登。守者又曰："夜中不辨是非，虽中丞亦不可。"元膺乃归，明日擢守陴者为大职。

这个守者语气当然比霸陵县尉客气一些，却两次拒绝吕元膺，第二次还是在吕元膺表明身份之后。吕元膺远非名人，名气无法跟李广相比，但其胸襟气度，又是李广没法比的。

河南之战

郎中令石建死后，汉武帝从前线召回李广，让他接替，职责是主管宫殿门户的守卫。这是皇帝身边的高级官职，相当于侍从武官。石建是万石君石奋之长子，其卒年《万石君列传》不载，但《汉书·百官公卿表》上的资料表明，李广出任郎中令在元朔六年，也就是前123年。可见李广镇守右北平是从元朔元年至元朔六年，即前128年至前123年，连头带尾六个年头。

在此期间，汉匈两军的主战场不在东边，而在西部。汉朝以卫青为主帅，相继发起河南之战和奇袭右贤王之战，全部报捷。这就引出一个疑问：《史记》中关于匈奴闻风丧胆、"避之数岁，不敢入右北平"的说法，究竟是实情，还是司马迁的溢美之词？

在漫长的边境线上，匈奴左贤王部盘踞于东部。前127年，他们再度侵略上谷和渔阳，杀掠甚众。但此时汉武帝的目光，已经转向西部。活动于阴山一带的匈奴右贤王部，以及占据河南地的楼烦王、白羊王，才是汉朝的心腹大患。尤其是河南地，北接阴山，南距长安不过七百余里，西与匈奴休屠王、浑邪王统辖的河西地区相接，东则威胁定襄（郡治成乐，今内蒙古和林格尔西北土城子）、云中。蒙恬曾经收复河南地，但秦末汉初，冒顿单于又乘虚而入，将其作为南下的前进基地。

汉匈以往的作战模式，都是匈奴侵袭，汉军御敌，随处灭火。在长达千里的边境线上如此疲于奔命，自然不是办法。汉武帝决定主动攻击，南下河南地，切断匈奴东西两部的联系。前127年，就在匈奴不断袭扰代郡、雁门时，汉武帝置之不理，第三次派卫青出征，目标锁定河南地。卫青随即统率数万大军，从云中出发，沿黄河北岸迅速北进，一举攻占高阙。这个要塞是河南地通往单于王庭之间的咽喉要地。卫青拿下高阙，基本等于卡住了白羊王、楼烦王的脖子。

接到消息，白羊王和楼烦王起初还不敢相信，这毕竟是汉军多年来的首次主动进攻。卫青当然不会给他们琢磨回味的时间。占领高阙后，他分兵构筑阵地部署好防御，随即带领主力迅速南下，沿黄河直接杀到陇西。此时白羊王和楼烦王才明白过来，汉军已经玩够"兵来将挡、水来土掩"的游戏，这回要直接包饺子。因为在谋略阶段的失分，匈奴毫无还手之力，白羊王、楼烦王留下数千具尸体、十多万头牲畜，好容易才冲出包围圈。从此以后，河南地，也就是黄河河套以南地区，再度回归中央政府。

对匈奴开战以来，汉军还是首次主动攻击取得大胜。他们完全摆脱了以往的作战模式，长途奔袭、迂回包抄，在战略上完全处于攻势。卫青因为这项军功，被封为长平侯。

为了巩固河南地，汉朝在那里设置朔方、五原二郡，从内地移民十多万人前去定居，派将军苏建指挥军民，在今内蒙古杭锦旗北筑朔方城，同时修缮长城。这一切完成之后，河南地还是跳板，只不过已经改为汉军进攻匈奴的跳板。

河南土地肥沃，气候温润，适于农牧业生产，无论从军事还是经济的角度出发，都有极其重要的价值，匈奴当然不会善罢甘休。从那以后，他们多次出兵袭扰：前126年冬，数万骑兵进攻代郡，郡守战死；夏天，雁门又遭遇兵火；次年，十万骑兵分头进攻代郡、定襄和上郡；第三年，右贤王南下河南地，进攻朔方，"杀掠吏民甚众"。

不彻底击垮右贤王，就无法巩固河南地。汉武帝决心集中十万人马，在东西两个作战方向发起强大的反击。西部作为主要作战方向，由车骑将军卫青直接统率三万骑兵出高阙，并指挥游击将军苏建、强弩将军李沮、骑将军公孙贺以及轻车将军李蔡所部，兵出朔方，主要战术构想是消灭右贤王部；东部为次要方向，由大行李息、将军张次公兵出右北平，攻击左贤王，以为牵制。

没有人能解释，身为右北平太守的李广，姓名为何没能出现在作战计划上。当然，东部方向这次没有明显的战果，或者说战果太小，远远不及卫青的功绩。汉军发起攻击时，右贤王无力抵挡，遂主动后退，想以空间换取胜利。他后撤到很远，以为汉军一时无法到达，便拥娇夜饮，酣醉方休。而卫青呢，亲自率领精锐骑兵，星夜疾驰，连夜追到右贤王的营地。此时醉醺醺的右贤王搂着爱妾睡得正香，突然听见人喊马嘶，野火阵阵，这才明白敌军已到鼻子下边，不觉大惊失色，顾不上指挥部队，就带着爱妾跳上战马，在身边数百名侍卫的保护下，冲出包围圈一路狂奔。校尉郭成等率兵追击几百里，也没能追上。

卫青千里奔袭，依靠速度而大获全胜：俘虏男女一万五千多人，包括右贤王下面的小王等高官十几个，牛羊牲畜数百万。汉武帝得到捷报，非常高兴，立即派使者捧着印信，来到边境的军营，加封卫青为大将军，规定所有将军全部归他统率，加封其食邑八千七百户，同时将他的三个幼子一并封侯。

三子封侯，卫青坚决辞谢："臣幸得待罪行间，赖陛下神灵，军大捷，皆诸校力战之功也。陛下幸已益封臣青。臣青子在襁褓中，未有勤劳，上幸列地封为三侯，非臣待罪行间所以劝士力战之意也。伉等三人何敢受封！"汉武帝随即下令，将公孙敖、韩说、公孙贺、李蔡、李朔、赵不虞、公孙戎奴等封侯，李沮、李息、豆如意赐爵关内侯。

如此大面积封侯，从侧面印证了汉武帝对此次战果的重视与承认。匈奴遭此打击，越发恼羞成怒。此时匈奴单于是前军臣单于的弟弟伊稚斜，他决心挽回颜面，于是当年秋天，就派出一万多骑兵袭击代郡，杀死汉军都尉，掠走上千吏民。

这是汉匈漠南会战的导火索。

漠南会战，李广是参与者。他以郎中令的身份跟随卫青出征，为后将军。现在回到本节开头的问题，《史记》中说匈奴绕开右北平，几年不来进犯，是不是司马迁的溢美之词？要找到这个答案，得先看看地形。翻开《中国历史地图集》，可以清楚地看到当时的汉朝边郡，由东到西分别是：辽东、辽西、右北平、渔阳、上谷、代、雁门、定襄、云中、五原、朔方。在这期间，匈奴的马蹄只出现于渔阳以西，右北平、辽西、辽东三郡全都平安无事，左贤王部似乎毫无作为。但是没有任何证据表明，他们已经移兵向西，加入右贤王部，与卫青主力作战；而从李息出右北平，策应卫青行动，最终被赐爵关内侯一事来看，左贤王部没走，还在老地方，所以李息才能建功。

由此可见，右北平平安，并非因为西方战事吃紧，左贤王的主力全部西移。所以简单地推断那是司马迁的溢美之词，毫无根据。

骠骑崛起

漠南会战发生在前123年。这一年，二十二岁的司马迁通过专门的选拔考试，由博士弟子而正式成为国家公务员，职务为郎中，是皇帝的侍从，秩比三百石。这个郎中，以及卫青曾经担任的太中大夫，都归郎中令管辖。从这个意义上说，司马迁曾是李广的下属。

经过连年征战，战争消耗、军功赏赐逐渐将大汉的国库掏空。在这种形势下，汉武帝开始出卖爵位：推行新的十一级军功爵，与原来的二十级爵位并行，谁都可以花钱买，爵位可以抵罪。不过这个军功爵没能长久，很快便不了了之。

漠南会战是汉武帝极为重视的一场战役。此时右贤王的有生力量基本被消灭，汉武帝决心深入大漠，寻找匈奴单于主力决战。此次进攻，汉军编组分为中、左、右、前、后五个完整的序列，是汉匈开战以来组织最为严密的一次。李广以郎中令的身份出任后将军。

然而这次会战中最大的赢家既非卫青，也非李广，而是此前一直名不见经传的少年霍去病。

霍去病也是私生子，他是卫青二姐卫少儿与平阳县吏霍仲孺的私生子，卫少儿后来又与陈平的曾孙陈掌私通，不过最终两人结了婚，这场自由恋爱终成正果，陈掌不像霍仲孺，始乱终弃。童年的霍去病跟随身为女仆的母亲，并不知道生父是谁。好在周岁前后，他的小姨卫子夫被皇帝看中，他们整个家族的命运随即逆转。

霍去病可以说生来就是高干子弟，但他不像一般的王侯公子，热衷于斗鸡走马花天酒地。他志向远大，渴望像舅父那样驰骋沙场，建功立业，因此苦练武艺，精于骑射。漠南会战之前，霍去病还不具备完全民事行为能力——不满十八周岁，不到弱冠之年。尽管那时人们寿命短，十八岁的分野意义远不及当下，但比起卫青、李广，肯定还是毛头小子。他主动请缨，以剽姚校尉的身份随同出征。

有迹象表明，伊稚斜单于对于汉军的攻击，有一定的心理预期和防备措施。因此当年春天，卫青的十几万大军刚出定襄，就遭遇单于主力。不期而遇，只能硬拼。史书上的说法是汉军小胜，大约因为匈奴遗尸数千具的缘故；但如果完全从军事的角度考量，恐怕是汉军小败。因为他们的战术意图没能实现，而匈奴则成功地迟滞了汉军的进攻。至于遗尸数千具，那是匈奴的特性所决定的。他们的大本营离边境甚远，游击乃其本性，无论输赢都要走。

好在双方胜负欲都很小。考虑到天气寒冷，作战意图已经暴露，卫青当即决定回师，在定襄、云中、雁门等地分散休整。经过短暂的休整，当年四月，卫青再度率军前出定襄，寻找单于主力决战。两军接战后，厮杀非常激烈，双方互有伤亡。正在这时，匈奴的两支援军相继赶到，一支是单于本部人马，另外一支则是左贤王的部队，他们突然出现在右前方。卫青闻讯立即下令，右将军苏建和前将军赵信会合，保障主力右翼安全。经过一昼夜的激烈拼杀，苏建、赵信的人马伤亡殆尽。赵信本来就是匈奴降将，一看风向不对，再度掉头转舵，带领八百残兵投降；苏建单骑逃脱，回到大将军本部。

局势发展至此，对双方而言都是消耗战，已经无法继续打下去。伊稚斜单于率先退兵。此时霍去病突然带领本部人马八百骑展开了追击。他深入敌境数百里，斩杀敌军两千零二十八人，包括匈奴相国、当户等高官，以及单于大行父（与单于祖父同辈）籍若侯产，生擒单于叔父罗姑比。

霍去病的八百人马，值得单独说说。汉代兵制，以二和五的倍数递增。最基础的单位为伍，每五个人设一伍长；两伍为什，每十人设一什长；五什为队，每五十人设一队率；两队为屯，每百人设一屯长；两屯为曲，每两百人设一军侯；两曲成一部，每四百人设一军司马。通常情况下，每五个部为一个营，也叫校，作为独立的作战单元，由将军或者校尉统率。卫青身为大将军，本部人马至少也有五部。校尉跟将军虽有名分区别，但级别并不低，秩比两千石，与郡守相当；军司马则秩比一千石，也远远高于司马迁的郎中俸禄。

霍去病麾下八百人，看来是两部四曲。"部曲"一词，即由此而来。

统计战功，汉军杀敌一万九千多人，远远超过自身损失。但尽管如此，战役构想没能达成，从军事的角度看就是失败，至少不能算作胜利。这一点汉武帝很清楚，因此他没有加封卫青。霍去病少年英雄，打出了汉军的威风，总算为汉武帝找回了面子，因此他封霍去病为冠军侯，奖励其勇冠三军的气概。

那么李广呢？作为后将军，他虽然参了战，却没有独当一面。既然卫青无功，那么他自然也就谈不上功劳。除了霍去病，只有张骞受封为博望侯。当时汉军行进于千里塞外，在茫茫黄沙和无际草原中，给养相当困难。张骞熟悉匈奴军队特点，具有丰富的沙漠行军经验以及广博的地理知识。他以校尉的身份为汉军做向导，确定行军路线和宿营地点。由于他"知水草处，军得以不乏"，再加上过去出使西域有功，因此被封为博望侯。《史记》中说这次"诸将多中首虏率，以功为侯者，而广军无功"，与事实不符，也与《史记》别处的记载相矛盾。汉军将领大面积封侯的事情，发生在更早的河南战役期间，那时李广还在右北平弯弓射虎。

李广此次无功还是好的。右将军苏建更加倒霉，他全军覆没，卫青询问下属应该如何定罪，议郎周霸建议斩首："大将军自出征以来，还没斩过裨将。今苏建弃军而逃，应当立即斩首，以正大将军威严！"军正闳、长史安不同意这个看法。他们认为："兵法'小敌之坚，大敌之禽也'。今建以数千当单于数万，力战一日余，士尽，不敢有二心，自归。自归而斩之，是示后无反意也。不当斩。"

卫青赞同后者的建议，但理由不同："陛下待我以肺腑之心，从来不顾虑我在军中没有威信。周霸劝我斩苏建立威，完全不合我的意愿。即便我有权斩杀部将，也不能自作主张。假如我这样深受陛下宠信的将领，都不敢在境外擅杀将士，那别人肯定能明白，身为人臣谁都不该专权的道理！"

卫青随即将矛盾上缴，最终汉武帝赦免苏建的罪过，将其贬为庶人，赏卫青千金。

对于李广而言，苏建的这段曲折，绝非题外话。

河西战役

中国历史跟黄河纠缠不清，随着黄河而不断拐弯，地名上也带着深深的印迹。比如河内，其实是指河南境内的黄河北岸地区；河东则指晋陕交界处的黄河东岸地区。但河西这个字眼，含义则有变化：先是指晋陕交界处的黄河西岸沿线，比如吴起曾经镇守的西河也叫河西，后来则专指河套平原以西地区。

从古城长安向西出发，必经一条通向西域的走廊，因地处黄河以西，因此也叫河西走廊。

漠南会战时投降的赵信，本来是以匈奴裨小王的身份归顺汉朝，再度反水后，伊稚斜考虑到他熟悉汉朝情况，便加封他为自次王，并且甘愿当他的小舅子，将自己的姊妹许配给他。赵信深知匈奴实力无法与汉朝抗衡，于是建议："益北绝幕，以诱罢汉兵，徼极而取之，无近塞。"核心思想就是大踏步主动后退，引诱汉军北进，利用沙漠这个天然屏障疲惫汉军将士，在沙漠尽头处的草原以逸待劳，夺取最终胜利。

伊稚斜无奈，只能采纳。就这样，与汉朝接壤的地方，匈奴只剩下东西两翼：西边休屠王、浑邪王控制着河西，东边左贤王孤悬于辽东。

此时奉命第一次出使西域的张骞，历经艰辛后早已回到长安。汉武帝了解到西域的情况后，决心组成强大的骑兵集团西进，打通河西走廊，砍掉匈奴右翼，切断其与西羌的联系。

汉武帝此人，素来喜新厌旧，无论对于女人，还是将军。这一次，他没用老成持重的卫青，而选择只有十九岁的冠军侯霍去病。应该指出，这个抉择可不是轻易下的，在此之前，他必定经过深思熟虑。最终，霍去病率领区区八百骑长途追击单于的壮举，有力地压下了天平的一端。

汉武帝给了霍去病一万精锐骑兵。长途奔袭，战术突然性在于时间。霍去病下令，每名骑兵配备两匹战马，以便轮流换骑，加快速度。前121年三月，他点齐人马从长安出发，沿渭水进军河西。汉军一路长驱直入，扫荡天水陇西，到达皋兰山（此处指今甘肃张掖附近的合黎山，非兰州附近的皋兰山）时，与大批匈奴骑兵遭遇。经过激战，斩杀匈奴折兰王等两个王爷，取得大胜，然后乘胜攻击，六天横扫匈奴五个部落。匈奴败退而去，霍去病紧追不舍，最终越过焉支山（今甘肃永昌县南、山丹东南的大黄山），追击了一千多里。

这一仗，霍去病战果颇丰：俘虏浑邪王子、相国、都尉，缴获匈奴休屠部落用来祭天的圣器金人，斩首敌军八千九百六十人。然而杀敌一千，自伤八百，一万汉军精骑，回到长安时已经不足三千。当然，衡量胜败的关键不在于伤亡，而在于战术目的是否达到。就这一点而论，霍去病完胜。

如此丰硕的战果，让汉武帝非常满意。当年夏天，他命令霍去病带领公孙敖再度出征河西。为了策应霍去病作战，又派卫尉张骞、郎中令李广率万余骑兵出右北平，钳制左贤王。

这一次，霍去病可谓开局不利。因为担当配合任务的老将公孙敖，进军途中竟然在大漠"亡道"——迷失方向，而耽误了会合的日期。关键时刻，霍去病不改英雄本色，依然决定孤军深入，随即挥师出北地（今甘肃庆城西北），经富平（今宁夏吴忠西南）沿黄河向北，至朔方郡的窳浑（今内蒙古磴口县西北土城子古城）再转向西北，到达居延（今内蒙古额济纳旗东南），然后顺着弱水（今甘肃额济纳河）河谷，向南直插祁连山。这回的行军路线跟上一次正好围成一个圆圈，像个巨大的渔网。

霍去病这一网下去，能捞到大鱼吗？当然。

这网鱼又多又大，浑邪王和休屠王的主力都在里面。霍去病绕了这么大的弯子，速度又那么快，实在出乎意料。因此可以想象,浑邪王、休屠王又是大败。尽管公孙敖未能会合,霍去病是单军深入。最终河西匈奴两千五百人投降,五王、五个王母,单于阏氏、王子五十九人,相国、将军、都尉等六十三名成为俘虏,三万两百颗脑袋被砍下。霍去病一网下去,网住了河西匈奴的七成力量。

西部大捷,东部又如何呢?李广真是个倒霉鬼,再度以偏师而遭遇匈奴主力。根据部署,李广带领四千骑兵,张骞指挥一万人马,从右北平分进合击。李广出塞之后推进了数百里,在约定的时间地点没见到张骞的隐约旌旗,却听到了左贤王的阵阵鼓角。其主力足足有四万人马,十倍于李广。军士们一看敌军如此之多,个个惊恐万状。面对不期而遇的强敌,李广从容不迫地下了第一道将令:着校尉李敢——李广的三子,这人还真是敢——立即杀入敌阵,侦察敌情!

李敢闻听,毫不犹豫地催动战马,带领几十名骑兵冲入敌阵,冲破匈奴的重围,又抄出敌军的两翼,这才回营缴令,大声报告:"胡虏易与耳!"

没什么了不起的。你们看看,匈奴人很好对付!

士兵们悬着的心,这才慢慢放下。

李广下令,部队布成圆形阵势抗敌,最外面的持盾牌,后面是大刀和长枪,弓箭手在最后,任何一个角度都是防御点。阵这个东西,主要目的是防御。以前用于防御车兵,后来主要用于防御骑兵,因为它们的冲击力太猛。

合围成功,匈奴骑兵随即展开猛攻。他们箭如雨下,汉兵死伤过半，箭也马上就要射光。危急关头，正是李广神奇箭术的表演舞台。艺高人胆大，为保证命中率，不到有效射程他绝不放箭，可一旦松开弓弦，敌军必然应声而倒。射猎时之所以受伤，主要原因就在于距离太近。尽管如此，李广从不畏惧，确保百发百中。

怎么办到的呢？李广让士兵全部拉满弓弦，但不要发射，他自己手持强弩"大黄"，专门瞄准匈奴带队冲锋的裨将副将。只听他嗖嗖地不断发射，先后射杀了敌军多员裨将副将。匈奴人一见这本事，谁都不敢上前，包围圈因此逐渐宽松。

此时天色向晚，官兵们又惊又累，面无人色，李广却越发地意气自如，气定神闲。他缓辔慢行于阵中，整顿部队，鼓舞士气，若无其事。将士们受到感染，仿佛有了主心骨，信心逐渐坚定起来。

第二天，张骞依然没有出现。李广只得继续浴血奋战。他们以区区四千人马，与十倍于己的敌军鏖战两日，博望侯张骞这才姗姗来迟。此时左贤王的锐气已去，见两天都不能拿下李广，不敢再战，立即带领人马，匆匆退去。

一身能擘两雕弧，虏骑千重只似无。

偏坐金鞍调白羽，纷纷射杀五单于。

读到《史记》的这个章节，我脑海里立即闪现出王维的这首《少年行》，想起背诵它时的青春岁月。当时的李广远非少年，王维此诗也并非为李广立传，但其精彩程度，彼此高度匹配。

战后李广因为部队伤亡太大，功过相抵，没有得到赏赐；博望侯张骞"留迟后期"、延误行程，当斩，以侯爵赎罪，贬为平民。

这是李广第二次与侯爵擦肩而过。而就在这一年，他的从弟李蔡代替公孙弘，出任丞相。

这是华夏政权第一次控制河西地区，在此之前从未有过。古语中的"掖"与"腋"是通假字。张掖这个地名，从字面上看，就是张开腋窝、张开双臂之意。这其中便蕴含着霍去病的伟大功绩，他让中原王朝张开了西边的臂膀。收复河西后，汉武帝随即下令设立四郡（武威、张掖、酒泉、敦煌），置两关（阳关、玉门关），筑长城，建寨堡，移民屯田，充实边塞，河西走廊因而逐渐稳固，成就了后来的"丝绸之路"。

有人欢笑，自然就有人哭泣。匈奴人此时的心情，可以从这首歌谣中约略看出端倪：

> 亡我祁连山，使我六畜不蕃息。失我焉支山，使我妇女无颜色！

这似乎是匈奴留下来的唯一一首诗歌。他们向来只看重疾风快马、圆月弯刀，而不注重字斟句酌、咬文嚼字，可这短短的两句诗，却在匈奴消失上千年后，一直保持着神秘的魅力。"只识弯弓射大雕"的匈奴人肯定想不到，有一天他们会在人类的血液里被稀释得无影无踪，而随口唱出的一首忧伤的歌谣，却能活灵活现地以他们听不懂的异族语言，继续塑造演绎着他们雄壮剽悍的灵魂。

漠北之战

河西战役之后，匈奴虽然元气大伤，但伊稚斜单于依旧不断袭扰汉朝边郡，企图引诱汉军越过大漠，在他早已布好的钢铁阵地前碰壁。

经过十年消耗，当初麻绳朽烂铜钱满地的国库，如今已经空空如也。元狩四年，也就是前119年，汉武帝不得不采纳桑弘羊等人的建议，大幅度调整经济政策，主要有三个办法。首先是发行大额货币，有皮币和贵金属币两类。皮币是块一尺见方的白鹿皮，采自上林苑等处的白鹿，四周绣上彩色丝边，饰以彩画，每张价值四十万钱。贵金属币的材质是银锡合金，分三种，合称白金三品：圆形龙币，又名白选、白馔，圆形而有龙纹，重八两，值三千钱；方形马币，方形而有马纹，重六两，值五百钱；椭圆龟币，币形像龟，以龟甲为币文，重四两，值三百钱。

如此高昂的面值，隐约可见当时腾飞的物价。毫无疑问，汉朝经济已经出现通货膨胀，严重程度另说。

其次是实行盐铁专卖，也叫盐铁官营，就是官方垄断盐铁市场。这个政策的鼻祖,是春秋时期齐国的管仲,他建议"官山海"。秦国商鞅变法,为控制山泽之利,也实行盐铁专卖,政府垄断经营,寓税于价,让百姓不知不觉地纳税。汉初开放民营,盐铁商人富比王侯。汉武帝迫于财政压力,又反感商人"不住公家之急",在桑弘羊的主持下"笼盐铁",将盐铁的经营权重新收归官府,实行专卖,在产出地分设盐官和铁官专门管理。

盐铁专卖政策,导致了今天江苏盐城的开埠。盐城当时叫盐渎县,渎的本义,就是运盐的河。

最后是征收资产税,所谓算缗和告缗。这项措施的提出者是御史大夫张汤。规定工商业者和手工业者无论有无市籍,都必须如实登记资产,商人每二千钱上税一算(一百二十文钱,征税比例6%);手工业者每四千钱上税一算(征税比例3%)。

算缗是开创资产税。这其中还包括开创车船使用税:官吏、三老、戍边骑士之外,凡有轺车(马车)一辆,须纳税一算,商用车一辆纳税两算,五丈以上的船,每条纳税一算。就是将车船按照资产处理。

如此严格的征收,自然要有罚则配套:对隐瞒不报或者申报不实者,罚戍边一年并没收其全部财物。为此朝廷鼓励举报,凡有举报被查实者,可以获得处罚后一半的罚金。这就是告缗。

尽管物价腾飞、通货膨胀,但当时如果有经济数据"GDP"

的观念，这个数据肯定非常乐观，肯定是逐年上升。

所有这一切，都是为最后的决战做准备。单于虽然远遁漠北，但实力犹存，到底是个威胁。汉武帝决定发起漠北会战，彻底解决匈奴问题。至于主将，他选择了霍去病，而非卫青。他令两人各带五万骑兵，同时派出数十万步兵，征发民间私马十四万匹，运送粮草辎重。出征将军的大名单上，本来没有李广，但是"广数自请行。天子以为老，弗许；良久乃许之，以为前将军"。

原计划由霍去病北出定襄，后来匈奴俘虏供述单于已向东而去，汉武帝立即调整计划，令霍去病出代郡、卫青出定襄。卫青出塞后得知单于并未东去，决心亲率精兵，衔枚疾进，抓住匈奴主力。临行之前，卫青"阴受上诫，以为李广老，数奇，毋令当单于，恐不得所欲。而是时公孙敖新失侯，为中将军从大将军，大将军亦欲使敖与俱当单于"。于是他下令，前将军李广与右将军赵食其从东路进兵，自己带领公孙敖正面出击。

东路道远不说，还缺水乏草，行军很困难。那里不是主攻方向，碰上单于杀敌立功的概率很小。

《史记》说得很清楚，这是汉武帝的安排。卫青没有竭力给李广争取，是因为情感上更倾向于有救命之恩的公孙敖。但无论是谁的主意，李广都难以接受。他的态度之所以如此强烈积极，是因为他很清楚这是最后一战，无论对匈奴人，还是他自己。能否如愿封侯，这可是最后的机会。所以他找到卫青据理力争："臣部为前将军，今大将军乃徙令臣出东道，且臣结发而与匈奴战，今乃一得当单于，臣愿居前，先死单于。"

既然已得上意，卫青岂能随便更改。李广年高名大，资格很老，他没法说服，只好用公事公办的口气，让长史给李广下达正式命令。服从命令乃军人天职，李广再生气，也不能违背职业素养，于是愤恨之下，不向卫青辞行，直接带着情绪上路，改道沿东路出发。

再说霍去病。他带领李广的儿子李敢等人出塞后，会合右北平太守路博德、渔阳太守解，深入敌境，与左贤王主力相遇。卫、霍两人虽然人数相当，但霍去病麾下基本都是敢死队，最精锐的"敢力战深入之士"全部归他指挥，因此战斗力非同一般。开战以后，这一点很快就表现得淋漓尽致。首先是李敢表现抢眼，颇有乃父风范，作战勇敢顽强，夺得左贤王指挥作战的旗鼓。

旗鼓一失，士气大落，左贤王转身就逃。霍去病催动战马身先士卒，穷追不舍，深入漠北，直至狼居胥山。最终纵横大漠两千里，以伤亡一万五的代价，毙敌七万四百多，俘虏匈奴三王，将军、相国、当户、都尉等八十三名，左贤王的实力被歼灭八成，可谓辉煌大捷。

狼居胥山的确切位置，如今尚有争议。一说在今天蒙古国首都乌兰巴托以东肯特山，也有人认为在内蒙古的克什克腾旗西北至阿巴嘎旗一带。无论在哪里，终究大捷已报。自从霍去病在那里举行了祭天大礼，"封狼居胥"便成为兵家的最高梦想。

回头再说卫青。李广和赵食其进入茫茫沙漠后，向导逃亡，因此迷失方向，耽误了会合日期，卫青和公孙敖遂成孤军深入态势。而在那边，单于早已严阵以待。卫青当机立断，创造性地运用车骑协同的新战术，命令部队以武刚车为防御要点，"自环为营"，以抵御匈奴骑兵可能的冲击。等全军稳住阵脚，他指挥五千精骑发起攻击，伊稚斜单于则派出万骑迎战。激战到日暮时分，战局依然胶着。此时大风骤起，沙石扑面，卫青乘势指挥骑兵，对匈奴展开两翼包抄。伊稚斜单于"视汉兵多，而士马尚强，战而匈奴不利"，于是趁着夜幕掩护，跨上宝马，带领数百精壮骑士杀出重围，逃向西北。卫青立即挥师追击，最终拿下赵信城，歼敌一万九千多，缴获大批屯粮。除了补充军食，剩下的粮草以及城堡，全部付之一炬。

等卫青还师到漠南，李广所部才现出行踪。

行军误期，任何时代都是大罪，卫青身为主将，自然不能不管。他派长史带着干粮酒肉前去慰问，调查军队迷路误期的详细情况，好奏明天子。然而李广迟迟没有作出正式答复，他向来不重视文牍往来。卫青不觉有点急眼，便令长史催促李广的幕府"对簿"。

这事儿对簿公堂肯定不好玩儿。事关名将的最终结局，还是直接引用《史记》原文为佳：

广曰："诸校尉无罪，乃我自失道。吾今自上簿。"

至莫府，广谓其麾下曰："广结发与匈奴大小七十余战，今幸从大将军出接单于兵，而大将军又徙广部行回远，而又迷失道，岂非天哉！且广年六十余矣，终不能复对刀笔之吏。"遂引刀自刭。广军士大夫一军皆哭。百姓闻之，知与不知，无老壮皆为垂涕。

那是前119年，一代将星就此陨落于沙漠。

就在那一年，平民士兵出身的古罗马统帅马略当选为保民官，后来连续七次出任执政官。

千古奇冤

"冯唐易老，李广难封。"王勃写在《滕王阁序》中的这短短两句话八个字，凌空一出而流传千古，成为永恒的典故。我们不禁要问，李广因何难封？

这一点李广也在不断地扪心自问。当时有人根据云气的形态和色相来判定吉凶，王朔就是这么一个以占卜气象而闻名的阴阳家。李广百思不得其解，曾向他求助："自汉击匈奴而广未尝不在其中，而诸部校尉以下，才能不及中人，然以击胡军功取侯者数十人，而广不为后人，然无尺寸之功以得封邑者，何也？岂吾相不当侯邪？且固命也？"王朔反问道："您想想，有没有做过什么后悔的事情？"李广略一思忖，答道："我为陇西太守时，羌人造反，我诱降后又杀了他们。至今最大的悔恨只有这事。"王朔说："没有比杀降更大的罪过了。这就是你得不到分封的原因。"

类似的口气，我们已经相当熟悉。白起临死要反思，蒙恬临死也要反思。人之将死，其言也善。白起的结论跟王朔类似，但放在李广身上，完全是驴唇马嘴的关系。

因为"白马之盟"在先，汉朝对封侯总体控制很严。这也正常，荣誉必须严肃，否则体统何在？当时最重视两个标准，第一是人，因为人是第一生产力和第一战斗力；第二则是土地，包括城池。匈奴是游牧民族，只有帐幕没有城池，多数土地汉军无法占领，因此掠夺人口、斩杀敌军就是第一要务。掠夺人口有俘虏可以清点，斩杀敌军要么砍下脑袋，要么割下左耳，用以计数。一般而言，要想有时间砍下敌军的脑袋带回来，必须占据战场之利，也就是说你得作战取胜，赶走敌军，然后才能从容不迫地打扫战场，砍头割耳。

在人头或曰"首虏"问题上，汉武帝的态度一直相当严肃，不容半点水分。《史记·冯唐列传》记载，云中太守魏尚报战功时，"首虏"仅差六级，就受到削爵处分；卫青尽管首战告捷，但斩首不过千级，达不到封侯标准，也只是赐爵关内侯。正好互相印证。反观李广，要么彼此伤亡相当，打成消耗战，要么斩首不够标准，就是到不了线。临死之前，他还对卫青强令他改道东路耿耿于怀，但实际结果证明即便不改道，他也未必能封侯。那次战争没能达到预期目的，卫青和公孙敖都没得到分封，尽管斩首接近两万；倒是霍去病回来后，食邑增加五千八百户，部下多有封侯，包括李敢在内。

当然汉武帝如果愿意，还是能让很多人享受荣华富贵。卫青成功袭击右贤王后，汉武帝加封他不算，还惠及其三个未成年的孩子。卫青辞谢，汉武帝又大面积加封其余将校，此时不再拘泥于每个人的斩首数目，统一计算在整个胜利之中："护军都尉公孙敖三从大将军击匈奴，常护军，傅校获王，以千五百户封敖为合骑侯。都尉韩说从大将军出窳浑，至匈奴右贤王庭，为麾下搏战获王，以千三百户封说为龙额侯。骑将军公孙贺从大将军获王，以千三百户封贺为南窌侯。轻车将军李蔡再从大将军获王，以千六百户封蔡为乐安侯。校尉李朔，校尉赵不虞，校尉公孙戎奴，各三从大将军获王，以千三百户封朔为涉轵侯，以千三百户封不虞为随成侯，以千三百户封戎奴为从平侯。将军李沮、李息及校尉豆如意有功，赐爵关内侯，食邑各三百户。"也就是说，他们的功劳，都是数次跟随大将军，最终抓获匈奴王。

可惜当时李广不在军中。

这是汉武帝封赏最为大方的一次。从那以后，他对卫青的标准日渐严格。当然，卫青食邑已多，按《史记》记载共有一万六千七百户，《汉书》记载更有两万两百户之多。这个数据相当惊人，要知道汉初整个长沙国也不过两万五千户。那可是王国，而非侯国。

仔细推敲，就会发现所谓"李广难封"的冤屈本身便是千古奇冤，不白之冤。这根本就是个文化骗局，或者说得更明白点，是历代失意文人不断附会后形成的文化形象，与真实的李广完全是两码事。

　　汉武帝对李广都是赏识的，至少从头到尾都无恶感。开始让他做长乐宫卫尉，后来又让他出任郎中令。这两个官职都是天子近臣，在九卿位次中分列第二和第三。其中郎中令的实权尤大，几乎就是所谓的"大内总管"。若非汉武帝绝对信赖，他断无可能出任此职。

　　从对其后人的安排也能看出汉武帝对李广的同情和好感。李敢跟随霍去病出击漠北，夺得左贤王旗鼓，回来后赐爵关内侯，食邑两百户，也当了郎中令。如果汉武帝讨厌李广，怎会如此？分封没问题，但完全可以让他离自己远点。

　　汉武帝赏识李广非常正常，他是个可爱的将军，缺点和优点同样鲜明而且真实。他精于骑射，有勇有谋，胆大心细，体恤士卒，忠心卫国，都是优点；心胸狭窄、气量不够，则是缺点；至于渴望封侯，乃人之常情，否则谁愿意给朝廷卖命出力？

　　欣赏同情李广，却又不肯给他立功的机会，这难道是汉武帝人格分裂？不，这是公私分明。

　　在很多人眼里，尽管汉武帝起用卫青、霍去病已不能说是任人唯亲，只能说是举贤不避亲，但程序也难免草率。这个攻击虽言之凿凿，其实不免无知，确切地说是对汉朝官制缺乏足够的了解。汉代官吏不分，官员不是终身制，也没有保底级别。什么意思？谁都可以起用，但今天在位是官，明天解职即为民；后天若再起用，级别未必等于或高于先前，也可能低一些。可以说是缺乏章法，也可以说是机制灵活。

在这个背景下，汉武帝用人不拘一格，但总体倾向是喜新厌旧，哪怕是在卫青与霍去病这两大嫡系之间。河西之战只用霍去病，漠北之战又用他打主攻。为啥？因为霍去病战功更加耀眼。就像股市成功的操盘手，对所有的股票汰弱留强，跟散户思维截然相反。这个事业型帝王很赏识少壮派，愿意提拔任用培养开拓型人才。因此后来霍去病的声望地位很快就与卫青同步：虽然一个是大将军，一个是骠骑将军，但同为大司马，皇帝还特别下文规定待遇相同。宠信程度上，霍去病已经后来居上。

皇帝不想难为李广，顶头上司卫青更不需要故意遮挡他的阳光。无此必要不说，这也不符合他一贯的风格。卫青此人在官场博弈跟沙场征战一样内行，懂得自保，素来老成持重，低调宽厚。他不杀苏建立威，为将士请功；李敢将父亲之死的账记到他头上，将他击伤，他居然忍下，没有发作。这可不是一般的气度，李广恐怕做不到，公子哥儿出身的霍去病更做不到：后来李敢陪同皇帝到甘泉宫狩猎，霍去病悄悄将他射死，以为舅父雪耻。当时霍去病正走红，所以汉武帝没有加罪，反倒寻出一个类似黑色幽默的理由，为之开脱："鹿触杀之。"

怪不得上林苑鹿皮能制作大额虚拟货币，它们果然不同凡响，竟能用角抵死夺得左贤王旗鼓的勇士。

既然皇帝和顶头上司都无为难之意，那干吗非要把李广从前锋线调开？很简单，此间只有公心而无私怨——在卫青那里，公私相得益彰，有私而无怨。本来汉武帝就不想让李广出征。地球人都知道他"数奇"，运气不好，更何况年事已高；可是转念一想他鞍前马后为自己效力几十年，不觉心生恻隐，又松了口。

就是这个恻隐，好心办了坏事——如果一定要追究责任的话。

在皇帝与大将军眼里，个人荣辱自然不能与战役胜败相提并论。任何人到了那个位置，都得作出同样的安排，否则就是缺乏职业素养。彼时李广的名声全部成为拖累：名气那么大却一辈子没立功，说他不是"数奇"，谁能相信？大可不必在他身上为自己的眼力押宝，否则一旦押错，数万将士就将血染黄沙。那一仗汉军的代价也确实极度高昂，从民间征用的十四万匹马，最终只回来三万匹，不足零头。军士们的伤亡，可以想见。

人们常说，司马迁把李广的传记写得很漂亮，但对卫青与霍去病却是另眼相看。因为司马迁之所以受那种屈辱的刑罚，缘起于他为李广打了败仗的孙子李陵讲情；李广劳苦功高不得封，而卫、霍二将起自裙带关系。单从行文而言，李广的传记精彩动人，堪为绝唱，而卫、霍的传记则是干巴巴的流水账，数据精确到个位：二千零二十八。只有棒槌才读不出司马迁对李广的深切同情，但这种同情并未偏离史家的根本。对于卫、霍，数据就是活生生的功绩。这两位彪炳史册的战将，有数据已经足够，完全不需要生花妙笔。

回到李广身上，"亡道后期"是正常现象，并非其无能之表现。如果你去过沙漠就会明白这一点，茫茫沙海四面无边，毫无标志可作参照，迷路本来就是大概率事件，更兼向导逃亡。其实不只李广迷过路，公孙敖也迷过，就连曾经在西域摸爬滚打十几年的张骞也未能幸免。而且按照惯例，这是个死罪，但不会真杀头。有爵位者以爵位顶罪，无爵位者以钱赎罪，这一点谁都明白。因此卫青派人过去调查时，还带着干粮牛酒，以示慰问。既考虑到了李广身为老将的面子，也算是临时改派任务的歉疚。双方都有面子，李广完全可以借坡下驴，但是他没有。他说得很清楚：已经心灰意冷，不想再受刀笔小吏的羞辱。从字里行间不难看出，李广完全被声名所累。"飞将军"的美名，捧杀压垮了他。大家都有这种印象，他理应封侯，从文帝开始，这个气泡越吹越大，效应有内外两方面：从内而言，别人说得越多，李广越信以为真，封侯的心理预期越高；就外而言，别人越发相信他确实"数奇"。所以汉武帝先是不愿意派他出征，后来又临时调整部署，不让他当前锋。

李广的脾气跟关羽相似：心高气傲，爱惜将士，但鄙视文人。卫青令长史过来调查情况，他视配合调查为耻辱，因此"不对"，不做正面回应；卫青将正式命令下到他的幕府，要求有关人员到司令部"对簿"，他挺身而出，不强逼下属顶包，抵达后越发感觉耻辱，于是愤而自杀。

也就是说，自杀完全是李广的个人原因。他实在太想封侯了，而当时的封侯标准又过于死板，不尽科学。像李广孤军独对左贤王那一次，就完全可以封侯，因为他实际上打了胜仗。

战争胜败的根本标准，并非伤亡对比，而在于战役目的是否达成。那一次李广和张骞的任务是牵制左贤王，李广一支孤军吸引左贤王两天之久，并且给予敌军重大杀伤，绝对是胜利。责任完全在于张骞误期，否则必定能打个不大不小的胜仗。遗憾的是，当时人口少，生命金贵，立功的标准就是那么死板。因为伤亡惨重而被问责的大有人在，最倒霉的还不是李广，而是卫青的发小公孙敖。他进攻河西，误期失爵，漠北战役又未能立功封侯；后来再参战，因为部队损失大，按律当斩，这家伙不知道是不是舍不得钱，竟然"诈死"，搞人间蒸发，可五六年之后还是被抓下狱；由于他老婆那边与巫蛊案有牵连，最终被灭族。他比李广的起伏更多，一生四次出将。

对于将军而言，有盛名而无大功，其实是最高境界，因为一将功成万骨枯，劳民伤财，但前提是他参战次数足够少。假如某位将军真是身负兵韬将略，那么七十多次机会应该足够。锥入囊中，应该很快就能脱颖而出。这个结论的基础是概率论。在李广身上只有三个答案：要么数据有误，要么概率论不是科学，要么李广本身就是个谎言。舍此别无他途。

仔细想想就会明白，七十多次这个数据本身没有错误，但后人的理解大有问题。这个数据，估计连李广射死两个神箭手、活捉一名那回，都包括在内。白起征战七十多次，因为当时是战国，敌人很多。而李广的时代，与匈奴的大规模战事有据可查，就那么几回，其中李广只参加了四次。所谓七十多次，基本上相当于语气词，绝大多数都是边境线上的小摩擦，规模甚小，谁都无法斩首千级，以此封侯。就是本文开头公孙昆邪的那些话，次数频繁而已。每当秋高马肥，匈奴总要前来小偷小摸，这是其天性；最终李广出兵他们要退，不出兵也会退。而每次这样的袭扰，都被李广记录在案，最终累加到七十。景帝听从公孙昆邪的建议，将李广从上谷调开，最根本的意图可能还不是保护李广本人，而是要维护汉匈之间极度脆弱的和平。

《史记·匈奴列传》中记得很清楚："孝景帝复与匈奴和亲，通关市，给遗匈奴，遣公主，如故约。终孝景时，时小入盗边，无大寇。"根本没有大战。

也就是说，七十多次征战而未立功，并不能损害李广的英名。因为真正达到战役级别、有可能封侯的，仅仅四次。其中一次他因为向导逃亡而迷路；一次全军无功，他又是后将军；一次被敌军主力俘虏，最终机智逃脱；一次偏师抗击主力，表现极其出色。

所谓"李广难封"的论据在于，很多名声才干不及李广的人纷纷封侯，其从弟李蔡不仅封侯，甚至一度入相。正是这个论点，暴露了问题的关键：李广虽未封侯，不入三公，但毕竟位居九卿，也是朝廷重臣。他自己基本没有冤屈，负气自杀与擅杀霸陵尉，内中逻辑一脉相通：心胸不够开阔。再说得深一点，可能也与他一辈子的乐趣只是射箭而不善言辞大有关系。他唯一的冤屈是儿子被霍去病无辜暗杀。好在霍去病虽然未被惩罚，但也相当短命：暗杀李敢后，他活了不到一年便生病而死。

古往今来，"李广难封"这个谎言，被无数失意文人争相引用，雪球越滚越大。这个典故有多么深入人心，失意文人的群体就有多么庞大，中国官本位的思想也就有多么浓厚。他们并非同情李广，只是就此舔舐"不才明主弃"的伤口，哀叹自身的不遇，希望引起君王的重视，赏个一官半职，以便封妻荫子。善待重用文人，未必要让其为官，为高官。能"使寰区大定，海县清一"，只不过是李白自我推销时的广告语，类似开发商借着海子"面朝大海，春暖花开"的诗句来卖房。您要是真相信，错不在李白和开发商，只在您自己。多数文人其实并无为政之才，像高适、辛弃疾那样才兼文武者少之又少。要命的是，古代官员与文人的界限是如此模糊，人人都能作诗，人人都是诗人，所以多数人宁愿揣着明白装糊涂，在"李广难封"的问题上添油加醋，结果活生生地塑造出一个文化意义上的塑料奶嘴，代偿安慰着一代又一代、一颗又一颗可怜可叹也许还有些可悲的功名利禄心。

再往深里说，这个典故的广泛流传，再度反证一个无情的事实：拿世俗的标准衡量，世间成功者永远稀少而平庸者、失败者永远众多。这个比例分配永远不会改变。

骑兵冲锋

不能封侯是因为未能建功。李广为何总是打不了胜仗？换句话说，卫青、霍去病为何屡战屡胜？按道理，他们没有李广那样神奇的骑射本领，李广都打不赢，他们就更没戏。难道不是吗？

根由究竟何在？很可能是因为卫青与霍去病创造性地采用了骑兵冲锋战术，但李广没有。或者说，他不愿意。

作战是一门复杂的艺术，至少可以说是技术。但是很遗憾，卷帙浩繁的史书上有无数次刀光剑影，却很难找到具体的作战方法。这些文人出身的史官，要么不懂军事，要么轻视技艺，完全遗漏了对于军事技术最重要的核心细节，那就是具体的作战方式。正如费正清等海外汉学家所著的《古代中国的战争之道》中所说的："儒生掌握了军事历史的书写，将军事史降低到了寓言和传奇的层次。"大概受"上兵伐谋"思想的影响，史书对于谋略运用的描述，比例远远高于战场厮杀。

步兵作战主要靠冲锋陷阵。双方都列成完整的阵势，有各种各样的阵法。准备完毕，向对方发起冲锋，攻入他们的阵势，这就是所谓的"陷阵"。等敌人的阵势动摇，开始溃退，再跟着掩杀。

但骑兵呢，尤其是那时的骑兵？首先，从匈奴开始，北方游牧民族对付中原步兵从不冲锋肉搏，而靠出色的箭法远距离杀伤。他们骑着战马，分波次冲来射击，射完转身回去，换下一波。等步兵的阵势松动溃退，再持刀剑等近战兵器展开追击。

冲锋陷阵的感觉永远都像光头撞墙，必然会造成巨大的自我损伤，这完全在匈奴人的想象之外。游牧民族作战从来都是"利则进，不利则退"。败退逃跑对他们而言自然而然，没有任何心理负担。这种部队不可能承担冲锋陷阵的成本，而作为部落联盟的匈奴，行政能力很弱，哪一位可汗都没有类似中原王朝皇帝的巨大威严，可以强令部属做此牺牲。当初在白登，刘邦被匈奴人团团包围，断粮七天，接近极限，固然狼狈，但占尽优势的匈奴骑兵也没办法将他们吃掉，最终还是和谈。根本原因就在于匈奴骑兵从不冲锋陷阵。汉军的步兵与战车一旦结成严密的阵势，便是无法下嘴的刺猬。

单纯就战术革新历史而言，卫青、霍去病最大的贡献，并不在于开疆拓土，而在于他们将步兵的冲锋陷阵战术搬入骑兵，逼迫精于骑射的匈奴人贴身肉搏。这样一来，即便你全军都是射雕者，优势也无从发挥。

毫无疑问，这是个革命性的创新。在此之前不只是匈奴骑兵不冲锋陷阵，而是所有的骑兵都不。骑兵诞生之初，很长时间都是跑龙套的角色。战国时代最伟大的兵书《六韬》，给骑兵的定位不过是"骑者，军之伺候也，所以踵败军，绝粮道，击便寇也"，利用快速机动的优势，执行侦察任务，或者追击败军、截断补给线，"战则一骑不能当步卒一人"。一人一马的骑兵组合，作战效能甚至还不如步兵。

《史记》关于项羽最后时刻的记叙，便是这种思想的注脚：身陷重围的项羽，身边只剩二十多个骑兵。为证明自己的勇武，他下令分成三队，纵马而下，冲入汉军阵中，斩杀两个将军和许多士兵，再突围而出。

司马迁为什么要对此大肆渲染？换句话说，项羽为什么会有此举动？因为这种类似飞蛾扑火的行为极其罕见，非勇士不能为。而最后决战怎么打的呢？在乌江边上，项羽命令全体下马，跟追兵拼死一搏，直至全军覆没。

骑兵迟迟不肯直接冲锋陷阵，很大程度上是在等待马镫的出现。在高速奔跑的马背上，仅靠马鞍，人与马的联系实在谈不上紧密，随时可能跌落。即便到了 20 世纪，依然有将军行军途中落马身亡的例子，比如桂系将领叶琪。而在汉匈征战的时代，挥舞长戟高速冲击，固然可以造成巨大杀伤，但反作用力之下自己也难免会被顶下战马，类乎同归于尽。《史记》记载，赵王曾想再用老将廉颇，特意派使者前去魏国大梁考察他的体能和精神状态。廉颇当着使者的面吃了很多饭，还披甲上马。最初读到这里，我很不理解：能吃固然是健康的标志，但披甲上马算怎么回事？后来才明白，那时没有马镫可以凭借，要上马必须跳跃。全副武装还能跳上战马，难度系数不低。

史书上正面记载过卫青与霍去病舅甥两人的赫赫战功是得益于骑兵的集团冲锋战术吗？当然没有。因相关史书几乎从不直接描述战争场面。然而仔细爬梳史料，还是能找到足够的旁证。

元朔五年（前124）春，卫青指挥汉军对匈奴发起第四次攻击，几乎活捉右贤王，就是例证。当时他亲率三万骑兵，乘夜绕过匈奴的外围警戒，将右贤王部包围。暗夜作战，当然无法远距离放箭。汉军肯定是手持近战兵器突然迫近，跟匈奴人贴身缠斗。

如果说这完全出于猜测，那么霍去病的河西之战痕迹就要浓重许多。虽然史书上依旧没有记载详细的作战经过，但褒奖诏书是这样写的：

> 转战六日，过焉支山千有余里，合短兵，杀折兰王，斩卢胡王，诛全甲，执浑邪王子及相国、都尉，首虏八千余级。

"合短兵"的意思，就是贴身肉搏、白刃格斗。"杀""斩""诛"这三个动词也表明，使用的武器不是弓箭，而是短兵器。毫无疑问，其战术必定是冲锋陷阵，彼此肉搏，无论匈奴人愿意与否。

战术的革新必然会导致兵器的改变。在此之前，骑兵的常用装备是弓箭与刀剑等短兵器。前者用于远程攻击，后者用于近身搏杀。卫青、霍去病指挥的骑兵集团冲锋，很可能使用的还是短兵器，但最终必须改用步兵冲锋时的标准配置长戟。东汉的画像石中，已有不少持长戟战弓箭的内容。山东孙家村画像石上，持长戟者身穿中原骑兵常用的铠甲，从背后刺中戴着草原民族常见的尖顶帽的弓箭手；山东孝堂山画像石上的战斗场面更为宏大，也更加直观地表明，是中原骑兵利用长戟跟游牧民族作战，因其中有"胡王"字样的旁注。

艺术创造从来都不是凭空想象，都有现实的生活背景。可以肯定，东汉时代，骑兵持长戟冲锋战术已经被汉军广泛采用。而其开创者，只能是前代名将卫青与霍去病。

李广的部队不能或者不敢冲锋陷阵吗？当然不是。他带的兵肯定不会是豆腐渣。但是，他很可能不愿或者说不喜欢这种战术。他和卫尉张骞受命出击右北平，策应霍去病的河西之战，被左贤王的四万骑兵包围那次，便可以作为例证。当时李敢奉命带领几十名骑兵"直贯胡骑，出其左右而还"。几十名骑兵就能顺利地冲破匈奴的阵势，真的像李敢对父亲的高声汇报那样，"胡虏易与耳"，匈奴人很好对付吗？当然不是。根本原因在于，匈奴骑兵不会或者不愿正面接战，无论是发起冲锋还是接受敌军的冲锋。李广呢？很显然，他对此也是浅尝辄止，并没有进一步发挥的兴趣。

为什么？一个极度爱兵的将领肯定舍不得逼迫部下施行自杀式攻击，尤其在他的骑射技艺格外精绝的背景下。这门技艺，多数人都难以割舍，一定要隆重发挥。

发挥自己的长处当然没有错，敢于跟敌方的长处死磕，也是被今人看重的"亮剑"精神。它也的确有一定的效果，左贤王十倍数量的骑兵，最终不也是退了吗？问题在于，在此期间，李广几乎可以说是在单打独斗。皇帝给了他广阔的舞台，让他作为大将演出，但他未能充分利用，只演出了武士或者侠客的桥段。因为除了他本人，谁也不可能有这样的骑射本领。即便在匈奴军中，射雕者也并不多见，何况汉军。从作战效能的角度出发，部队更需要李广组织全军限制匈奴人的长处，而不是跟其长处正面搏斗。一句话，李广只想到了自己扬长避短，但没有想到全军也需要扬长避短。对于全军而言，比起匈奴人，骑射就是天生的短。

为什么卫青与霍去病可以做到？很大程度上是因为他们的骑射技艺平平。肯定不能说糟糕，也算是好的，但那只是平庸的好，完全谈不上出众，跟李广比那就是境界和维度的差别。所以司马迁虽有生花妙笔，也无从发挥。

这真是个悖论。骑射技艺精绝的人，却不能取得最大化的战果。

魏延：「武侯牌」反骨冤案

导读：诸葛亮误了三个人：魏延是大马拉小车，最终被逼"反叛"；马谡是小马拉大车，最终战败逃亡，下狱而死；姜维是中马拉大车，到底误国……千古名相，也不免失误。

魏延是三国时期的蜀国大将。每当提到他，人们首先想到的大概是两件事：一是他刚从长沙归降时，诸葛亮号令将他推出斩首，理由是他脑后有反骨；另外一个则是诸葛亮刚刚去世尸骨未寒，他便发动叛乱，结果被马岱诛杀，印证了"反骨"的说法。大家有这么个印象很好理解，谁让《三国演义》是四大古典名著之一呢？但如果要真正还原历史的本来面目，魏延"叛乱"基本上可以说是一桩冤假错案。

写了八九位屈死的名将，今天终于写到了我的家乡河南信阳。传主魏延字文长，义阳人。义阳郡最初由三国时期曹魏设立，分荆州南阳郡而置，治安昌（今湖北枣阳市南），不久废。西晋复置国，治新野（今河南新野）。后屡有迁移，东晋末改为郡，移治平阳（今河南信阳西北）。

具体说到魏延，籍贯在信阳市三里店。

冤案真相

所谓"反骨"的说法当然只能是小说家言。解剖学告诉我们，每个人身上都只有206块骨头，谁也不可能单独在脑后多长出一块"反骨"。魏延所谓的"反叛"，其实是诸多原因造成的过激反应，反叛并无实据。

还是先来看看史实。根据《三国志·蜀书·魏延传》记载，诸葛亮在军中自感将不久于世，便背着魏延召集长史杨仪、司马费祎、护军姜维等人安排后事，决定"令延断后，姜维次之；若延或不从命，军便自发"。后事安排按规定要传达到"军级干部"，却偏偏将"军级干部"魏延无端排除在外；如此违反组织原则安排后事已经相当不合适，偏偏作出的又是这样一个经不起推敲的错误决定，而来执行这个错误决定的偏偏又是个错误的人。

杨仪与魏延，类似晁错与袁盎，形同宿敌。两人"相憎恶，每至并坐争论"，《魏延传》更是直接形容两人"有如水火"。这样一个政敌突然之间出来主持大计，魏延在不明真相的情况下不服调度，可谓本能反应。听到费祎转达的诸葛亮的决定，他差不多要跳起来："丞相虽亡，吾自见在。府亲官属便可将丧还葬，吾自当率诸军击贼，云何以一人死废天下之事邪？且魏延何人，当为杨仪所部勒，作断后将乎！"

这段话的前半部分可谓大义凛然，意思是丞相虽然病故，但我自己还有主见。亲属和随从官员护送他的遗体回去安葬就行，我可以率部独当一面，继续完成北伐大业，不能仅仅因为丞相去世就放弃既定国策。在大厦将倾的关键时刻，有人出来作此表态，应该说是很难得的事情，总让我想起诸葛亮当初"受任于败军之际，奉命于危难之间"。诸葛亮为了蜀汉事业可以"鞠躬尽瘁，死而后已"，大约也不愿因为自己身死而放弃北伐大业，魏延最起码也是精神可嘉吧？

后半部分的确经不起推敲，有意气用事、不顾大局，和他的身份地位很不相称，但是假如大家都知道杨仪是个什么人，大约也就能够理解。当马岱送回魏延的首级，向杨仪交令时，后者起身用脚踏着怒骂："庸奴！复能作恶不？"直到回去"夷延三族"，方才消了心头恶气。等一切安定，他"自以为功勋至大，宜当代亮秉政"，谁知只当了一个劳什子"中军师"的官，"无所统领，从容而已"，也就是说只是个闲职，实际是被朝廷挂了起来，因而格外恼火，竟然这样对费祎说："往者丞相亡没之际，吾若举军以就魏氏，处世宁当落度如此邪！令人追悔不可复及。"意思是那时我兵权在手，如果带枪投靠魏国，哪至于只弄这么个小官呢？真是悔不当初！如果说魏延不听指挥也有伸手要权要官之嫌，那么杨仪则完全是一副赤裸裸的野心家嘴脸，一门心思要当接班人。碰到这样一个人指手画脚，别说魏延，就是脾气再好一些的恐怕也未必能够听得进去。可以想见，假如诸葛亮不隐瞒真相，把想法原原本本地告诉他，他肯定不会走这个极端。

如果按照籍贯划分，费祎与魏延还是老乡，无论彼时还是现在。费祎是郖县（今河南罗山西北）人。郖县，开始属于荆州江夏郡，后来属于荆州义阳郡，乃至西晋的义阳国。当然，那时费祎不会跟魏延论老乡关系，不是时候，因为魏延不但不听，反倒进一步要求费祎也留下来，两人联名下文号令诸将，继续与魏军周旋。这事费祎肯定不能干，他忽悠魏延说："我回去劝劝杨仪。他是文官，不懂军事，肯定会同意你的意见。"

　　魏延一旦松口，费祎出了营门便奔驰而去。可真是老乡见老乡，两眼泪汪汪，魏延后了悔，但想追又来不及，只好心存侥幸，派人悄悄到杨仪那里查看情况，希望他真能像费祎所说的，同意自己的意见。然而恰恰相反，杨仪已在部署撤退，魏延不觉大怒，不等杨仪出发，便率领所部先行撤退，并且烧绝阁道，上表奏告杨仪谋逆。杨仪也揭发魏延造反。两人的表章几乎同时送到后主案头。这桩官司离奇而且突然，后主询问侍中董允、留府长史蒋琬，两人都怀疑魏延而相信杨仪。原因很大程度上应当在于魏延是武将，而杨仪只是文官。

　　魏延烧绝阁道，无非是为了阻止主力退兵，他不是还想"率驻军击贼"嘛。可是修阁道最麻烦的工序是在石壁上凿孔打眼，现在那个工序成果尚存，杨仪只消伐木铺板，因此也很快就撤过了秦岭。开弓没有回头箭，一旦上了贼船，就别想轻易下来。魏延心一横，索性派兵占据南谷口，准备攻击杨仪。杨仪派王平——就是街亭之战时马谡的副将，《魏延传》中称为何平，因为王平小时候曾过继何家——前来抵挡。此时部众都知道主将魏延理屈，随即散去，魏延无奈，只好带着儿子和亲信逃到汉中，最终被马岱追来斩杀。

其实魏延所谓的"反叛"跟梁山好汉"只反贪官，不反朝廷"一样，目标只是政敌杨仪。只不过后者持有诸葛亮的"尚方宝剑"，在那个瞬间是正义的化身，魏延的举动才被官方定性为反叛。这可不是我为同乡先贤乱说好话，都有事实依据。据《魏延传》记载，"原延意不北降魏而南还者，但欲除杀杨仪等。平日诸将素不同，冀时论必当以代亮。本指如此。不便背叛。"也就是说，平常大家一起议论，都认为将来魏延会继承诸葛亮的衣钵，魏延当然也如此自许，所以根本没有叛乱的想法。

在裴松之的《三国志注》中甚至还有更进一步的说法："《魏略》曰：诸葛亮病，谓延等云：'我之死后，但谨自守，慎勿复来也。'令延摄行己事，密持丧去。延遂匿之，行至褒口，乃发丧。亮长史杨仪宿与延不和，见延摄行军事，惧为所害，乃张言延欲举众北附，遂率其众攻延。延本无此心，不战军走，追而杀之。"

《史通·古今正史》记载："魏时京兆鱼豢私撰《魏略》，事止明帝。"也就是说，《魏略》是鱼豢自己所修的私史，非官家史书。鱼豢入晋十六年，一直未曾出任官职，忠于魏而耻为晋臣。他与蜀国没有利害冲突，记载总体客观，因此裴松之注《三国志》，引用最多的就是《魏略》。尽管裴松之认为上述关于魏延的说法，"此盖敌国传闻之言，不得与本传争审"，但它至少可以证明一点，那就是即便在当时，也有人不相信魏延有狼子野心，反倒有人怀疑乱出杨仪。

如果魏延真有反心反骨，那么最好的反叛时机可不是诸葛亮新亡、周围大军云集的时候，而是在建兴元年，也就是223年。

那一年，魏国死了大将曹仁；吴国似乎死了美人小乔；孙权在武昌——"以武治国而昌"——动工修建用于瞭望观察的黄鹤楼，而蜀国则在成都匆忙赶修今天武侯祠内的两个景点：汉惠陵和昭烈庙。因为刚刚称帝不久的刘备，也走到了人生的终点。

夷陵之战惨败后，刘备逃回白帝城，惊魂甫定，一病不起，死前将国事托付给诸葛亮和李严。国主新丧，人心不稳，当年夏天，雍闿即在南方作乱。雍家是益州大姓，因为其先祖雍齿曾经受封为什邡侯。而雍齿之所以能受封，主要是刘邦需要树个典型，自己能容纳仇人的典型，以安人心。

天下平定后，有一天刘邦看见很多臣子聚集在一起议论纷纷，就问张良他们在议论什么。张良说："他们迟迟得不到分封，正在商议造反。"刘邦很吃惊，问该怎么办。张良说："您最恨谁？"刘邦说："雍齿曾经背叛我投降秦军，我最恨的当然是他。"张良说："如果您能封雍齿为侯，那么大家心里都有了谱，就不会造反。"于是刘邦封雍齿为什邡侯，食邑两千五百户，功劳列居五十七位。

雍闿当时居住在建宁（今云南曲靖西北）。他祸乱南方，杀了太守正昂，派人跟吴国联系，受封为永昌太守。托孤大臣、都护李严为平息事态，给雍闿写信，晓谕利害。李严苦口婆心，写了整整六页纸，可雍闿的回信却只有简单的几个字："盖闻天无二日，土无二王，今天下鼎立，正朔有三，是以远人惶惑，不知所归也。"态度无比嚣张。要说远，肯定还是吴国更远。雍闿联系吴国不过是权宜之计，最终目的是在山高皇帝远的地方自立。尽管如此，因为内政不稳，诸葛亮并没有立即出兵，忍了两年，225年才"五月渡泸，深入不毛"，平定雍闿、孟获。七擒七纵几乎是诸葛亮人生辉煌的顶点，就在那一年，著名书法家、魏国太傅钟繇生出一个儿子，取名钟会。此人将见证诸葛亮一生事业的毁灭。

那时魏延身为汉中太守，地接魏军，手握重兵。如此大好时机都不反，后面的过激反应，只能说是为情势所逼，本身并无反意。

才干超群

如果说"不才明主弃"只是孟浩然的感喟与牢骚，那么"雄才明主弃"则是魏延与诸葛亮两人共同的人生悲剧。因为真实的魏延，才干相当突出。

先来看看魏延的出身。据《魏延传》记载，他"以部曲随先主入蜀，数有战功，迁牙门将军"。"部曲"来源于汉军的编制单位，一般而言，将军或者校尉下辖五部十曲，部曲起初的意思，也就是部下，后来含义逐渐变化，《唐律疏议》上的说法是："部曲，谓私家所有。"因此在《梁启超论中国文化史》中梁启超如此论述："部曲初由投靠而来，且多从事战争。至唐始变为贱民，形同奴隶。"魏晋南北朝时期，部曲一般指家兵、私兵。也就是说，魏延并非长沙降将。他出身低微，以"部曲"身份追随刘备入川，因为屡立战功，而被封为中级军官"牙门将军"。

等到刘备在汉中称王时，魏延水涨船高，遭遇突击提拔：督汉中镇远将军，领汉中太守。刘备此言既出，"一军尽惊"。因为汉中的战略地位实在太过重要了。

汉中对于蜀国意味着什么？我们不妨打个比方。中国象棋一代宗师胡荣华有次接受电视采访，说到自己形形色色的让棋方式，其中有个方法是把自己的五个卒全部拿掉。主持人听后不以为然，觉得区区小卒没什么用场。胡荣华正色道："可不是这么回事哟，卒子的作用还是很大的。没有卒子，就像人冬天不穿衣服，会很冷的！"

汉中之于蜀国，不仅是御寒的衣物，更是厚重的盔甲。

作为蜀国的前进基地、魏蜀两军的缓冲地带，占据汉中进可北争关陇，退能南蔽巴蜀。这一点，明眼人都看得清清楚楚。杨洪这样对诸葛亮说："汉中则益州咽喉，存亡之机会，若无汉中则无蜀矣。"蜀将黄权也说："若失汉中，则三巴不振，此为割蜀之股臂也。"清人顾祖禹在《读史方舆纪要》表达得更为详尽："（汉中）府北瞰关中，南蔽巴蜀，东达襄邓，西控秦陇，形势最重。"

如此重镇，自当以名将镇守。大家都认为会派张飞，张飞也以为非己莫属，可是谁也没想到，最终刘备的选择，居然是魏延这么个不起眼的小角色。

刘备当然也知道众人的想法，为了树立魏延的威信，特意安排他当着大家的面发表施政纲领，情形不亚于现代的任职答辩。刘备问道："今委卿以重任，卿居之欲云何？"魏延回答道："若曹操举天下而来，请为大王拒之；偏将十万之众至，请为大王吞之。""先主称善，众咸壮其言。"这个豪言壮语让刘备非常满意，后来又晋封魏延为镇北将军。

后主刘禅即位之初，大面积分封群臣，以便笼络人心。这时魏延被封为都亭侯。三国是乱世，一切都混乱，包括侯爵；它被分为三级，县侯、乡侯、亭侯。曹操封关羽为汉寿亭侯，食邑就是汉寿亭；魏延受封为都亭侯，地位在亭侯之下。不过这没关系，他后来进步很快。

建兴五年，即227年，诸葛亮决意北伐，上了《出师表》，然后进驻汉中，整顿人马，调运粮草，随时准备出征。这时魏延的任务是都督前部，官职是丞相司马、凉州刺史。从227年到234年，诸葛亮一共组织了六次北伐，《三国演义》上称为"六出祁山"，其实真正出祁山（今甘肃礼县祁山堡）只有两次，其余四次都在别处用兵。这六次北伐，魏延全部参与其中，可谓劳苦功高；其中还有一次，完全是他唱主角。这就是建兴八年（230）的第四次北伐。

严格说起来，这次算不上北伐，至少不是诸葛亮的北伐，顶多是魏延的北伐。起初是魏军处于攻势：当年秋天，魏军兵分三路进攻汉中，司马懿出西城（今陕西安康西北），张郃出子午（古道路名，从关中到汉中的南北通道），曹真出斜谷（古道路名，在今陕西眉县西南）。诸葛亮屯兵城固（今陕西城固县东）、赤坂（陕西洋县东龙亭山），与之抗衡。适逢大雨，月余不止，无法交战，魏军只好撤退。诸葛亮趁机派魏延和吴懿深入羌中，联络羌人，袭扰魏军后方。

魏延和吴懿随即带领本部人马，向西进入羌人居住区。当年十一月，他们招兵买马，队伍扩充到一万多人，声势越来越大。魏后将军费瑶、雍州刺史郭淮等率军灭火，两军在阳溪展开激战。最终获胜的不是魏军，而是魏延。郭淮等敌不过魏延，只好退到狄道，当时的陇西郡治所在。郭淮也是魏国名将，魏延能击败他，肯定不是"一不小心"。正因为如此，他很快就升任征西大将军，封南郑侯。

魏蜀互掐，吴国在干吗呢？就在那年春天，孙权派遣将军卫温、诸葛直率领一万官兵"浮海求夷洲及亶洲"。卫温的舰队从章安（今浙江临海东南）启程，在夷洲（今台湾）南部登陆。孙权事先征求意见时，很多人支持，但名将陆逊却出人意料地表示反对。他认为此举舍近求远、得不偿失。就当时而论，陆逊自然不错，但现在来看，孙权此举还是有功于国。

魏延北伐得胜，不妨再看看诸葛亮的北伐战果：

228年春，诸葛亮事先扬言走斜谷取郿，让赵云、邓芝设疑兵吸引曹真重兵，自己率大军攻祁山。陇右的南安、天水和安定三郡反魏附蜀。此时张郃率军抗拒，大破马谡于街亭，蜀军先胜后败。唯一的战果是诸葛亮带着天水郡西县的千余户百姓返回汉中，其中包括姜维。因作战失败，诸葛亮自贬为右将军，行丞相事。这是一出祁山。

同年冬，魏、吴交兵，魏军主力东调，关中空虚。诸葛亮立即出散关（古关名，今陕西宝鸡市西南大散岭上），围陈仓（今陕西宝鸡市东）。围攻二十多天，城固难下，蜀军仓促起兵，军粮不足，只得退回汉中。这次的收获，是斩杀了前来追赶的魏将王双。草没搂着，但打到了兔子。

229年春，诸葛亮派陈式攻下武都（今甘肃西和西南）、阴平（今甘肃文县西北）二郡，以便夺取这里的夏粮作为军资，以战养战。魏国雍州刺史郭淮引兵来救，诸葛亮闻讯也赶到建威（今甘肃西和西北）声援。郭淮自知不敌，随即退兵，蜀国获得上述二郡，诸葛亮因此恢复丞相名号。这是诸葛亮的第三次北伐。同年赵云病故，孙权称帝；吴蜀相约中分天下，豫、青、徐、幽四州归吴，兖、冀、并、凉属蜀，司州以函谷关为界；《七步诗》的作者曹植被改封为东阿王，食邑三千户。尽管昔日的竞争者曹丕已死，但曹植一直未能转运，名义为王，其实是软禁，因为合法的活动范围只有以东阿为中心的三十里。抑郁悲愤之中，他开创了佛教的梵呗音乐。

231年二月，诸葛亮再度率大军攻祁山，以木牛流马运送军资。时魏国大都督曹真病重，司马懿统兵御敌。诸葛亮抢割了上邽的小麦以充军粮，司马懿追击到卤城（今甘肃天水附近），掘营自守，不敢出战。后来两军交兵，魏延等人斩敌甲首三千级，缴获玄铠五千领，角弩三千一百张。六月雨季，蜀道难行，李严因运粮不济，谎称吴已与魏联合，即将来攻，请诸葛亮还师。魏国大将张郃追击至木门（今甘肃天水南），中箭身亡。这是第五次北伐，二出祁山。

234年二月，诸葛亮统兵褒斜道，占据武功五丈原（今陕西岐山南斜谷口西侧）。司马懿据守不出，蜀军随即在渭河沿岸屯田。当年八月，诸葛亮病逝于军中，杨仪等率军还师，魏延"反叛"事件爆发。这一年里，几乎从未执掌过政权的汉献帝刘协五十四岁的人生也画上了句号。

六次北伐，魏延都是干将，而且两次立功，可见他并非庸才。既然如此，诸葛亮又为何不肯信任重用？主要原因在于两人的性格，确切地说是军事见解互相矛盾。"诸葛一生唯谨慎"，他早年也许还有一些开拓进取的冒险精神，比如在《隆中对》中提出要跟刘备分进合击、两路夹攻夺取中原，真正执掌兵权后，慢慢变得谨小慎微，从来都是步步为营、稳扎稳打。而魏延则不，他经常"辄欲请兵万人，与亮异道会于潼关，如韩信故事"。

"韩信故事"是怎么回事？很简单，就是当年韩信从汉中出击关中时的路径选择问题。我们都知道"明修栈道，暗度陈仓"这个成语，问题是韩信让人修的到底是哪里的栈道？刘邦去汉中走的是哪条道？张良建议烧掉的是哪条道？最后进兵关中，走的又是哪条道？这事必须掰扯清楚。

韩信的故事

因东边的库谷道尚未开发出来，当时翻越秦岭从关中到汉中主要有四条道路：故道，即陈仓道，从陈仓向西南出散关，沿嘉陵江上游（故道水）河谷至今天的陕西凤县，转向东南入褒谷，出谷即达汉中；褒斜道，从今天汉中市褒城镇的褒谷，直到名将白起的老家郿县的斜谷，秦惠王时期修通，全长约二百三十公里；子午道，从杜陵（今陕西西安东南）向南，经过长安县子午镇的子午谷到达汉中，这条道基本南北走向，故称子午道，离长安最近；傥骆道，北口骆谷在今陕西周至西南，南口傥谷在今陕西洋县北，中间通过骆水河谷、傥水河谷，长四百余里，这条道曲折难行，当时就很少有人经过。如今有驴友想徒步穿越，体验蜀道之难，竟然找不到丝毫有价值的资料。

这四条道路，陈仓道、子午道和傥骆道秦时究竟有无栈道，不见史书记载，只有褒斜道可以确定，当时已经铺上栈道。

先说张良建议烧毁的栈道究竟在何处。这一点争议较小，除《水经注》认为在子午道以外，多数典籍都认为在斜谷，也就是褒斜道上。

《资治通鉴》中有这样的记载："汉王遣良归韩，良因说汉王烧绝所过栈道，以备诸侯盗兵，且示项羽无东意。"意思很明白，张良建议刘邦烧掉的，是来汉中时经过的栈道，不会是另一条栈道，否则在情理上也说不通。

据《史记·高祖本纪》载："汉王之国……从杜南入蚀中。"《汉书·高帝纪》亦载："夏四月，诸侯罢戏下，各就国。羽使卒三万人从汉王，楚子、诸侯之人慕从者数万人，从杜南入蚀中。"

也就是说，刘邦入汉中是"从杜南入蚀中"，这一点确定无疑。问题是这句话如何理解，历史上一直有分歧，约有三说。

一是子午道说。《水经注》载："汉水又东合直水，水北出子午谷岩岭下。又南枝分，东注旬水，又从南莅阁下，山上有戍，置于崇阜之上，下临深渊。张子房烧绝栈阁，示无还也。"明确指出，刘邦来汉中，经由子午道。

二是褒斜道说。宋《舆地纪胜》载："张良送高祖至褒中，说烧绝栈道；曹操出斜谷，军遮要以临汉中；诸葛亮由斜谷取郿，皆此道也。"清顾祖禹《读史方舆纪要》引文称："胡氏曰：汉高为汉王，从杜南入斜谷，张良送至褒中，意此即斜谷旧道。"清贺仲瑊编《留坝厅志·土地志·栈道》载："史言汉王'由杜南入蚀中'，注史者不知'蚀中'何地。《读

369

史方舆纪要》因'杜南'而疑其为子午谷，非也。……按《留侯传》明言'送至褒中'，褒中在汉中西，子午谷在汉中东北。由子午谷入汉中，必先至汉中而后至褒中不得先至褒中而后至汉中也。子午谷不闻秦时已有栈道，其有栈道者，惟褒斜耳。良至褒中，劝帝烧其所过，是明明从斜谷来，非从子午谷来。其曰由杜南者，盖当罢戏下，由杜县之南，傍山麓西趋入斜谷。蚀中，或斜谷之异名乎。"这个说法引《史记》的说法"张良送至褒中"为据，但《汉书》记载更加详细：汉王"从杜南入蚀中。张良辞归韩，汉王送至褒中"。也就是说，它主要的论据有问题，是张良先到了汉中，然后刘邦送行，又送到褒中的，并非直接在褒中分手。

三是傥骆道说。这个说法不多见，程大昌《雍录》推测"蚀中"抑或在骆谷，但语气不甚肯定。清《古今图书集成·方舆汇编》载："汉王岭，在（洋）县北七十里，即骆谷道，汉高祖曾经此，故名。"清《佛坪厅志》载："父子岭，在厅西北六十里，高低顿折，石骨棱棱。相传秦时有父子在岭治道，以迎汉王，不遇，皆投岭死，故名。"这道岭按地望在骆谷之中，虽系"相传"，但未必就完全是空穴来风，无风不起浪的可能性也存在。

之所以提起这个话题，并非有考据癖好，实在是关乎两位名将的声誉：韩信与魏延。

汉中市博物馆保存有一块著名的石刻，叫《石门颂》，全称《故司隶校尉楗为杨君颂》，又称《杨孟文颂》。这是书法史上的重要作品，著名的汉隶摩崖石刻，东汉时期汉中太守王升的手笔。东汉建和二年（148）书刻于褒斜道的石门崖壁上，20世纪六七十年代因为修水库，刻石被凿下来，转移到汉中市博物馆。《石门颂》中有这样的话："高祖受命，兴于汉中。道由子午，出散入秦。"

古往今来，这段话成为子午道说最有力的佐证，但仔细推敲，却存在着相当大的漏洞。首先，按古文的一般规律及该文音韵语气，应该两句为一段。而且刘邦南下汉中是被贬，直奔跌停板而去，"兴"从何谈起？他出汉中才是冲击涨停的开始，才能用得上"兴"字。由此可见，这不能作为他去时路径的证明。

如今学术界多数认为，刘邦经子午谷而来，但烧的是褒斜谷里的栈道。这个说法根本经不起推敲，也完全不合常理。不仅如此，当时局势动荡、兵荒马乱，根本不是像徐霞客那样饱览祖国大好河山的时候，让张良跟随刘邦从子午谷来，从褒斜谷出去，是何道理？难道张良自己想做探路先行？要知道这样回去，张良得绕远道。这一点，看看《中国历史地图集》上的方位，便可一清二楚。

由此可见，刘邦一定是从褒斜道来的汉中，最后又烧了那里的栈道。这样就出现了新的问题，《石门颂》中的"道由子午，出散入秦"如何解释。子午道在东，散关在西，其间相距数百里之遥。"道由子午"不可能"出散入秦"，"出散入秦"只能走故道，也就是陈仓道。

《留坝厅志》对此问题的解释，比较合理。其中这样说："盖言高祖兴于汉中时，由斜谷来。及定三秦而建帝位，乃从散关出也。然而有可疑者，散关距子午甚远，既由子午，不得复出散关。《史记》《汉书》皆言，高祖由故道攻陈仓。当是散关之路。而子午一说，以意度之，或是韩信所由。《史记·淮阴侯列传》云：'部署诸将所出。'《汉书·高帝本纪》云：'遂听信策，部署诸将。'则当日出师，必不止高祖一路。蹶后，'魏延请以奇兵五千，直从褒中出，循秦岭而东，当子午而北，如韩信故事。'可知高祖由故道，韩信由子午。"

魏延奇谋

关乎两位名将的声誉，机缘即在于此。刘邦出汉中，主力走的是故道，以便迂回到雍军的侧后；与此同时，还有一支奇兵——也许未必是韩信本人，而是其手下的某位将军，主帅跟随主力行动的可能性更大——从子午谷杀出，东西夹击。之所以如此部署，有两方面考虑：一是道路狭窄，大军难以快速通过，必须分流，以加快行进速度；二是可以彼此呼应，互相配合。

这正是韩信与魏延将略之所在。

也就是说，魏延请求诸葛亮拨给他一万兵马，他选五千人作战，五千人运输，像韩信的部署那样，从褒中出击，循秦岭而东当子午而北，十天之内奇袭长安，然后与诸葛亮会师于潼关。因为这条路，离关中重镇长安最近。魏延的这个策略可以取个酷一点的名字：猛虎掏心。虽然也有冒险成分，但任何一次战役都没有必胜之把握，再高明的选择也不能完全排除冒险因素，这是常识。而从现代战争的观点看，这个选择的胜算其实要比诸葛亮的一味求稳大得多，因为无论物产、军力还是人才，曹魏都强于偏安一隅的蜀汉，综合国力人家占优。在这种情况下，求稳固然能够增加自己的胜算，但同时也给了对手充分的反应时间，综合起来并不上算，只有出奇兵打时间差才能出其不意、攻其不备。这就是下围棋的职业棋手在快棋中可能输给业余棋手的原因。而在可以放心地深思熟虑的慢棋中，出现这种结果的概率要小很多很多。

《孙子兵法》云："凡战者，以正合，以奇胜。"魏延计划的核心，就是出奇制胜。然而因为与诸葛亮的大政方针不合，一直被"制而不许"，魏延的积极性因此受到极大的打击，慢慢开始发牢骚："常谓亮为怯，叹恨己才用之不尽。"就这样，从见解不同慢慢发展成感情上的疏远与陌生，最终影响了诸葛亮对他的信任。如果不是如此，素以知人善任而著称的诸葛亮，何至于安排后事时出此下策！

一千多年之后的今天，眼前的这套《三国志》上面落满尘埃。尽管如此，透过厚厚的历史风尘，我依然能够体会得到魏延当时面临的巨大压力。这种压力绝不仅仅是面子上的过不去。一旦杨仪根据"若延或不从命，军便自发"的密令率领主力径自撤退，魏延一部要独自面对司马懿的数万铁骑。

诸葛亮统帅大军尚且只能与魏军相持，魏延以偏师对付魏军主力，岂非以卵击石？此时跟随大军撤退吧，不仅面子上过不去，回去恐怕还有秋后算账的问题，无论如何他违背了丞相的政治嘱托，老对头杨仪肯定不会善罢甘休；不退吧，只有投降一途，否则难免会被对手吞并。真可谓左右为难。扯碎龙袍也是死，打死太子也是死。魏延在这样一个刀光剑影、血雨腥风的大背景下作出极端选择，完全符合他的性格。而这一点，恰恰是诸葛亮的失误所在。作为统帅，他对手下文官武将的性格，应该有一个总体上的把握。

悲剧根源

蜀国的力量本来就比较薄弱，从开创基业之初直到最后消亡，一直没能出现曹操那样"谋士如云，战将如雨"的辉煌局面，人才匮乏一直困扰着决策层，否则也不至于"蜀中无大将，廖化当先锋"。唯其如此，魏延铤而走险的极端选择，无论对他自己还是对蜀汉基业，都是一个不折不扣的悲剧和损失。而造成这个悲剧的根源何在呢？答案是蜀国选拔、任用人才，完全依靠能人，而非制度。

魏延和杨仪结怨，肯定有自己"性矜高"的原因；不能赢得诸葛亮的信任与好感，大概也与他自己牢骚满腹不无联系，套用现代词语，叫作"沟通能力"有问题。但最关键的一点，还在于人才的选拔、将领的任用仅仅一个能人说了算，没有一套完善的、行之有效的制度保障。这个能人，自然就是大名鼎鼎的诸葛亮。刘备在世时，还能拿点主意，因此魏延才有直接向诸葛亮陈述己见的机会。刘备一死，后主是稀泥糊不上墙，大事完全决于诸葛亮；偏偏诸葛亮又看不上魏延的策略，认为都不可行。在这种情况下，魏延如果不受排斥，岂非怪事？

然而排斥魏延是大错，重用马谡更是大错。

如果推选最有名的京剧老生戏，那一定少不了"失空斩"——《失街亭》《空城计》《斩马谡》三出连本折子戏的统称。这三出戏的主角儿当然是老生诸葛亮，然而推动剧情发展的，却是花脸马谡。此人是荆州襄阳郡宜城（今湖北宜城）人，字幼常。马谡兄弟五人皆有贤名，号称"马氏五常"，其中马谡和马良名气最大。对于马谡，大家都知道刘备曾有"言过其实，不可大用"的结论，但对失街亭的原因，大概还停留在马谡坚持出战，甚至不惜立所谓的军令状这个小说演义的层面上。这当然不是事实。据《三国志》记载，"时有宿将魏延、吴壹等，论者皆言以为宜令为先锋，而亮违众拔谡，统大众在前"。也就是说，诸葛亮不仅完全忘记了刘备的遗言，当时也是力排众议而选择了马谡的，我想那个场面肯定相当激烈。

街亭败仗后，诸葛亮要执行战场纪律，杀掉马谡。这一点，当时他选定的接班人蒋琬也有不同意见。他说："昔楚杀得臣，然后文公喜可知也。天下未定而戮智计之士，岂不惜乎！"

蒋琬说的是晋文公重耳的故事，他为了霸业，于周襄王二十年（前632），以援助宋国为名，与成得臣指挥的楚国大军争夺中原霸权，最终爆发城濮（今山东鄄城西南临濮镇）之战。这是晋楚争霸规模最大的一次战争，"退避三舍"的故事就发生在这期间。成得臣字子玉，是楚国令尹。他不顾楚成王劝告，穷兵黩武，最终大败。据《史记·晋世家》记载："晋焚楚军，火数日不息，文公叹。左右曰：'胜楚而君犹忧，何？'文公曰：'吾闻能战胜安者唯圣人，是以惧。且子玉犹在，庸可喜乎！'子玉之败而归，楚成王怒其不用其言，贪与晋战，让责子玉，子玉自杀。晋文公曰：'我击其外，楚诛其内，内外相应。'于是乃喜。"也就是说，尽管打了胜仗，重耳依然忧心忡忡，因为子玉还在。然而后来子玉因为受到楚成王的指责，羞愧自杀，消息传出，重耳喜出望外。

蒋琬的话不能说没有道理，但诸葛亮更有道理。他跟马谡、马良的私交都非常密切，之所以执意要动刀，是因为马谡者还有更加严重的情节：败后逃亡。

当时向朗为丞相长史，随军征战，与马谡感情很好。《向朗传》中有这样的话："谡逃亡，朗知情不举，亮恨之，免官还成都。"就是说，街亭战败后，马谡并未投案自首、回营请罪，而是畏罪潜逃。长史向朗知情不举，被诸葛亮撤职。必定是这段曲折，让诸葛亮起了杀心。《诸葛亮传》中称诸葛亮"戮谡以谢众"，《王平传》中进一步记载："丞相亮既诛马谡及将军张休、李盛。"

然而马谡其实并非死于军法。《马谡传》对此有明确记载："谡下狱物故。"即死刑还没来得及执行，他已经病死于狱中，时年三十九岁。看来三十九岁确实是道门槛儿，岳飞没迈过去，郑成功没迈过去，还有格瓦拉与肖邦，统统倒在门槛儿之前，再加上这个才能出众的马谡。他虽然不是统兵的将才，却是高明的参谋之才，特别善于谋划判断。而正是这一点，模糊了诸葛亮的视线：他混淆了谋划能力与执行能力。

有人认为诸葛亮斩马谡是处置不当、错上加错，甚至有点寻找替罪羊之嫌。这个看法又过了头。对此陈寿的观点很有参考意义。当时其父在马谡手下任参军，也连带受了髡刑，被剃成光头，以示羞辱。其父失去功名，只得回家娶妻生子，养育出了著名的历史学家陈寿。尽管父亲遭受耻辱，但陈寿依然坚持史家的原则，丝毫没有提及，所以现在谁也不知道其父的名字。更重要的是，他对诸葛亮处置此事的态度，丝毫没有责难，字里行间反而大加赞颂，可为侧面印证。

> 讵同西蜀偏安，总为幼常挥痛泪；
> 凄绝东山零雨，终怜管叔误流言。

这是当年少帅张学良以雷霆行动，果断杀掉桀骜不驯的杨宇霆、常荫槐后，为杨宇霆写的挽联。杨、常两人是东北元老，张作霖的左膀右臂，张学良之所以要杀掉他们，是因为他们飞扬跋扈，直接威胁到了自己的地位。不过张学良事后丝毫没有株连官员部下，而且"罪不及妻孥"：给两人家里分别送去万元抚慰金，隆重安排葬礼不说，还亲手为两人写了挽联。给常荫槐的挽联是：

> 天地鉴余心，同为流言悲蔡叔；
> 江山还汉室，敢因家事罪淮阴。

这两副挽联写得都很好。对仗略有问题——考虑到作者身份特殊，这个问题完全可以忽略不计——但用典非常贴切。将蔡叔、管叔的故事分开，以马谡类比杨宇霆，以韩信类比常荫槐。杨、常两人到底该不该杀暂且不说，从张学良对杨宇霆的态度，可以约略想见当时的诸葛亮对马谡的心情：挥泪而斩，不得不杀。他杀马谡——尽管没能杀成——没有问题，问题只出在对马谡的使用上。

用错一个人，丢了三个郡。最严重的是，全军后路都有被切断的危险，诸葛亮不得不匆匆退兵，可谓丧师辱国。若非如此，他又何必坚持自贬呢。

所托非人

其实诸葛亮在用人上的最大失误既非马谡又非魏延，而是姜维。

姜维字伯约，雍州天水郡冀县（今甘肃甘谷东南）人。小时候读《三国演义》连环画，记得其中有一本叫作《收姜维》，现在京剧舞台上还在演。不过姜维投奔蜀国的经历，并没有那么多的戏剧性。

228年春，诸葛亮派镇东将军赵云、扬武将军邓芝占据箕谷（今陕西汉中北），作出要从褒斜道出兵，进攻郿的姿态，以牵制魏军主力。魏明帝曹叡派大都督曹真统率关右诸军，在郿重兵设防。诸葛亮趁机亲率主力，猛攻祁山。蜀军势大，天水、南安、安定三郡随即叛魏附蜀。当时姜维在天水郡任中郎将，正跟太守马遵一起，陪同雍州刺史郭淮视察各地。听说三郡叛魏，郭淮迅速东归上邽部署防御。马遵怀疑姜维等人有异心，也连夜赶到上邽。跟姜维在一起的，还有功曹梁绪、主簿尹赏、主记梁虔等人。他们发现两个上司全部溜号，赶紧追随，可惜晚了一步：赶到上邽时城门紧闭，郭淮、马遵怎么说也不肯放他们进城；姜维等人无奈返回冀县，结果吃的还是闭门羹。他们走投无路，这才投奔诸葛亮。

诸葛亮得到姜维，如获至宝。他给参军蒋琬写信，语气颇为兴奋："姜伯约忠勤时事，思虑精密，考其所有，永南（李邵）、季常（马良）诸人不如也。其人，凉州上士也。"信中还说："须先教中虎步兵五六千人。姜伯约甚敏于军事，既有胆义，深解兵意。此人心存汉室，而才兼于人，毕教军事，当遣诣宫，觐见主上。"

那一年姜维二十七岁，诸葛亮加封他为奉义将军、当阳亭侯。在诸葛亮的大力栽培下，没过多久，他就升到了中监军、征西大将军的位置。

全军从五丈原退回成都后，杨仪野心膨胀，诽谤朝政，被下狱问罪，最终自杀。根据诸葛亮的遗嘱，政事托付给蒋琬、费祎、董允，军事则由姜维负责。蒋、费、董三人虽然和诸葛亮被蜀人并称为"四英"，但毕竟不能直接跟诸葛亮比肩，只能以尚书令、大将军、大司马的身份，分担丞相职责。姜维起初担任右监军、辅汉将军，统率诸军，进封平襄侯，后来随着蒋琬、董允的去世，他的资历逐渐攀升，与费祎同录尚书事。费祎死后，姜维基本成为蜀国的第一大臣。

诸葛亮主持蜀国国政十多年里，有七年处于战争状态：一次南征，六次北伐，其中有一次他未直接参战，只派魏延等进兵羌中。而姜维呢，先后九次北伐。九次北伐胜多败少，但即便胜利也是只开花不结果，得势不得分。如果上升到战略高度，可能都要算作失败，因为北伐的根本目的都没有达到。姜维的才能，完全看不出来。

成都武侯祠内有座蜀文化博物馆，我在里面看到过三国形势图。这个图不新鲜，《中国历史地图集》的表述更加详尽细致，但有组数据令我印象深刻，无论如何也得抄录于下。这是魏蜀吴三国的人口数量对比：

蜀汉 940000 人

曹魏 4432881 人

东吴 2300000 人

　　这组数据当然有其来源。关于蜀国的户口，史籍中有前期和后期两个数字。《晋书·地理志》记载：章武元年（221）"其户二十万，男女口九十万"；景耀六年（263）蜀国灭亡时的人口，王隐在《蜀记》中记载"领户二十八万，男女口九十四万，带甲将士十万二千，吏四万人"。

　　西晋皇甫谧在《帝王世纪》中记载，景元四年（263），魏国人口与蜀"通计户九十四万三千四百二十三，口五百三十七万二千八百九十一"。杜佑在《通典·食货·历代盛衰户口》记载与此略同，仅人口数为五百三十七万二千八百八十一。由此推断，当年魏国应有六十六万三千四百二十三户，四百四十三万二千八百八十一人。

　　吴国的户口，难以查考。《晋书·地理志》说，孙权赤乌五年（242），吴国"户五十二万三千，男女口二百四十万"。《三国志·吴志·孙皓传》注引《晋阳秋》则记载，吴国灭亡时有"户五十二万三千，吏三万二千，兵二十三万，男女口二百三十万"。这两组数据大致相同，看来吴国自从赤乌五年之后，再没有统计过户口，或者数据遗失，因此王濬灭吴后，只能按照三十八年前的旧数据上报。

　　无论如何，这组数据大体能反映出当时三国的人口分布。蜀汉的人口数量不足曹魏的四分之一，不及东吴之半。当时还是人多力量大的时代，人口几乎就是第一生产力和第一战斗力。以这样的人力资源频频北伐，也许能证明刘备与诸葛亮的非凡志向，但普通的蜀国百姓又该做何感想？诸葛亮身无余财的确不假，但蜀国百姓差不多也已被他们君臣搜刮干净。

统共九十四万人，却要养活十万两千人的军队以及四万公务员，负担本来已很沉重，还要频频扩张，财政压力即便傻子也能想象。诸葛亮身为宰相，可以说一辈子都在干两件事：除了对外作战，就是筹集战费；不是打仗，就是准备打仗。羊毛出在羊身上，要筹集军费，无论如何殚精竭虑、花样翻新，都只能打那九十四万人的主意。他的有些做法，现在看来确实可谓"清新脱俗"，不妨列举两例。

建政的八字还没一撇，刘备与诸葛亮便开始向富商巨贾发行"国家债券"。明代何宇度《益部谈资》记载：刘备"从南阳大姓晁氏贷钱千万，以为军需。诸葛孔明作保，券至宋犹存"。可以肯定，当时诸葛亮归附刘备还不久，他们还屈身新野小城。局面如此促狭，两人便从姓晁的南阳大户手中借钱千万。这家人也有意思，将债券一直保存到宋朝。占领荆州后，刘备与诸葛亮又多次向大户发债。这些债券保存时间更长，明末张献忠破荆州时，发现刘备"借富民金充军饷券"，债券上有"武侯押字，纸墨如新"。

富人有钱，不会觉得肉疼，但九十四万蜀中百姓的感觉肯定要深刻得多。刘备与诸葛亮入蜀之后，便发行大面值货币：直百钱、直百五铢钱。面值都是以一当百。什么意思？

就是货币大量超发，不动声色地从民间吸血，谁都别想逃脱。

历朝历代，对诸葛亮的评价都很高。古诗文中，他的形象也很正面。为什么？尊刘抑曹符合儒家正统观念，有助于专制统治的延续。文人墨客只能在这个调调上唱歌。他们的视角无一例外都是统治者的，不是被统治者的。毫无疑问，当时的蜀国百姓的感受，不可能流传于文书史册，因为无人给他们代言。好在诸葛亮此举的确是为了蜀汉朝廷，没有私利心。

回过头来，继续说姜维。

诸葛亮比司马懿强不了多少，姜维比起邓艾、钟会，也不占绝对优势。对此当时主政的费祎，认识更加清醒。姜维"每欲兴军大举，费祎常裁制不从，与其兵不过万人"。他这样告诫姜维："吾等不如丞相亦已远矣；丞相犹不能定中夏，况吾等乎！且不如保国治民，敬守社稷，如其功业，以俟能者，无以为希冀侥幸，决成败于一举。若不如志，悔之无及。"

吴蜀实力弱，老虎吃天的唯一办法是两家联合。这一点诸葛亮认识清醒，将之定为基本国策，甚至早早地与吴国定下了瓜分魏国的计划。如果单纯搞结果论，这一点未免滑稽，但发生在诸葛亮身上，又让我们不忍耻笑。他到底是诸葛亮，贤相之名庶几可当。尽管后来两国一直保持着联盟关系，但无法真正协调立场，作为部署军事斗争的基础。两国协同攻魏，行动从来就没有成功过。几十年过去，姜维应当能看得清楚；对于彼此的实力对比，他怎么就没有个清晰的认识呢？

魏国灭蜀之前，判断倒是非常准确："自定寿春已来，息役六年，治兵缮甲以拟二虏。今吴地广大而下湿，攻之用功差难，不如先定巴蜀……计蜀战士九万，居守成都及备他境不下四万，然则余众不过五万。今绊姜维于沓中，使不得东顾。直指骆谷，出其空虚之地以袭汉中，以刘禅之暗，而边城外破，士女内震，其亡可知也。"蜀军总兵力十万两千，司马昭的判断是九万，可谓精确。如果考虑到那个命令有战前动员的意思，不宜夸大敌军实力，则更加精确。

具有讽刺意义的是，被歇后语讥为非大将之才的廖化，认识都比姜维清醒：

> "兵不戢，必自焚"，伯约之谓也。智不出敌，而力少于寇，用之无厌，何以能立？

廖化苦劝姜维，"连年征伐，军民不宁；兼魏有邓艾，足智多谋，非等闲之辈"，不要"强欲行难为之事"。兵犹火也，不戢自焚。战争是柄双刃剑，搞不好伤不到别人，却砍了自己。廖化指出了当时蜀军的命门所在："智不出敌，而力少于寇。"智谋不比敌人强，兵力明显比人家弱。这样的状况，有个比较好听的说法，叫作"知其不可而为之"。可问题在于，谁有那样的权力，把战争强加于蜀国百姓头上？上面关于蜀国前后期的人口数据，来源不同，直接对比未必合适，但有一点还是要引起注意：《晋书·地理志》说，

221年蜀有二十万户、九十万人。《蜀记》则记载，到263年，这两组数据分别为二十八万和九十四万。假定这两组数据可靠，那么在四十二年里，蜀国户数增加了四成，但人口的增长仅有百分之四，两者之间相差悬殊。怎么回事？无非两个原因：一为多收赋税，强迫或者说用政策引导分家立户；二是连年征战造成大量的兵员损失。

当然，这些意见姜维都听不进去。

姜维最大的悲剧在于，他还是个饱学之士，正人君子，跟诸葛亮一样清廉。名臣郤正这样评价他："姜伯约据上将之重，处群臣之右，宅舍弊薄，资财无余，侧室无妾媵之亵，后庭无声乐之娱，衣服取供，舆马取备，饮食节制，不奢不约，官给费用，随手消尽。察其所以然者，非以激贪厉浊，抑情自割也，直谓如是为足，不在多求……如姜维之乐学不倦，清素节约，自一时之仪表也。"如果他是个小人、佞臣、坏蛋，我们大可扔下书卷，骂两句解恨，但对于姜维，又实在不忍加以恶言。曾经有人这样评价南宋奸相贾似道："阃才有余，相才不足。"当时南宋称安抚使、制置使为阃帅，基本相当于现在的军区司令，只不过兼管部分民政。读到这个评论，我经常会想起姜维。尽管他从来不曾居于相位，但自253年费祎醉酒，被魏国降将郭循刺杀之后，姜维在群臣中对蜀国的影响最大，几乎将整个蜀国都绑在自己的战车上，不是丞相，胜似丞相。

将忠良姜维与奸臣贾似道并举，感情上过不去，但结果确实很像。我们当然不能将蜀国的快速灭亡归咎于姜维。当时黄皓乱政，后主昏庸，都是亡国之因。可尽管如此，还是得指出姜维在防卫部署上的重大失误，这个部署就是所谓的"敛兵聚谷"。

前面说过汉中的重要。除了诸葛亮，蒋琬和费祎都曾长期在此驻扎。从魏延镇守汉中开始，险要之处都设立营寨，步步为营，遇敌军进攻，则凭险据守，使其难入一步。诸葛亮死后，魏国大将军曹爽为了树立威信，贸然伐蜀，王平御敌，也采取这个办法，最终曹爽只得无功而退。姜维认为这是防御姿态，无法达到歼敌的目的，于是建议朝廷废除散落各处的营寨，全军集中起来，分别驻扎于汉、乐二城。军事上的事情，主要靠姜维拿主意，因此朝廷立即采纳，令汉中都督胡济退驻汉寿（今四川广元西南），监军王含驻守乐城（今陕西城固县东），护军蒋斌驻守汉城（今陕西勉县东）。

这个办法貌似积极，其实弊大利小，等于是放弃险要，自拆樊篱，很快就显出恶果。后来钟会攻汉中，几乎就是探囊取物。

以往人们责难姜维，主要着眼于他后来的假投降。这个观点未免迂腐。姜维最大的失误主要集中在两点：战略而言，不该频繁用兵，九伐中原；战术而言，不该"敛兵聚谷"，放弃险要。这跟直接抛弃汉中差不了多少。

南宋郭允蹈在《蜀鉴》中，甚至直接以后面这个原因，指责姜维误国亡蜀："蜀之门户，汉中而已。……姜维之退屯于汉寿也，撤汉中之备，而为行险侥幸之计，则根本先拔矣。异时钟会长驱直入，曾无一人之守，而敌已欣然得志。初不必邓艾之出江油，而蜀已不支，不待知者而后能见。呜呼，姜维之亡蜀也，殆哉！"

郭允蹈认为，即便没有邓艾奇兵出江油，蜀国已经不支，原因都在于姜维的部署失误。这个看法当然未免偏激。蜀国之亡不在姜维，甚至也不在黄皓与刘禅，只在自身实力不济。当然如果换个角度，黄皓与刘禅也可以归入蜀国的实力，只不过是负值而已。

人治之祸

姜维的才干在蜀国后期确实比较突出，但只有边帅之能，远非宰辅之用。诸葛亮选择这个接班人，不能算作成功。

回过头来还说魏延。诸葛亮背着他作出的安排极其错误。即便一定需要这么做，至少也应该由费祎出面，将大事托付给杨仪很不合适，因为他知道杨仪跟魏延的关系，也知道杨仪的缺点。据《杨仪传》记载："亮深惜仪之才干，凭魏延之骁勇，常恨二人之不平，不忍有所偏废也。""亮平生密指，以仪性狷狭。"杨仪筹划粮草、参赞军机是把好手，但却是个小心眼，因此诸葛亮生前对两人"不忍偏废"，持中立态度。既然如此，何故又在自己即将大去的关键时刻，忘了平日的立场？魏延固然可能不服从决定，但杨仪的小心眼难道就不会引发大乱？如果没背着魏延做那样的决定，如果执行决定的不是杨仪——后来者看到这里肯定会有许许多多以"如果"开头的感慨，但它们只能由那句毫无情面可言的冷冰冰的话作答：

历史不相信假如。

这些"如果"当然也是我的疑问。在阴暗的图书馆内，尘埃的气味直冲肺腔，这感觉本来就很让人不舒服，更何况看到的还是这等悲剧。气氛压抑沉重，掩卷沉思，我对上述问题不觉形成了另外一种更加恶毒的解释。诸葛亮知道杨仪和魏延水火不容，而且认为"仪性狷狭"，却依然作出那种安排，难免有借刀杀人之嫌。至少从表面上看，这个推理顺理成章：他天生聪明，深知以杨仪、魏延两人的性格，不好统领，于是先借杨仪的手除掉魏延，然后再让杨仪在不满中露出狐狸尾巴，走上自绝于人民的道路，好让蒋琬、姜维等人顺利接班。当然，这种想象不能作为本文的论点，它们只能在小说中出现。我曾经写过一篇小说，题目叫作《死于阳谋》，基本内容就是如此，当然比《三国演义》走得更远。

鲁迅在《中国小说史略》中批古本《三国志通俗演义》，说其中的诸葛亮"状多智而近妖"。这基本也就是老百姓心目中的诸葛亮形象。其实客观而论，诸葛亮尽管算是杰出的人才，却是个偏才。后人说他"治戎为长，奇谋为短，理民之干，优于将略"。这个结论甚有见地。马谡、魏延、姜维，都可以作为例证。

刘备是明君，诸葛亮是贤相。这种结论经过小说的演义早已深入人心、难以动摇，我也根本无意动摇。遍观史册，诸葛亮的谋略功勋确实突出，贤相的结论大抵不算过誉。他的名声地位，远远超过刘备：成都市著名的旅游景点武侯祠，基础其实是汉惠陵与昭烈庙，主角儿当是刘备，武侯祠只是配属建筑，可如今武侯祠尽人皆知，您要问汉昭烈庙，恐怕没几个人知道。这也正常，"诸葛大名垂宇宙，宗臣遗像肃清高"，"三顾频烦天下计，两朝开济老臣心"，"心在汉室，原无论先主后主"，这些大约都可以作为历史的盖棺论定。一两次用人失误对历史和历史学家而言是悲剧，但对诸葛亮本人来说则根本无法避免。人无完人，金无足赤，每个人都有自己的弱点，但问题在于古往今来，明君与贤相一直是国人最难以排解的情结，大家都希望自己接触的官员是清官而非昏官，而最大的悲剧就隐藏于此：制造悲剧的主角不是碌碌无为、尸位素餐的地痞流氓、混蛋白痴，而是声名显赫的贤相名将。诸葛亮这个段位的人物都会犯如此重大的错误，人治危害的严重性，由此也就可见一斑了吧。